家在潮州

陈崇正——著

广州新华出版发行集团
广州出版社
GUANGZHOU PRESS

图书在版编目（CIP）数据
家在潮州 / 陈崇正著. -- 广州 : 广州出版社,
2025. 8. -- ISBN 978-7-5462-3944-6
Ⅰ. I217.2
中国国家版本馆 CIP 数据核字第 20254FV864 号

家在潮州
Jia Zai Chaozhou
出 品 人 柳宗慧
出版发行 广州出版社
（地址：广州市天河区天润路 87 号 9-11 楼
邮政编码：510635　网址：www.gzcbs.com.cn）
责任编辑 李碧梅　刘瑞敏
责任校对 王俊婕
装帧设计 蓝美华
排版单位 友间文化
印刷单位 东莞市信誉印刷有限公司
（东莞市南城区水濂澎洞工业区一期 C 区　邮政编码：523000）
规　　格 787 毫米 × 1092 毫米　1/32
字　　数 220千
印　　张 12.25
版　　次 2025年8月第1版
印　　次 2025年8月第1次
书　　号 ISBN 978-7-5462-3944-6
定　　价 58.00元

自序

对于一个离开家乡多年的人来说，家乡究竟是什么？就比如我这样一个具体的写作者，潮州之于我，是楼房和道路，是乡野和小桥，是记忆中发生的斑驳往事，还是匆匆来去的回乡时光？或者都是，或者都不是。又或者应该说，家乡是一种生活方式，潮州是一种生活方式。然而我又担心这样的描述失去语言表意最基本的真诚。毕竟，一个人从哪里来，一直都是人生的大问题。

真诚对于写作来说太重要了。如果将写作视为修炼，最重要的法门便是一个人需要真诚地面对自己的内心，真诚地面对世界。无论用什么技法写作，最终都要回到如何处理自我和世界之间的关系这个根本问题上来。也就是说，一个飘荡不定的灵魂如何去面对一个充满不确定性的世界；只有绝对的真诚，才有可能产出绝对的诗意。

这些年，我一直在创作家乡题材的作品，从不同角度开掘，重新发现家乡。从地图上看，潮汕平原被复杂的水系切割成无数碎片；看不见的复杂牵扯在其间发生，我猜没有人能够真正知道这片土地上的文化密码。我们面对的本来就是一个拼盘式的潮汕。在这里面，每一个元素都像鱼一样游动着，有的浑浊，有的清澈，有的被小草掩映，所以多数时候并不能看清楚究竟是什么。随着我写作题材的开拓，越挖掘越感到陌生，像童年无数次穿行的小巷，如今每次重新走过，在清晨或雨夜，那种既熟悉又陌生的感觉便又涌上心头。我一直在想，把如此不确定的生命体验变成文字融入到小说里面，这需要我绝对真诚，需要完全忠诚于内心的表达。所以，从家乡走出，成为一个异乡人，无论是走到哪里，飘荡到哪里，都会有一些东西发出清晰的回响，不断对我的写作提出疑问——我究竟有多少能量能够倾注到作品里面去？家乡又会被输出成什么样能量形态的作品？当然，写作必然会遭受到各种各样的质疑，包括自我怀疑。一个作家要做的不是辩解，而是把重写故乡这个使命看作一只大象。它的躯体必须足够大，大到装得下所有追问、误读、怨恨与攻击，大到能在平原上自由行走。在视野开阔之处，疾风只能绕过它，而无法吹散它。

我的家乡在潮州。这座古城地处偏远，属于省尾国角。这么多的潮州人，他们每个人心里都会有一个潮州，而我只能书写属于我的那一个。

这几年英歌舞的视频突然流行起来。英歌舞并不属于那些我们习以为常的事物，在外人看来是新奇的，其实对很多潮州人来说也是陌生的。这也不禁让我们自我追问，在像英歌舞这样的文化遗产成为热门话题之前，我们能否发现它们，表现它们。写作有时候并非要不断迁徙去寻找新鲜的水草，而是在庸常中发现永恒，在熟悉与陌生的差异中探寻到那些细微而一直发热的事物，并且坚信这些渺小能在时间长河中继续存续。

最后要提一下这本书的体例，编选书稿的时候我有意采用三角梅的结构：散文、小说、诗歌。从这三个文体精选文章，也是希望从三个完全不同的角度来回望故乡，呈现我对潮州这个复杂文化体的理解和赞赏。此刻我想象某个读者在潮州旅行时读到它，在酒店的书柜旁，在民宿的床头，或者咖啡馆的藤椅上——你，作为一个漫不经心的读者，会从哪一种文体开始读起呢?

是为序。

2025年7月 于西宁

目录

随笔篇

我来自潮州

小说篇 虚构碧河镇

诗歌篇 韩江的抒情

随笔篇

我来自潮州

潮汕文化应该有一个另外的真相，有一个本我，有它更真实的一面。

●○○

如何阅读潮州

1

潮汕文化是一个很大的话题，我身边有很多师友对此都有很独特的见解。而我这些年主要关注的是潮汕平原上的血脉传承。

潮汕人很讲究传宗接代，血脉传承是我作品中的一个很核心的主题。这种生命的承接其实很复杂，不能只是简单理解为潮汕人爱生小孩。从血脉传承的角度去理解潮汕文化，我归纳出几种特质：

第一种是面对大海的求险。海洋让潮汕人有海盗精神，有冒险精神，并由此衍生出叛逆和创新精神，比如当年涌现的左联作家和彭湃的革命，比如五条人乐队的反讽气息。海洋的高风险能带来高回报，同时这种风险还带来了一种生命的急促感和焦灼感——要赶紧生个小孩，要不然有可能出个海就没命了。你会发现，越靠近海边的人，对生小孩这件事就越执着，这是天然的、冒险的、反叛的、创新的海洋性所带来的结果。

第二种特质是面对物质的求实。潮汕人生活在潮汕平原上，物质条件相对富足，这里是岭东的粮仓。潮汕人的祖先在战乱中迁徙至此，重建优渥的生活，他们会拼命维持近乎“没落贵族”的生活方式。这种维持，可以说是带有望族气质的生活习惯的传承，自然也就召唤出一种内在需求，那就是必须有子嗣来继承家业。这也有一层历史因素，即潮汕地处偏远，几千年来相对太平，如果天天兵荒马乱，哪有时间生小孩？

第三种特质就是面对未知的求神，对祖宗和神明的敬重。宗族祭祀的时候，很多人可能会想：我以后成为祖宗怎么办？所以就有了特别重的香火传续的压力，这也可以说是由宗族文化或者信仰所带来的动力。

这三种特质导致潮汕人在整个生命烙印中将传宗接代当成使命。这样一种文化在中国文化中是很特殊的，求险、求实、求神这三个特质刚好融合在一起，就如三片花瓣。这三片花瓣可以推演出潮汕平原的所有文化：我们饮食当中的各种粿，跟祭祀有关；工夫茶作为潮汕人普遍的生活习惯，跟古时名门望族优沃的生活条件有关；我们下南洋的历史，红头船和侨批等文化印记，捕鱼前拜妈祖和祭孤魂野鬼等生活习俗，又跟冒险有关。可以说，三个维度串联起了潮汕的所有习俗。

这三个维度在我的小说中轮番渗透。我曾说“六经注我”，其实是“潮汕助我”。我想我不会专门去写潮汕，我也没必要专门去写潮汕史，我会分析它、琢磨它，用一把手术刀去解剖它，分析它的成分。在我眼里，它就这样，慢慢地变得和其他文化一样不再神秘。

年轻时我有些瞧不起这样的文化，我内心反叛，认为这样的文化应该被遗弃，但后来我慢慢发现，其实我不应该这样看待这片土壤。我本来就是这片土壤中的一个标本，我应该去剖析它。剖析完以后，我发现这个标本乃至这片土壤，在当下呈现出错乱和零落的状态。潮汕文化其实只存在于想象当中，是每个潮汕人的共同想象，而外人的误解加深了这种想象。潮汕文化应该有一个另外的真相，有一个“本我”，有它更真实的一面，拂去那些表物才能慢慢找到它的本相。我们作为潮汕中的个体，不应该只是附着在上面，要去剖析，而后才能发现，潮汕文化其实是奇特的存在，有很强的兼容性。我之前在另一篇文章里便提到过，一个在深圳敲代码的人第二天就跑回潮州祭神拜祖宗，这个情景并没有丝毫的违和感。前一天他可能还在敲键盘，讨论元宇宙、无人机和比特币，但是两个多小时的高铁回到潮汕以后，他就加入了拜神仪式。这是同一个人，也是许多潮汕人的日常。这与许多人想象中的潮汕是不同的。或者说，有一个更破碎的潮汕，有个更具体的、更贴近每个人的潮汕。所谓的潮汕，是由每一个潮汕人构成的，包括村里一辈子都没坐过电梯的老人，包括菜市场里奔波的卖菜人，是他们拼接成了潮汕。

2

我们能看到的生活现实就是一个流动的镜像。比如在广州，在这里生活的不单单有潮汕人，还有天南地北的人，不同语言和生活习惯的人，因为各种不同的原因会聚到这座城市。在不同时代，每个迁徙者都拥有不同的故乡。跟沈从文所面对的故乡不同——他的故乡是湘西，阅读沈从文笔下的湘西，可以看到所有的田园牧歌是凝固的。莫言的故乡也是相对凝固的，当然高密东北乡有流动的历史，却只是静态的流动。然而现在，迁徙者的故乡是流动的，我潮州的老家也是流动的。每次回乡，总是觉得故乡已经天翻地覆，很多人离开又回来，年轻人走了，新的人融入进来。当然潮汕地区会有一些沉淀，有一些凝固的时间和传统，但更多的依然是变化，时间的节奏不同，记忆也就不同。所以，应该如何去书写潮汕？

我后来采用的方式是把潮汕文化拆分为不同的元素，然后在写作中去重构潮汕。所以我笔下的潮汕故事是渗透型的，不是在故事里边刻意渲染潮汕文化。我认为有一个另外的潮汕，它不应该是附着于这片土地上的，而应该是飞腾的、超越的、穿透的。有时候我也会写一些在国外的潮汕人，写他们身上的潮汕影子。在外地的潮汕人，他们也在思考和批判。在故事里，我采用不同方法，从不同的角度去呈现潮汕人的精神。你说需不需要写一个完整的潮汕呢？我认为是不需要的。现在写一种文化的时候，我们已经没法像沈从文那样去呈现了。那种田园牧歌式的写作，能够像镜子一样完整地映照生活的写作，在我这里已经是不存在、不可得的了。我只能是一面流动的镜子，或是一个不断移动的镜头。我面对的东西同样是不断移动的，这就相当于我是用移动的镜子来照流水，又怎么可能在其中找到一个完全静态的成像呢?

我们所面临的当下，变革是如此激烈，写作的媒介又如此复杂。在这种情况下，我认为一个作家更应该想的是如何突破现在的限制。有一种声音说，越是民族的就越是世界的，当然我理解这种声音，但我觉得这是一种神话。作家写作有各自的路径，有人在禅修，有人在格物致知，但我认为，当下的作家更应该是在一种流动的、跳动的、飞腾的姿态中去感受生活场，感受这个时代的变迁。

因此，潮汕文化不是创作的目的，而是工具。文化是自洽的，不需要一个作家去涂脂抹粉。地域文化只是通往世界的一个桥梁和途径，是创作的题材和元素，而不是本质。作家并不是要去重塑什么，我没有这个雄心，这也不是一个作家工作的目标。已经有专业的人致力于推动文化发展、积极保护文化遗产。作为一个来自潮汕的作家，我认为我更应该侧重的是，借助对潮汕文化的剖析，来看清当下中国的某种生活状态。对我来说，这意味着，不能仅通过观察一把茶壶来观察潮汕文化，而应该把整个潮汕当作一把茶壶，通过这把茶壶来看整个中国。我希望自己作为作家，能够有这样一种雄心，通过文学创作，让人看到当下一个人如何自处、一个人如何跟这个世界达成和解。所以潮汕文化，在我的创作中，只是一种元素的渗透，而非终极目的。

我在这过程中不会想“为潮汕”，而是“潮汕为我”，是类似“六经注我”这样的方式，是将破碎的潮汕元素汇集到创作中，而不是去描绘一个完整的潮汕。在我的创作理念中，作家自己就是一个潮汕的标本，我采用的是“唯我独尊”的写法，就是以我为标本来处理这个世界。我这样一个虚妄的生命体刚好在改革开放后出生，然后绵延这么几十年下来，我的整个生命体验其实是一个标准潮汕人的生命模式，这里面没有幸或不幸，而是一种平淡的现实。

我有一阵子很不自信，因为我觉得我很不潮汕，我对于潮汕文化里面很多负面东西是排斥的。这让我觉得，像我这样一个人怎么会是潮汕人呢？但是我又发现自己很潮汕，自己已经被潮汕文化深深影响，包括现在的言语方式。

3

潮汕是一个侨乡，潮汕人祖祖辈辈都有一个特点，那就是到世界各地去。他们到处跑，很多人还到了东南亚，他们的轨迹将潮州变成一个侨乡。后来珠三角的经济发展得很好，但粤东、粤西、粤北仍是发展相对滞后的地区。所以以潮汕作为原点的话，像我一样的潮汕人就自然而然地去往经济更发达的珠三角，这其实是一场被生活所迫的迁徙。在这迁徙过程中，一个作家不可避免地会回望他的故乡。如果我现在生活在上海或者北京，可能我不存在这种迁徙的必要。但因为我生活在一个经济相对落后、文化相对传统的潮汕地区，这大概就成了注定的、必然的一种迁徙。在我的成长过程中，这种空间所带来的撕裂感，还有经济落差所带来的失落感，会迫使我去回顾自己的故乡。我时常想如果我是生活在北京或者上海，我理解世界的角度或许会是俯视的，我写北京或者上海就行了。你可以品味"我现在走在上海的大街上""我现在走在北京的大街上"跟"我现在走在潮州的大街上"，这种词汇所带给人的力量感或许是不一样的。这种地理方位带来的差异太大了。我在潮州这样一座古城生活，一定有一个外面的世界，这是一种客观的诱惑。

这同时也是自觉的，是写作的必然，是一个作家生活在这个时代中的一种必然。生活当然是充满偶然的，我们刚巧在这个时间点，在这个地方；但是，写作则必然需要在你熟悉的地方建立一个坐标，必然会迫使你从熟悉的地方走向陌生的境地。那么，也是从这一刻开始，你的故乡，你的出生地，就突然变成了异乡。除了记忆中的故乡以外，作家会产生另外一个“当下”，产生一份被时间和空间切割的记忆，这种“异乡人”的境况会迫使作家去重新建立自己写作的版图，它注定不是只有一个点。这份版图像是蜘蛛织网的原点，它打开了一种生活的维度。同时写作其实有一种理论，就是回归童年，童年对一个作家而言相当于最初的一个蓄水池。一个作家必然会保留童年时候的一些印记，我觉得这是很重要的。我最早在网络上有一个电子文集，就叫《诗意与童年》。我觉得诗跟童年有一个很重要的交汇点，一个人如果要写作，就必须回去，回到诗和童年的交汇点去。

4

一个作家的创作，跟他所处的地域文化密切相关。有评论家在讨论我的作品《香蕉林密室》时，发现我特别重视小的、绵密的、细部组织的结构，或者说肌理，是“细密程度”很高的一种写作。我也反思自己为什么会这样，最后恍然大悟，这应该是潮汕人的一种思维方式，心思细密几乎是潮汕人的共同特征。跟潮汕人接触，你会发现他们大多是细腻的、周到的。我一直以为自己很粗线条，但潮汕文化还是潜移默化地影响了我，让我产生了这样细腻的写作风格。

我开始写小说的时候，便有评论家说我的小说风格非常绵密。我想这样一种“绵密”的风格，大概是我的思维习惯造就的。有一次回到潮州老家，看到金漆木雕，看到虾蟹篓，看到一位木雕艺人在一块木板上进行创作，上面镂空的工艺细节让我猛然醒悟：如果说故乡潮州给了我什么样的文化基因，大概就是这样精细绵密的艺术风格。

潮汕文化中细密的艺术风格，大概跟潮汕平原农业生产存在某种联系。在《枪炮、病菌与钢铁》中，贾雷德·戴蒙德用了很大的篇幅来论证农业生产对欧亚大陆文明进程的巨大影响。潮汕人耕田如绣花，在我童年的潮州印象里，钩花手艺几乎是家家户户都掌握的生存技能。耕田尚且如此，何况是写小说。

在绵密的另一头，我喜欢有想象力的创造，喜欢无中生有，那些绚丽的场景让我着迷。

通往艺术想象的道路，有简单的，也有复杂的。简单的符号，一个圆，一个点，也能够激发想象，但是，这需要人去主动激发，而复杂的东西本身就自带想象力。潮州有很多老房子，墙上都斑斑驳驳，凝视这些墙上的图案，我往往能从中看到人物和动物，甚至还能将它们组合成故事。

有一些文化影响，是在一个人很小的时候就种下的。针对这点，我想谈一谈童谣。我们的潮汕童谣，比如“拥啊拥，拥金公，金公做老爹，阿七阿八来担靴……”这里面有很多故事情节，很多鲜活的画面，体现了潮汕语言的复杂度。这种语言习惯来源于我们的思维，这一思维习惯深深根植于我们的大脑，成为这种细密的潮汕文化基因的体现。

以方言为基础的思维习惯看不见摸不着，但其实每个人都受影响。在一个普通话和英语更流行的世界里，我感受到，潮汕话的腔调明显会带来不便，而且可能影响人们在一些场合发言的自信。但在另一方面，不得不承认，对于熟练掌握它的人来说，潮汕话、潮汕音，依然有一种神奇的韵味。

大概在十二岁的时候，我有幸在收音机里听到这个世界上最美好的声音。那是一个午后，我听到从邻居的窗户里传来了一个抑扬顿挫的声音，他在谈论杀气。那时的我不知道金庸和古龙，但我第二天准时来到这个邻居家，在收音机里听到了一集潮汕话的《小李飞刀》。所以重新回忆这些经历时，必须承认，我的写作受到了讲古人林江先生等潮汕讲古人的巨大影响。我认为以潮汕方言为基础的思维习惯和文化传统，虽然是看不见摸不着的，但需要每个潮汕人都站出来誓死捍卫。更具体地说，这种语言方式的差异，会影响一个人的思维方式，而潮汕语言的独特性也就决定了潮汕人思维的独特和活力。如果要说哪一部分潮汕文化是相对更优雅的、更有活力的，我认为不在潮剧里，不在潮汕歌谣中，而在以林江先生为代表的潮汕讲古人那里。他们保留了潮汕话最为典雅和晓畅的部分，他们对潮汕话音韵的把握达到了惊人的地步。

所以说，潮汕文化中细密的文化基因在潮汕童谣、潮汕方言中埋下，绵密的艺术风格在潮汕讲古、潮汕方言中悄然传承，潮汕文化为潮州人的生命和生活提供了众多的空间，成为彼此连接起来的节点。如今，潮汕走出许多文学家，比如陈平原、洪子诚，我读他们的作品时还能从中感受到潮汕话中非常优雅的语言文化。

如果有人问我什么是理想的文学作品，我只能说我喜欢绵密而有想象力的作品，我喜欢有点狡猾的叙述，我喜欢狡猾腔调背后的真诚，那是一种克制的敞开，它站在油腻和虚伪的对立面。

5

任何时候，正面书写潮州都是一种冒险。因此，我通常更愿意在我虚构的世界，那个叫作东州碧河镇的小地方，悄悄地渗透潮州的元素。而对于这座我既熟悉又陌生的城市，我担心感情表达过于炽热而显得浮夸，又害怕所知不够详尽而导致失真。

然而，只要在潮州居住过的人，都难忘记它的好。有一回，我去北京看望我的老师，他从韩山师范学院退休后便离开潮州，十几年间一直居住在北京。我们见面谈的第一件事，是他打算回潮州养老。他给我看手机里老同事发给他的照片：美丽的韩江、碧蓝的天空、火红的木棉树、结构精巧的湘子桥……他显然被这些照片打动了，特别是在北京的雾霾季节即将降临的时候。他说韩江的水质好，潮州的空气好，东西也好吃，他显然十分怀念这座他工作了十年的城市。但是，他话锋一转，他说有点担心自己不习惯潮州的老年文化生活。他跟我描述在北京他们老两口有多么忙碌，各种歌唱比赛，各种协会，忙得团团转。然后他说：“在北京，你在街上随便碰到一个老大爷，都能够跟你聊五分钟，在潮州简直不可能。”我也点头认同这种情况，我可以猜想这五分钟他们会聊什么，比如天气或者时政热点，那些北京出租车司机都擅长的话题，无论说啥都会很热乎。但我也告诉我的老师："您也就只能聊上五分钟，再聊五十分钟试试？"我的老师愣了一下，哈哈大笑起来，说确实如此，聊多了就聊不下去。潮州人对陌生的外地人都是比较警惕的，但只要熟悉了，这种关系就不是五分钟，而可能是一辈子。

在潮州，几个半熟不熟的人围着一套工夫茶、一只炉子、一壶开水就可以聊半天。工夫茶几乎成为潮州的象征，冲泡工夫茶的方法有诸多讲究，如"关公巡城""韩信点兵"，似乎只有讲究才能出文化，不讲究就没文化。潮州人爱喝茶，特别是凤凰山的高山单丛茶。喝茶不单是因为茶，也是因为交际的必要。几个人有时候甚至都不说话，抽着烟，冲好了茶就说："食茶。"另一个人便会回应道："食。"简洁的古语，明白的表意，不多话而意自明。潮州人从不说"吃"，因为"吃"在潮州话里头发音含混而短促，说起来有些难听。就如潮州人将"茶叶"叫"茶米"，冲泡出来的从来只说"茶"或"茶水"，不说"茶汤"（普洱茶才说茶汤）。喝茶是潮州人的家常，是离不开的东西。

潮州话有八个声调，高低起伏，复杂多变，甚至保留了一些先秦古音的痕迹，对不会说潮州话的人来说，简直就是一口加密的外语，这也成为潮州人辨认彼此的接头暗号。只要听到潮州话，便知是“家己人”（自己人）。这种基于方言的关系，多少有点黏糊糊的意思，我领受这种同乡网络的情谊，同时也在心里保留着一丝警惕，毕竟同声可以相应，却未必能同气相求，特别是那种没来由的殷勤和亲近，总是意味着危险。就如工夫茶三只茶杯均分茶色一样，潮汕人用潮州话区分“家己人”和外地人，也将自己困在不能失衡的茶杯里。

方言中滋生的亲近与方言之美确实有着说不清的关系，潮州人以说潮州话为傲，是因为这种方言确实优美。如果用潮州话念古诗词，很多普通话读来不押韵的句子，都会变得动听起来。而最美与最俗的潮州话，都应该到潮剧里去寻找。潮剧很多题材都由本土传说演化而来，唱法用真声，显得甜。小时候走过一条街，可以听到窗户里头传来录音机播放的潮剧，拐个弯，另一条街上还是潮剧。现在年轻人不太听潮剧，但乡下各地逢年过节敬神祭神的庙宇前面，都会有铁枝木偶戏，也叫“纸影戏”，有点类似于皮影戏，搭个台子，里面有人在操纵木偶人唱戏，“捆草为身，扎纸为手，削木为足，塑泥为头”。这种唱给神仙看的戏，却并不会太严肃，更多是要热闹，喜欢用丑角。

潮州人将神仙叫作“老爷”，潮剧大概也是逗“老爷”开心的一种方式。哪家如果有什么大事，需要求神仙帮忙，许愿的时候就会许下一天或三天的“纸影戏”，表示如果“老爷”保佑，则会回报以戏。“老爷”开心了，大家才会有好运气。所以逢年过节，特别是大节日，潮州人要“营老爷”，人山人海，会有大锣鼓，有童男童女拿着花篮和果篮，有少女扛着锦绣标旗，热闹非凡。“营老爷”中有一个环节叫“抢头香”（争抢上头炷香），很多年轻人都想抢占好运，这也是一大看点。有段时间这个活动被叫作游神赛会，尽管曾经被作为封建迷信进行取缔，但这丝毫没有动摇它在民众心中的地位。特别是过年，如果没有“营老爷”，简直就是白过了。

潮州文化中保留了某种古典的仪式感，有时候近乎腐朽，却也为生命和生活提供了众多的节点，彼此连接起来形成了一种空间。“纸影戏”和“营老爷”都是大节日才会进行的活动，可以看成某种形式的街头聚会。而对于一个家庭来说，积德要在平时，所以“拜老爷”是日常的功课，更是各家媳妇的必修课。在潮州，民间的神仙数不胜数，各路神仙都不能得罪。每家每户都有灶神，也被奉为“家神”，是一家之神，小孩都得来拜，以求学业有成。王母娘娘和天公有各自不同的喜好，各种神仙也有不同的荤素忌讳，由此衍生出各种糕点粿品，各种纸钱样式。比如鬼节需要普度，则会用纸缝制"孤衣"烧给孤魂野鬼，地点一般都会选择在溪水边。我小时候暑假就缝制过"孤衣"赚零花钱，但常常因为动作太慢被鄙视。我的小伙伴们个个心灵手巧，快得不行。

初一、十五的拜神是必修课，清明节、中元节祭拜祖先则是大功课。一般过年的时候都会杀鹅，祭祖的时候会杀猪。鹅肉在潮州是过年的标配，如果哪家过年杀鸭或者杀鸡而不杀鹅，基本会被认为日子过得不太好。年节前几天，就有人专门到路边起了炉火，摆一只大锅，专门帮人家杀鹅，也有人走街串巷开始收购鹅毛。也有人说这是因为潮州人喜欢吃，都是吃货，才发明出那么多拜神的节日。潮州人的祭品讲究，也非常好吃，节日越多，吃的也就越多，小孩最高兴了。但这十几年里，村里的孩子都出外读大学，新迁徙来的民众也不太讲究这些繁文缛节，潮州这些拜神的习俗，可能也要慢慢失传了。各式糕点，受庞大吃货群体的喜爱，或许能够传承下来。

有了祭品糕粿，过年过节互相拜访的时候，人们会互相送礼。特别是过年，到别人家里去喝茶，不带点礼物、两手空空往往会被人认为是不敬。过年的时候还习惯带上一对橘子，作为大吉大利的象征，因为潮州话里“大橘”便是“大吉”，走的时候主人家就会交换橘子，收下你的橘子，拿家里的另一对橘子让客人带上。记得小时候过年出门，长辈都吩咐口袋里必须装两对橘子，以备不时之需。

过年走亲戚，这简直就是一门平衡术，舅舅家送来什么，姑姑家送来什么，婶婶家送来什么，都需要逐一回送。互相赠送的礼品，多是些过节的食物，其实也不值钱，然而七大姑八大姨，各种远房亲戚，在这个互相赠送的“零和游戏”中达到了情感交流的高潮。在这个过程中，礼品的来往，婚丧的通知和礼金，都是亲疏关系的见证，一点都马虎不得。千万不要因为对方口头说不用就失了礼节，该做的礼数还是要做到。特别在农村，一斤猪肉、几只鼠壳粿都可以结下恩怨。婚宴时，主人家本该登门邀请，如果只是路上碰到，简单打个招呼，随口邀请一句，人家也会因为礼节不周而不去赴宴。整个关系网络虽然微妙和敏感，但到了需要互相帮忙的时候，该出钱出力的时候，亲疏的评判又毫不含糊。说着八调的古语，吃着精致的糕粿，喝着讲究的热茶，听着优雅的潮剧，拜着多得数不过来的神明，维系着错综复杂而又安全互助的宗亲网络，潮州人会在这个文化环境中将自己调适到最舒服的位置。

时间流逝，年轻人开始不太讲究这一套，或者说受不了这一套了，古老的仪式感正在面临新的挑战，微信电话替代了串门走访成为拜年常规方式的今天，那种音讯隔绝的环境里带着各式礼品走亲戚的情景逐渐停留在记忆里。

潮州文化总被认为是一种非常传统的文化。潮州人被这个传统的文化环境封锁着，他们会将潮汕以外不讲潮汕话的地方统称为外地，潮汕以外的地方都是北方。因为多年来的主动隔离，潮汕文化古雅而又粗鄙，或者说，有孤高的姿态和底层的话语习惯，这个没落的望族文化，更像一个文化标本。我们很难用潮州话来演绎任何经典的电影对白，无论怎么淡定的对话，潮州语调都会让整个氛围显得滑稽搞笑。甚至用潮州话已经没法说出美好的情话，更多只是简单直接的表达。典雅的潮州话已经远离通俗的生活，留下来的大多是粗话，用来骂人的话。要正经谈点什么事，若涉及更为复杂的概念，我身边的许多人，最终会选择用普通话。和全国大部分方言区一样，小孩们的方言能力也在不断下降，很多古老的方言表述逐渐从日常中消失。这是一种看不见的消失，是归属文化之根的失守。而看得见的变化是，许多潮州人开始不喜欢看电视大屏幕，而选择刷抖音，他们会因为一个讲潮州话的短视频而哈哈大笑，然后转发给同样说潮州话的人，从而实现传播。这种新的文化形式正在改变我的故乡，而我并不知道未来的故乡是不是会只存在于短视频里头。不过可以预见的是，迟早每个人都会成为没有故乡的人。

在外地生活久了，我总是会习惯迎接各种对潮州的褒赞，主要是针对潮州的美食和美女；但对我这样一个写作的人来说，我更喜欢思考和考察潮州文化的劣根部分。我相信，今天的信息化一定能复活这个因为时空阻隔而成为标本的文化群体，从而赋予它们一种新的生命力。比如别人再问一句，你们潮州人是不是都要生好多孩子而且还必须是男孩，我都会笑着告诉他，现在不一定了。世界在变，潮州作为世界的一部分，不再那么遥远，文化的变迁总会让原来确定之事变得不确定，没有人能估量这到底是不是一种进步。

2019年3月1日初稿

2022年7月3日改定

鹤塘先生四十自述

1

鹤塘是我的出生地官塘镇的古称，现在也叫鹳塘，在潮州古城东郊。据说，北宋年间，我们的先祖来到此处，见到有一群白色的鹳鸟在浅水之中骄傲地走来走去，决定在此建村定居，并给此地取名为“鹳塘”。

我出生在一个农民家庭，记忆中将我带大的是我的阿公，这个阿公并非我母亲的亲生父亲，我和弟弟妹妹通常称呼他为“白毛公”，他最为骄傲的手艺是能种出整个鹤塘最好吃的竹笋。这个高高瘦瘦的老人心气特别高，严于律己也严以待人，他几乎用一种强迫症一样的精细精神在种地。这可苦了我的母亲，她是阿公的养女，从揭阳来到鹤塘陈家以后，跟着他打鱼，后来跟着他种竹笋，还要照顾偏瘫的阿嬷。我那个入赘的生父在我两岁的时候就被起诉离婚，赶出了陈家，母亲再嫁以后，我的阿公将我视为上天奖励他辛苦劳作的礼物留在了身边。五岁那年，我和阿公在修建小学的工地前面停留，一台巨大的脚手架轰然倒塌，落在距离我不到一米的地方，我侥幸没被砸死，但阿公吓得脸色发青。自此每次上学，我阿公总隔着池塘远远看着。我上小学六年级时，阿公去世，我搬到父母那边跟他们一起生活。

父母除了种田之外，主要的工作是在村里摆摊卖早点，就是豆浆油条之类不值钱的东西。我小时候曾经有过一个时期，需要每天很早起床，把豆腐和油条装在竹筐里，再把竹筐绑在自行车后座的右侧，然后推着自行车沿街吆喝叫卖这些早点。那会儿我老爸的手艺并不好，每次都把油条炸得不像样子，有时候软得像口香糖，有时候硬得像石头。我奶奶常说这油条有时候黏得可以拔牙，有时候又硬得可以磕掉门牙。我每天就拉着这些不争气的货物，走街串巷，沿街叫卖，一根油条一毛钱，一块钱买十根还多送一根，每天早上大概可以卖十几块钱。由于腼腆，吆喝叫卖的时候，我总会准确避开女同学所在的巷子。村子也就那么大，有时候筐子里的东西没卖完，免不了要来回多转几圈，常常还会听到某个窗口传出几声含混的呵斥，因为我的叫卖声吵到他们睡觉了。筐里的东西卖完，我才能去上学，时间紧迫，所以经常急急忙忙。为了不迟到，我把单车骑得飞快，仿佛骑得快些，我就能飞离那个村子。

在这样一个贫寒的家庭，我居然还有两个妹妹和一个弟弟。我从小经历过的种种困苦，他们都看在眼里，所以对我这个大哥也格外照顾。我的大妹比我小四岁，小时候大人忙于生计，常常是我用背带背着她走来走去。有一回背着她不小心掉进臭水沟里起不来，我俩哇哇大哭，非常绝望，所幸后来有人经过，把我们拉了起来。我大妹一直很懂事，但就因为太懂事，她初中还没毕业就出外打工。我一直记得，有一回她从工厂回来，我骑着单车去车站接她，下着小雨，她浑身都被淋湿了，却不以为意，一双眼睛非常警惕地东张西望。回到家我才知道她刚发了工资，身上带着四百块钱，一百块藏在包里，一百块藏在裤袋里，一百块藏在鞋垫底下，还有一百块放进袜子里踩在脚下。她说，同事经常说车上贼多，她一路上都很紧张，生怕丢了。

我读高中那会儿，打电话太贵，我大妹还会给我写信，字很工整，我把大妹给我写的信带回家，这些信把我老妈看哭了。除了寄信之外，她还会悄悄给我寄钱，后来上了大学我有了手机，她隔三岔五会给我充手机话费。她越跑越远，到了广州，我毕业后去看她，只见她走路带风，手里拎着很沉的货物，在人流极其密集的中大布匹市场里来回穿梭，我空手走在后面都跟不上。小妹和弟弟都比较幸运，他们比我小了差不多十岁，所以他们读大学时，我已经出来工作了，家里的经济条件稍微好转，有钱供他们读大学。小妹从小身体弱，我们都叫她猴子，她几乎每逢考试都生病，后来才知道是因为紧张。小妹善良，但不细心，常常丢三落四。相反，弟弟长得高大，心却挺细。他们从小是一对冤家，常常吵架。

初三那年，我父母原先的规划是让我出去打工，赚钱贴补家用。我们兄弟姐妹四人，我是老大，没有理由不出来工作。那时候我才十六岁，非常瘦小，穿着白色的衬衫和拖鞋，自行车骑得飞快，对未来并没有太多的打算。

面临中考，我成绩很差。一天下午，我的初三班主任把我叫住。她长得很漂亮，走路像鹳鸟一样骄傲，在兼任我们语文老师之前，她是教美术的，美术才是她的专业。她找我谈心，问我准备干什么，我说不知道。又问我除了骑自行车这个技能之外，还会做什么，我认真想了很久，还是说不知道。那一刻我感到深深的绝望。然后她给我指了一条明路，说可以去考美术，念中专，美术专业的文化科成绩要求不高，或许能行。

于是我开始了为期两个月的素描和水彩训练，这样说好像很高大上，其实就是搬了一块木板，找了一些瓶瓶罐罐，开始瞎涂抹。我的班主任每天中午都会到那个小房间里来指点一下，告诉我明暗对比和透视原理，如何拉线条，如何用色彩。那是我最热情高涨的夏天，因为如果没有学好美术，通不过中专学校的美术考试，则意味着我可能要到工厂里去打工，就不能念书了。所以在参加潮州师范学校美术考试的前一天晚上，我几乎彻夜失眠，当夜寄住在老城区一个亲戚家，听了一夜的狗吠声。我心里反复默念，小宇宙一定要燃烧，各方神佛一定要保佑。第二天走进市区学校，我惊奇于广场的地面居然铺了瓷砖，我所在的官塘中学大多数地面还是泥地，只有球场和室内铺了水泥，更别说是瓷砖了。另外我还惊奇于其他同龄人都穿着球鞋（我穿着拖鞋），他们的画板画架都是专业的，而我的画板是一块从旧家具里锯下来的三合板。

那次考试我没有通过，记得他们大概是要招十二人，我考了第十三名。一个亲戚说，你应该去求潮州师范学校招生办的老师，让他们录取你。我绝望地望着被丢在角落里的画板和画笔，默默流泪。我第一次意识到一个人应该去追求点什么，不应该毫无目标。

家里人觉得我去念高中完全是浪费钱。他们当时的规划是让我去读中专，学美术，两年毕业了，可以去当个小学教师。那时候在农村，所有的职业中就只有教师能拿工资，工作稳定，不用干农活，是十分光耀门楣的生计。而现在中专没念成，念高中的话，谁能保证一定能考上大学呢？但我的诉求很简单，我不想太早出去打工。我有一些出去打工的朋友，很早就学会了抽烟和赌钱，我大概可以预料到他们未来的生活会是如何。我隐约觉得自己应该挣脱什么，但不明白莫测的未来将会在我面前展开什么样的道路。

我将少年时期所经历的种种苦难视为黑暗的过去，而一个从黑暗中走过来的人，将不再害怕黑暗。虽然时至今日，我的人生并没有生成一个励志故事，但支撑我奋力向前的动力一直非常充沛。我总觉得我后面的人生，必须配得上我前面经受的苦难。

2

我从来没有想过自己和文学有一天会有这么紧密的联系。我和很多白手起家的作家朋友一样，成长于非常淡漠的人文环境中。在我的童年生活中，作家是一个只有在杂志励志专栏中出现的概念。那时，书本是极度匮乏的，我曾为了读完一部《天龙八部》和邻居小伙伴打架，还偷过亲戚家的书，也曾因为偷书店里的书被店老板罚站示众，哇哇大哭。我家曾是一个豆腐家庭作坊，当时的塑料袋还没有完全普及，豆腐是裹在纸张里头出售的，所以家里每个月都要买一些旧图书，我总能在里头发现很多奇奇怪怪的故事。除了读，我最早接触的类型文学，其实都是“听”来的。当时收音机里经常有“讲古”的节目，我就是守在收音机前面听完金庸的大部分小说的。我很怀念那段岁月，有时候突然想起儿时爷孙俩守着收音机的情景，莫名感怀。前些日子，我还托一位朋友去打听汕头讲古人林江先生的消息，可惜他已经不在人世。

当时家里很穷，每个学期都要为学杂费发愁。学校的老师基本都按教科书的讲解顺序上完一节课，语文老师不会讲普通话，数学老师脾气差，初中有了英语课，英语老师又喜欢跟家长告状，每次都害我挨揍，这直接影响了我对英语的兴趣。而除了语数英之外，其他科都是次要科目，我觉得无聊透顶，所以常常不去上。跟现在的孩子相比，当年我有更多的时间无所事事，只能读闲书。而家长会管制所有的闲书，我老妈就曾撕掉我的《水浒传》，因为当时四大名著也在我们家的闲书名单之列，父母都是农民，他们想当然地认为只有课本才是正经书，好好读书就是读课本。他们心目中的理想工作是教书，因为教师是他们能接触到的最有可能“领工资的人”，除此以外，其他人都必须靠天吃饭。那时候下田都是赤脚，我有一回穿鞋下田，他们就骂，你以为你是教书的啊！没想到我后来真的成了教师。

小时候因为太调皮，我经常挨揍，挨完揍我就写日记，千篇一律地感慨一番。写，大概是我最原始的情感需求吧。而当时的农村，语文是唯一可以自学成才的学科。我很小的时候就喜欢对偶的句子，喜欢在本子上摘抄一些古诗词句，继而喜欢现代诗，也会涂鸦一些分行的句子。而作文后来几乎成为我校园生活的唯一骄傲，我会写一些比较惨的经历，博取老师的同情。事实上我童年的确过得比较惨，本来觉得还好，写下来就觉得真的很惨，内心也得到一种释放。这样一直到了高中，我离开村子到城郊去上学。凭借作文写得好，我成了学校文学社的社长，当时所有科目中唯一有点把握的就是语文，语文中唯一有点把握的就是作文。这时候，韩寒成了学校里无人不知的作家，而我在考虑的是快高考了，我以后该干点什么。身边很多同学说我以后会成为作家，但我开始想去学法律，后来却阴差阳错到了中文系。中文系离作家其实也挺远的，直到我发现写稿子还能赚点稿费，而且写文章对我来说几乎是唯一的技能。所以别人问我为什么写作，我说因为干不好别的。听起来像开玩笑，但其实也是实话。而且我相信对许多作家来说也是实话。

我是八零后作家队伍的迟到者，当我还想赚点稿费，想跑进青春文学这个“饭局”时却已经迟了，人去楼空，只剩下杯盘狼藉，所有人开始对八零后的写作指指点点，批评的声音居多。虽然我也获过新概念作文的奖，但淹没在一长串名字后面，没有什么人会注意到我。大学时候我写了很多武侠小说，也写些青春调调的文字，因为这些好上杂志，那会儿很多青春类杂志需要这样的稿子，能换稿费，有了稿费我就可以跟朋友们到学校门口吃顿好的。还有很多人问我为什么不去写网络小说，网络小说也赚钱，其实我十年前就尝试着写了，但发现自己不是那块料，写着写着就不再强迫自己了。

大学毕业的时候我踌躇满志，但因为家里确实太穷，职业选择比较受限制，我当时考虑了三种职业：一是大学老师，二是中学老师，三是编辑记者。主要考虑的是收入稳定，能有闲暇时间写作，能有自己的精神生活。老实说，八年的中学教书生活，我过得比较压抑，因为我一直无法习惯中学教育的“游戏规则”，一方面我无法降低自己去获得所谓的精神交流，另一方面我也一直有意识地抵制职业化给我带来的伤害。我无法容忍自己真的成为一颗可以随时被替换而又不能随意挪动的螺丝钉，镶嵌在庞大的教育机器上。所以从踏上中学讲台的第一天开始，我就觉得自己应该到大学里头去，那里应该有更自由的空气，应该更适合我，可惜我数次考研都因为英语太差而失败。所以我只能转向写作，那时候我觉得，写作大概是我唯一的出路。但其实从一个农村小子到一个中学教师，我一直在文坛的视野之外，我很害怕自己坠进自叹自怜的深渊里。

生活中层层的压力和工作中的挫败感，常常使我感到焦虑——我担心一地鸡毛的生活会破坏写作的根部气息，将文学创作所需要的生活养分连根切断。所以那段时间，我的诗歌是走在小说前面的，诗歌对生活细腻的情绪感应，以及对情绪直接的抚摸，很大程度上促成了我后面小说的转型。我开始注意到一个人在特定时空中的生存感觉，所谓生存感觉，其实就是情绪和认识。或者说，我意识到情绪有更深层的表现方式，而不是单一的煽情，生存有更为内在和深层的焦虑，于是开始书写“宿命”和“恐惧”这样的主题。加上后来家庭发生的一些事情，也间接巩固了我对于人生和小说之间关系的理解。

3

也许一个写作者必须离开家乡，家乡的一切才能在笔下复活。当我想明白了这些，我就开始在小说中复活故乡中的人和事。那时我在东莞松山湖边的一所中学教书，写完小说和诗歌就打印了邮寄出去投稿，大多都石沉大海。不过八年的教书生活，也给了我相对稳定的环境，可以读一些书，琢磨一些事情，给了我时间去完成最重要的写作准备。我常常想，那会儿如果没有选择教书，而是去当一个记者，估计我就会跟记者朋友去开餐馆做生意，没时间读闲书写东西，也就不会走上创作的道路。

2010年这个年份，对我个人的创作经历来说是个分水岭。在2010年之前，我的创作更多以青春小说和诗歌为主，而当中篇小说《半步村叙事》写完之后，我才算进入了比较开阔的写作境地之中。2010年底，我认识了东莞的一些朋友，邀请我主持创办一本叫《领悟》的民刊，从2011年开始每季度印刷一本。我在大学时代就曾经创办过校园刊物《后来》诗刊，也跟朋友一起创办过《九月诗刊》，那时候文学圈对于纸质出版物的崇拜还没有降温，而移动互联网、社交媒体和手机阅读也才刚刚起步，处于一个混沌未明的状态。这些内部交流刊物的诞生，其实是前面十几年广东民刊生态的镜像，那时候《赶路诗刊》《诗歌与人》依然还在印刷，彼此之间的交流互动还非常活跃。而另一边，移动终端的阅读平台开始兴起，比如韩寒主持的《ONE》和阿丁主持的《果仁》，吸引了很多青年作家的参与。很怀念有民刊和网络论坛的时代，那时候我的文学朋友是最多的，他们真正在过一种文学生活。

但后来的一次机缘巧合开启了我的编辑生涯。我离开了教育行业，从东莞来到广州，自此业余编刊物变成我的职业。2013年我写完了中篇小说《黑镜分身术》，投给《花城》后留用，被告知会在2014年7月刊登出来。在等待过程中，我刚好看到当时还在《花城》当编辑的老师发的朋友圈，说《花城》要招聘一名编辑，我便去尝试应聘。惊喜的是，我成功入围，2014年9月，我便到《花城》上班。我对“花城”这个品牌的认可源于王小波。王小波是我非常喜欢的作家，而花城出版社和《花城》杂志作为王小波作品最早的出版方和发表刊物，一直让我心生敬意。《花城》有非常好的传统，有很明确的代际传承，刊物风格也有很好的沿袭和坚持，这些都得益于每一代花城人的无私付出。2020年秋天，我调入《广州文艺》编辑部。《广州文艺》也是老牌刊物，创刊时间比《花城》还早。期刊编辑也算是离文学现场最近的职业之一吧。

2017年我入读北京师范大学与鲁迅文学院联办的研究生班，到北京读书的这段时间虽然不长，但也算看明白了北方的四季，知道银杏是这样落叶，雪花是如此飘飞。其间我认识了很多有意思的朋友，并一起讨论关于在南方以南确立新文学坐标的可能性，“新南方写作”后来逐渐成为学界讨论的热点之一。我的写作也在不断变换频道，拓宽疆域。从虚构半步村出发，到纸上重建美人城，我像一只蜘蛛一样重新定义属于自己的文学地理，在南方以南探索一种不确定的创作美学，期望捕捉到时代变迁中移动的肖像，溶解科幻武侠等类型文学中的技术配方，在真与幻之间重塑南方寓言。不过一个人总是写得越多，就越明白自己所写的不过是速朽的文字，所做的不过是速朽的事业，只有降低自己的期待，才有可能获得朝菌蟪蛄短暂生命中的意义。

转眼就过了四十周岁的生日。人生四十，意味着再无退路，必须勇敢面对虚空，中年变法而骨节咯咯作响，许多事情必须更加认真，但又不要太当真。时间也许是没有意义的，只有每一天的悲欢，以及关于悲欢的沉思才有意义，而我身上折叠了那么多个自己，在悬浮之中分身，每个我都如此庸俗，却似乎不肯低头。是的，我正在做这样的自己，常常犹豫，常常自我怀疑，而这满肚子的不合时宜，就是瘦不下来。

写于2023年9月，广州夜雨

碧河居简史

1

立冬已过，小雪将近，2020这个魔幻之年眼看就要过去了。还记得年初我在潮州老家过春节，我们一家人在村子里待了很长时间。外面新闻乱飞，村里日子平静，闲来无事就喝茶聊天，聊得多了，一个向来被否决的计划居然又浮上心头：在潮州老家盖房子。

我家的宅基地已经闲置多年。当年中考之后，父母出题让我做选择：要么读高中，要么外出打工赚钱然后回家盖房子娶老婆。父母希望我选择后者，但我毅然选择了前者，所以回村盖房子，向来被我视为是向命运妥协的无奈之举。而就在我外出求学和工作的这二十年里，我家的新房已成旧房，原来的新厝区已经变成老厝区，还是熟悉的巷子，但不知不觉周围的人家多数都搬走了，或者去了城里，或者搬进了新房子。是的，所谓故乡也是在缓慢迁徙，就像一头慢动作爬行的巨型动物。四十年来，这个村子不断往北迁徙，先是越过了北溪河，让“溪那边”成为新厝区，然后，某一天我带朋友在村里散步，他们惊呼：“哟，你们的镇道就是贫富分割线呀，东边的是富人区，有别墅，西边的房子又矮又密，巷子窄，车子都进不去。”我这才发现村里人一直都在建房子，有钱人建大房子，没钱人一辈子就希望建个小房子。逐渐长大的村庄巨兽是以建房的欲望为驱动力前进的。

这里有必要交代一下我家的情况。我家兄弟姐妹四人，真正的兄、弟、姐、妹，我是老大，弟弟是老细（最小的孩子），中间是两个妹妹。大妹最先离开潮汕外出打工，家里穷，她八年级都没念完就辍学了，辗转到了广州。大学毕业后我也离开了潮州，除了工资水平的差异，离开的理由更多是对潮州人情社会的极大不满，当年办个再小的事情都需要找人帮忙。后来小妹和小弟也分别因为工作和求学离开了潮州。父母种田，种过甘蔗玉米，种过豆荚青瓜，这些年务农的收入来源是两亩青枣园。地里仿佛什么都有，但父母种不出来的是各种能帮忙办事的人际关系。所以过去这二十年，我带着这样一个家族往外迁徙，现在兄弟姐妹都在东莞买了房子，有恒产才有恒心，总算是安定了下来。

但过年总是需要回来的，潮汕人都是渴望回家的，潮汕人的坐标原点永远是潮汕。现在回家过年的，就是兄弟姐妹四家人，加上父母两口子，大大小小十三口人（小妹肚子里的小家伙未计入），再加上没结婚的叔叔、九十多岁的奶奶，吃饭时候桌子都坐不下。以往过年挤一挤几天也就对付过去了，但因为疫情，所有人都在想这样的日子会不会持续。潮州人都觉得潮州是最安全的地方，有诸多神灵庇护。

所以家庭会议的要点是，如何解决家庭聚居的空间问题——在潮州市区买房，还是在村里盖房子。无疑市区购商品房能够随时买卖，灵活机动，预期可以增值；而村里盖房子无法按揭，需要现款，闲置时间还无法出租。显而易见，前者更经济可行，但讨论了一圈下来，我弟对我说："哥，这个事情没法用经济规律来考虑，说到回家盖房子，爸妈眼睛都放光芒。"是的，老两口平时嘴上不说，内心一直是希望能重新盖房子的。现在这个房子楼龄跟我弟一样大，西晒还比较热，七十平方米的地基，两层高，格局也不合理，才五个房间，有一个房间还用来当客厅。村里的亲朋早就问父母多次，说什么时候盖房子，父母虽笑着应付过去，但内心早已悄悄积聚了对修建新房的渴望。

还有一件事也影响了我的决定。在潮汕地区，宗族祭祀是大事，但我们家一直有个特殊情况，简单来说，就是现有的房子住的是爸爸这边的祖宗，而妈妈那一边的祖宗还在“溪那边”的老厝区，住在摇摇欲坠的老房子里，按照惯例是不能搬到一起的。逢年过节，两边需要同时祭拜。但父母老担心老屋年久失修，不知道还能支撑多久，如果塌下来压住祖宗牌位，砸坏香炉，那是大不敬。所以在村里盖新房，考虑的还不仅仅是给我们过年用来作为“度假房”，另一层意思是要将祖宗牌位也迁过来，让他们逢年过节能吃个安心饭。

总之，盖房子的事就这么定下来了。这就是我的碧河居。

2

这几年，这座村庄也发生了一些变化，铺了沥青路，溪边修建了鹤塘公园，春天鲜花盛开，夏夜溪风清凉，很多人在公园里聊天，摆摊做买卖的也来了，热闹得很，跟城市里的广场相比，也就差一个广场舞了。

碧河居也还不算一个矫情的名称，至少关于碧河，我自己是可以比较自然地向我的朋友这么介绍：这是官塘镇巷头村，北溪河从村子中间流过，这就是我笔下的半步村和碧河。朋友会说，到你老家去，去看看你的半步村和碧河往事。没错，在我的笔下，东州市碧河镇半步村，就是以此为原型进行的想象。因为想象和现实的这一份契约，我每次在村子里走动时，就会产生一种错觉，认为整个村子都是我的。事实上这个村子从来都没有属于我，甚至，如果当年我做错了人生的选择题，很可能一辈子就与村子里那些泥土为伴了。

但如今，我至少可以拥有独栋的三层小楼（老房子跟邻居共用一堵墙）。提名“碧河居”这个念头，是在朋友帮我设计楼房效果图时，突然在我的脑海中萌发的。所以说，盖房子这个事情，一开始只是说说，但说着说着就认真起来，而世上最怕认真二字。于是开始请施工队，我心想，当然是请质量最好的。然而，老妈告诉我，要从跟我们家关系最近的施工队开始合作，就是说，一般是按照亲戚、亲戚的亲戚、邻居、邻居的亲戚这样类似的关系来排序，不能请外乡，免得被人说。行吧，就请村里的施工队。但我坚持要拉一个微信小群，讨论一下价格预算，父母皱着眉头，没说什么。果然不久就出了问题，我在群里询问工钱为什么是这个价格时，叔叔辈的包工头，发了一个微笑和再见表情，说他读书少，请另请高明。大家不欢而散。

询价居然成为一种冒犯？我觉得这事不可思议。但后来跟村里人的合作中，我才明白包括电工师傅、天花木工师傅，都不存在认真询价的环节。“你相信我，我们是亲戚，不会比别人贵。”这是他们几乎统一的回应。这时我才明白，在这里师傅是真的用“请”的，必须充分尊重，不能质疑他们定价的诚意，不然他们是可以有脾气的。好吧，那就请第二支跟我们关系要好的施工队，工头也是叔叔辈，人挺好，态度也谦和，亲自到家里来喝茶，茶过三巡之后，他问：“刚才说要做飘窗，什么是飘窗？”我马上用手机给他看网络上的照片、视频和施工图纸。工头叔叔说：“周围几公里建了这么多房子，也没见过飘窗。”我说飘窗一百年前就有了，但脑海里开始想象我刚坐在窗台上而崭新的飘窗逐渐坍塌的情景，顿时一脸严肃，表示如果做不了，也可以不做，质量和安全还是第一位的。随后的几天，我开始研究圈梁、构造柱和剪力墙，研究飘窗的受力方向和钢筋的捆扎方式，感觉再这么亲力亲为地研究下去，我大概可以去大学里开一门建筑课了。

正当我一头扎进建筑力学里头时，父母又给我提出超自然的课题。他们说开工前必须找个先生来看一下。啥？先生？也就是风水先生。“我们的效果图和施工图不是都做好了，万一先生说不行，要把大门的方向旋转三十度怎么办？”父母的回答是理应不会这么做，我们给过钱，说明情况，就请他来瞧瞧，先生也是通情达理的人。“主要是看地底下有没有东西。”“东西”在潮州话里叫“物件”，泛指一切有形和无形的物体。“那要多少钱？”“友情价八百，有人请他去看一下花了十几万。”据说该先生十分了得，曾在同一个宅基地里头挖出三口垂直叠放的棺材，分属不同的年代。好吧，就当是给父母买个心安吧。在潮汕农村，有很多支出是得不到物质回报的，但能够换回来一个心安，相当于一笔心理咨询费。以上我对于虚妄之事的理解，纯属离经叛道，事实上大部分潮汕人笃信神灵。

潮汕人的神灵其实不区分道家和释家，特别在乡间，万物有灵，许多小庙竟是仙佛同堂。哪里的庙拜了更灵，则香火更为兴旺。唯一的区分大概是拜神和祭祖，虽然所祈求的事大致相同，但神佛在外，祖宗在内，这一点倒是十分清楚的。

3

如果细细考究，潮汕文化中的诸多种类，大概都源于万物有灵的民间信仰，源于香火接续的祭祀。比如建筑，除了个别商宦之家会修建大房子，更多建得非常漂亮的房子是庙宇和宗祠，祭拜神明是为了平安发财，祭拜祖宗除了缅怀祖德，更多是宗族繁衍。比如潮绣，最早是为了缝制官服和神像的服饰，后者应该应用更为广泛。再比如潮汕小吃为什么如此繁多，若是见证过最传统的潮汕丧葬风俗，就会明白整个仪式里面需要用到各种形状各异的“粿”。“粿”可以作为各种主要用于祭祀的小吃的统称。

每逢春节、清明节、中元节、中秋节这些需要祭拜祖宗的节日，珠三角返回潮汕的高速便常常被车龙堵成停车场。可见即使是外出工作赚钱，但对于祖宗之事，每个潮汕人在内心还是保留了恭敬。我所在的官塘镇，古称鹳塘，也称鹤塘，我常常想象最古老的时候，一定有白色而高贵的鸟儿在浅水中走来走去，傲然而立，顾盼生辉。每逢节日来临，家家户户门口都会挂上灯笼，上书“秋溪世家”。秋溪陈氏是潮州望族，北宋哲宗元符元年（1098年），任海阳知县的陈坦，在任满以后选中七屏山之南的鹳塘定居了下来，与其兄长陈增一起兴办教育，“一门三进士，全族九知县”成为官塘陈氏的荣耀。大概可以猜想，这两位一世祖老祖宗来到鹤塘，估计也是被这里漂亮的白色鸟儿给迷住了，于是开始建设和规划。陈氏大宗祠如今依然保存得很好，三进格局，逐渐抬高，非常气派。如今官塘下辖十五个乡村，其中有四个主村，分别为巷头、元房、巷下、石湖，从这些名字上看，大概也可以猜想当时应该是以建筑物和地理风貌来分居。或者可以这么理解，所谓“房”，既是房子，也是不同的妻室，代表了繁衍所必需的居所。再往下深究，就是遭到许多外地人批判的香火接续观念。“你们潮汕人是不是一定要生男孩？”面对这样的质问我只能说那是以前，现在养一个孩子无论男女都累得够呛。

而从空中俯瞰整个镇子，可以从纵横交错的巷道中隐约看到一个八卦的形状，包括小时候在里面嬉戏的池塘，如果从空中往下看，也是别有用心的安排。如果从这一点上看，我们的先祖在建筑布局上确实非常智慧。也可以看到，潮汕人对于房屋的讲究，是自古而然。有道是：“潮汕厝，皇宫起。”潮汕人将房子称为“厝”，将建房子称为“起厝”，“起厝”讲究到什么程度？必须建得跟皇宫一样。确实，许多潮汕民居都是雕梁画栋的，潮汕非常有名的工艺金漆木雕，具有非常高的艺术价值和实用价值。

随着年龄的增长，我对很多潮汕老物件会多一份迷恋。

在修建碧河居的过程中，我在一件事上表现出了不可让步的强势，那就是十分固执地将餐厅通往小花园的玻璃推拉门，改为带有花岗岩门框的木门。父母和工头都对我的顽固十分不解，认为风格极不协调。我无法非常清晰地告诉他们，我希望在这栋房子里保留一点点非常传统的元素，我希望以后的孩子能够明白什么是门环、门槛和门闩，也让每个家庭成员在吃饭的时候还能记起从前。

我的挽留其实是十分无力的，因为我知道瓦片和烟囱已经在农村建筑中逐渐消失，很多事物大概只能依靠图片和想象去重现了。

4

回家建房才是一次真正的精神还乡。对于一个潮汕人来说，一生中有必然要穿越的三重门：作为物质外壳的房屋，作为宗族信仰的祭祀，还有日常生活的饮食。

潮州美食被大家谈论得很多，具体到官塘镇这个有三万人口的小镇，这里的美食依然拥有征服世界的魔力。官塘镇最早的美食是鱼生和狗肉。吃狗肉被诟病比较多，现在已经很少看到了，当然还有一些店铺还在遮遮掩掩地售卖。鱼生店则遍地开花。鱼生一般用四五斤重的皖鱼，必须挂在风中晾干，重点是刀工，去刺薄切，配以姜丝、金不换、酸阳桃片、炸花生等佐料，非常鲜甜可口。杀鱼生的过程非常有仪式感，对一条鱼的处理细致入微，令人赞叹。在日本料理还没有这么常见的时候，鱼生就吸引了非常多忠实的食客，吃法传播甚广，及至海外。

我不知道有没有人去做过这个功课：官塘鱼生对于潮州牛肉火锅的影响。在我看来，这两种截然不同的美食之间存在着某种联系，这体现在它们对食材的精细处理上。而且，它们都发源于官塘镇。官塘有很大的牛肉屠宰场，食材新鲜。在潮州市以外，这种有着独特吃法的美食被称为潮汕牛肉火锅；而在潮州境内，牛肉火锅的招牌一般叫官塘牛肉火锅。以官塘作为招牌，意味着更为正宗。如今潮汕牛肉火锅已经成为潮州美食的代表，每次介绍自己的家乡，我也会说潮汕牛肉火锅就是我们那边发源的。

离开潮州多年，我依然还是个吃客，或者叫吃货。每次回乡，我也总不会放过咸水粿之类的小吃。但潮州的许多小吃，其实跟其他地方的小吃一样，也是高糖高热量。作为一个中年胖子，我竟然开始对这些童年无比向往的吃食怀有戒心。这段时间因为盖房子，回乡频繁，对于家乡发小招呼消夜，也心有余而力不足。

虽然如此，我依然还是愿意在家乡有一栋小房子，里面住着我的父母，供奉着祖宗，旁边有田野，田野里有白色的飞鸟，不远处有我童年常在其中游泳的溪流。世界那么大，还是故乡好。内心深处，我还是有这么一念，或许哪天我老了，我也回来。但真的能回得来吗?

2020年11月22日

食　茶

二十三岁那年，我离开潮州外出谋生，从此成为故乡的过客。其后十多年时间里，我的家人也陆续离开潮州来到珠三角，只在过年的时候才回家住上几天。归家却似度假，拉杆箱进家门，拉杆箱又出家门，便是匆匆一年。只有在老家，离别变得如此具体，不是隔空无声地挥手，而是拉杆箱轮子碾地而过的声音。

父母在慢慢变老，他们当然热爱家乡，却被动跟随我们兄弟姐妹四人迁徙，帮我们照看孩子。春节假期结束，他们会以元宵祭祖的理由，多停留一个星期。这时他们无比珍惜与这片土地相处的时间，然后在离开之前，浇花打扫，巡视每个角落，把房子里的一切还原，被子杯子鞋子椅子，分门别类，摆放在它们该在的位置。

“我们还回来，我们的孩子大概率不会想回来。”我对弟弟说。与所有背井离乡的人一样，我们明白迁徙的代价，很多东西就如同断线的风筝再也回不来了。一直到某个早晨，我在广州的高楼上醒来，窗外暖阳初升，洗漱完毕，我坐在沙发上开始烧水泡茶，一个人慢悠悠喝了起来。三杯过后，精神大好。放下茶杯的刹那，我心中大惊，一个熟悉的身影浮现在脑海——晨起早餐之前，喝一杯工夫茶，这个习惯理当是白毛公的，何时悄然转移到我身上来的？

白毛公是我阿公。满头白发是他的独特标识，于是被我们喊作白毛公。十二岁之前，我跟着这个古板的老人生活，他给我取名，对我严格管教。他写字板板正正，衣柜里有同样板板正正的衣服。衣柜旁边是他最喜爱的手杖，手杖把手上刻有一只猫头鹰。他喜欢用一手摸着猫头鹰，一手给他的四盆玫瑰花浇水。不过在浇花之前，他起床的第一件事是耐心等待水烧开，然后摆弄工夫茶具，慢悠悠冲茶。茶盘很小，茶杯也不大，每杯一口刚刚好。他端起茶杯，放在鼻子下面，停住闻一闻香气，然后才开始喝茶。

人到中年，属于我的潮汕基因才重新觉醒，我开始会在清晨冲茶。在潮汕方言里，喝茶要说食茶，茶叶被称作茶米。在这里，茶不是饮料，而是一种食物，是生活的必需品。而且必须是工夫茶。若用大茶杯，直接开水泡茶叶，是会被大家鄙视的。在潮汕地区，家家户户都备有工夫茶具。就连建房装修之类乱糟糟的工地，只要是潮汕的工人，他们必定会在忙里偷闲时，不知从什么地方摸出一套工夫茶具，三五人围坐在一起开始冲茶。

在我的记忆中，就连乞丐也有工夫茶具。小时候官塘镇最大的集市叫后亭，就在小镇地势最高的地方。每次跟着白毛公去买菜，都要穿过七弯八拐的小巷子，经过一段比较平缓的台阶。在台阶拐角处，有一个乞丐不分寒暑窝在那里。白毛公路过时，有时会给他一点零钱，有时会给一点食物。于是乞丐远远见到白毛公，便非常热情地打招呼。乞丐有一套工夫茶具，我见过，缺角破损也就罢了，关键是看起来特别脏，全是茶垢。他竟然还有一只炭炉，水烧开以后溅落在炉子上，吱吱作响。乞丐用他被寒风冻裂的手开始泡茶，他的手看起来比茶具还脏。他招呼白毛公喝茶。我拽了几次白毛公的手，暗示他别喝。我严重怀疑他没有茶叶，是捡了人家已经冲泡过丢弃的茶渣。但白毛公竟然还伸手去端起茶杯，喝完再小心放回去。乞丐十分感激弯腰还礼。回家的路上我抱怨白毛公不注意卫生，喝了那杯茶会拉肚子。白毛公却笑着说："人家相敬，拉肚子也得喝，不过确实无茶味。"第二天他给乞丐带去了半包茶米。那时茶叶是用牛皮纸包成方形，再用绳子捆好的。乞丐见到茶叶如获至宝，却没有弯腰行礼。多年之后白毛公早已不在人世，我回忆这个情景，才懂得白毛公去喝那杯茶，是比一包茶叶更大的施舍。

这些年，很多人通过视频里的英歌舞和“营姥爷”才知道潮汕，然后来到潮州古城旅游。逢年过节，潮州古城人满为患。游客吃着潮州的特色美食：鼠粬粿、红桃粿、官塘牛肉火锅、粿条卷、蚝仔烙、腐乳饼……除了美食还有美景，韩江上有湘子桥，古城里有牌坊街，还有精致的潮绣、木雕和民居。许多人对潮州的印象是热热闹闹，活力无限。但其实，潮州文化里有动的一面，更有静的一面。我倒是觉得，热闹是潮州的表象，而真正的潮州其实非常安静，这里的时间千百年凝固不动，就如茶炉水沸，看起来烟雾缭绕，待到茶在杯中，一切又澄澈如镜。

懂得工夫茶，才懂得潮州人的灵魂。我父亲是个农民，不识字，他的农民朋友也会到家里来。两个人静静在沙发上对坐，抽烟喝茶，半晌才喊了一声：“食。”弟弟总结过，他们整个下午唯一有效的信息交流是豆角一斤比昨天涨了两毛钱。更神奇的是，这样的情景在几天后还会重新出现，区别仅是窗外的四时变化，是蛙声一片，还是雨滴芭蕉。“有闲来食茶”在这里不是一句套话，而是一种生活方式。以前我和弟弟会将父亲喝茶的情景当作笑话。弟弟说在深圳，时间是按十五分钟为单位划分板块的，时间就是金钱。而今弟弟已过而立之年，有一天他突然对我说：“其实老爸这样喝茶也挺好的。”我明白他的意思。当在办公室的格子间忙起来常常忘记喝水时，一个人总会怀疑幸福的本质究竟是什么。

诗人杨炼写过一首关于潮州的诗，开头便是：“这里是潮州，退之退之，还能退到哪里？”千年之前韩愈来过之后，潮州才成为今天的潮州。在我的小说里，潮州曾被虚构成一座叫“退城”的城市。退城，是因为在时代滚滚浪涛之中不再随波逐流，而是坚守传统，留出余地，留出空白。潮州之所以成为重要的文化标本，也正是因为某个后仰的姿态让人感觉到很酷很潮，是后撤的坚持让这里依然保持天人沟通的自然形态。有一次，老家的朋友送我一只非常雅致的盖碗，我用不顺手，总觉得还是手拉壶更适合我。直到她看见我笨拙的冲茶技术以后，才对我说：“盖碗没问题，是你这个“假”潮州人心太急了，开水不该冲满，只倒八分，出水要慢，控制速度，不然必定烫到手。”我闻言恍然大悟。

世界教会我做事，但老家潮州一直在教我生活。

龙船饭

北方的杨柳絮还没有飘尽，南方的龙船已经开始苏醒。它们有的从河涌池塘的淤泥里被挖出来，有的从祠堂悬挂的木架上被抬下来，一番修整之后重新漂浮在水面上，这一年的荣耀时刻便启动了。

细想起来，我对龙船这个名词最早的认知，来自一个动作。镇上最厉害的教拳师傅曾演示过他的成名绝招，在虎虎生威一顿拳打脚踢之后，他告诉我们几个小孩子，这绝招的名字叫“龙船挂沙”，几百年前戚爷爷用它抗倭，属于保命绝招，一般不轻易示人。身边的小伙伴正想说怎么跟上次打的不一样，但被另一个小伙伴捂住了嘴。后来看到碧河上真正的扒龙船，嘿哈嘿哈俯身使劲的划船动作，倒是与那天夜里煤油灯下的招式有几分相似。

某一年，箭一样快的龙船上有我的父亲。父亲自诩为扒龙船高手，那时他还没有谢顶，一身腱子肉，再加上碧河上鼓声隆隆，岸边人头攒动，很多细节根本看不真切，故而我们对此深信不疑。但是父亲的朋友阿伟马上拆穿了他的鬼话，说他是个吃龙船饭的高手。父亲只是傻笑，竟然也没有表达反对，更没有跟人家掰手腕。于是我想，龙船饭应该是比扒龙船更重要的东西。好奇心让我偷偷跟过去看，结果大失所望。这龙船饭也便是家常菜，只是多了一盘炒肉。在河堤上，石堆铺上香蕉叶当桌子，旁边一只大锅装满了饭，一只大桶盛满了汤。然而村子里有不少人端着瓷碗来河堤上讨龙船饭，说是讨个吉利，吃了百病皆消，小孩平平安安。阿伟是龙船二队的队长，他总是非常客气地对待所有来讨龙船饭的人，装好饭还问他们够不够。

龙船饭有时候也会焖香饭，也就是将肉菜米饭连同香菇虾米炒在一起，吃起来跟粽子馅料差不多。看似简单，但做好却不易。阿伟是焖香饭的一把好手。在我的记忆里，扒龙船时的焖香饭好吃得像个隐喻，我将之视为正宗的龙船饭。潮汕文化就如卤水拼盘，五里不同风十里不同俗，甚至隔一条河沟方言都不一样。潮汕粽子馅料也是有的咸，有的甜，有的半甜半咸。我后来走过很多地方，吃过很多粽子，无非糯米和绿豆，都不及潮汕粽子的花样多。

粽子是更精致的龙船饭。竹叶的清香，捆扎的仪式感，煮熟了，小心翼翼打开，每一口都有惊喜。我们家的粽子向来以料足著称，香菇虾仁鹌鹑蛋卤猪肉，粽子个头不大，里面内容不少。家里的老人小孩围坐在一起包粽子，这是端午节最为热闹的情景。我奶奶今年刚过百岁，包粽子的手法炉火纯青。她说以前穷，粽子里连肉都没有；现在日子好了，粽子里要啥有啥，她当然有底气瞧不起其他一切朴素的粽子。奶奶说粽子好吃，父亲便点头；无论奶奶说什么，父亲都会表示同意。

父亲现在也是个小老头了。他现在回忆扒龙船的情景，心境不为不同。他说船桨到了自己手里，便拼命往前划，根本来不及细想。人到中年，我已然理解这样的说法。人生很多事大概也是如此，不在于手中船桨是普通木头的还是碳纤维的，而在于勇往直前。父亲不时会提起那年龙船一队夺冠的事，那次他们在阿伟家吃了一顿非常丰盛的龙船饭。阿伟妻子过了预产期迟迟不生，难怪这几天都不见人影。夺冠的一队听闻此事，扛着冠军标旗去阿伟家“冲喜”。冠军标旗就插在他家门口，被夏天的风吹得猎猎作响。阿伟感动得差点掉眼泪，马上让人在天井里做了一桌丰盛的龙船饭招待他们。我问孩子保住了吗？父亲摇头，说上半夜大家都很有信心，还喝光了阿伟家的酒，午夜时大家各自散去，只有父亲留了下来。“但是最终，唉——”他长叹了一声。这世上的事，大概总是不完美。那时我刚出版了第一本书，便想我要在故事里让这个孩子安全出世，或许就因为有了这一念，在另一个平行宇宙，孩子真的活了下来。他大概也会喜欢有鹌鹑蛋的粽子，会喜欢有龙船气息的焖香饭。

阿伟此后一段时间变得很消沉，不爱说话，第二年也不参加龙船训练。队员们上门去邀请过几次，他都婉拒，闭门不出。白毛公知道了此事专程去了一趟，他那时候走路已不太利索，拄着拐杖站在阿伟门口说话。“你可以什么都不在乎，但不能真的什么都没有。”后来阿伟说是白毛公这一句话点醒了他，他换好衣服赶去河堤，时近中午刚好可以跟大伙一起吃龙船饭。

阿伟后来搬到东莞，开了一家小店专卖龙船饭，生意很好。他的侄女是我的朋友，也学得了这门焖香饭手艺。她在加拿大留学时租了一家老华侨的旧房子。据她说老华侨很抠门，但她竟然凭借龙船饭让租金减半。她回国之后的那几年，每逢端午老华侨一家还会给她打电话。去年老华侨的儿子专程回国来潮州牌坊街找她，失联多年，两人聊了很久。他跟她说，他父亲常常念叨龙船饭，也很想念她。老华侨临终时回忆起她带着做好的龙船饭过去他家的情景，冰天雪地，她到达时龙船饭硬得像一块石头。说完老华侨便大笑。“父亲是在笑声里去世的。”他说他对此永远心存感激。

龙船在水面上冲锋陷阵，杀气腾腾，但并不是每一个人都能参与其中；相反，食物才是节日真正的主角，味蕾的记忆如此绵长，无论何时何地，饭桌上都是乡愁。

城市的曲面

1

我在农村长大，根子里是个乡下人。1999年的夏天我走出村子，到十几公里远的潮州城郊念高中，从此进了城。城市给了我太多教训，但我已经离不开城市了，再也无法说自己是农村人。尽管如此，我非常珍视自己身上的“土气”，总怕弄丢它。“土气”让我更真实，让我在城市中生活时不至于委身于虚伪。

少年时代，城市对我来说非常遥远。城市第一次对我造成冲击，是我看到城里的学校居然铺了地板砖，而不是泥地，当时大吃一惊。我的同龄人穿着袜子和球鞋走来走去，而我穿着拖鞋，走在人群里像个作文中的错别字。

我在城里提笔写的第一篇作文，全是关于农村的事，农村的事物，农村的家，然后语文老师给了我很大的表扬。从此我发现自己的脑袋里简直是个斑斓的宝库，存满了各种草树怪事，各种星辰萤火虫。我开始在作文本里写它们，后来我在小说里写它们。我像个蜘蛛侠，从一个原点开始编织我的故事，最初是半步村，再到碧河镇，再到东州市和美人城。应该说，这符合我个人的生活轨迹，我就是这样一步步从农村走向城市的。我想这也跟我们这代人中许多个体的经验是一致的。中国过去的四十年，城镇化的发展让许多在农村长大的人开始进入城市生活，他们刚好见证了这个时代。从过去到未来，从农村到城市，我要书写的就是他们，而“他们”中也包括了我。农民进城，开始都活得像个错别字，他们慢慢改变了自己，融入了城市建设的篇章中，成为一个标点，甚至卑微得像个笔画。

在这个过程中，城市在变大，吞食了周边的乡镇。对于一座城市的概念也在吞食区、县、乡镇。比如我出生的小镇原来属于潮安县，“潮安”是一个比“潮州市”要更为具体的地名。小时候我到邻市乡下亲戚家去做客，那里的人记不住我的名字，但根据我说话的口音，叫我“潮安弟”。但后来我再去时，他们说我是“潮州来的”，已经不提潮安了。在农耕时代，潮安作为一个县，代表了具体的土地和农产品，而全民务工时代，只需要由一个城市来代表即可。

这样的个人经验，我无法证明其他人是否也同样如此。但我想，人口从农村聚集到城市，再由小城市聚集到大城市，背井离乡的人们，大多是以城市代指自己的故乡，而无法具体到县区和乡镇。从现在作家发表作品时所附带的简介也大概可以得到一点佐证，大部分作者介绍自己都会提到生于某省某市，再往下则意义不大；而在古代，韩昌黎、王临川、杜少陵，这些被镶嵌进名字里的地名，则来自更为具体的“小地方”。

无名的乡村需要通过城市来命名。大概所有力量的汇聚就是这么一个过程，需要更多的人带着具体的地名从不同的地方来到城市，然后变成同一个名字，或者说，变成“无名”。

交流的频繁也在加剧这种“无名化”。有一次，我和一个来自荷兰的青年作家对谈，开场我就感谢了他，我说因为他的到来，我从一个广东作家突然升级成为一个中国作家，虽然我连我老家的村子都代表不了。

第一次意识到我的出生地潮州是个小城市，是我坐了一夜的大巴来到广州之后。那时候我还是一个中学生，到广州姨妈家做客，她家住在白云区，然后她对我说，明天我带你去广州。我内心一惊，以为来错地方了，然后才慢慢弄清楚了，在我眼中白云区已经是广州，但在我的姨妈眼中，广州市区被一个看不见的曲面所包裹，有更为具体的区域。

高中的某个暑假，我终于有机会在广州市区见识大城市，那是一个亲戚委派给我的差事：帮忙看西瓜摊子。卖西瓜的摊子在大楼的架空层，一个临时用于停车的地方。这栋大楼位于当时还不太繁华的林和西路，每天晚上我睡在路边，在汽车狂奔的轮胎声中入睡，总梦见自己被车轮压过去。某天清晨我从梦中吓醒，看到一队穿着红色旗袍的女人向我走来，睡眼蒙眬的我以为自己真的到了天堂。慢慢我才看清楚，她们并不是冲着我来的，而是走向架空层另一侧的墙壁，在那里练习俯卧撑。我见她们俯卧撑的时候不是手掌撑地，而是五指撑墙，像在练习九阴白骨爪，心里好奇，鼓起勇气跟一个正在揉红肿指关节的姐姐搭讪，聊聊才知道，她们这是在练指力，这样沐足的时候才有力气。我内心顿时深感敬佩，果然术业有专攻，每一个行业都不容易，在大城市里，连帮人家洗脚都这么讲究。几年前看过一个报道称，沐足行业的整个产值早就超过我所在的图书出版业。我不禁哑然失笑，心中叹息道，人家沐足师傅果然还是要精细专业一些。

2

大学毕业的时候，由于对农村和土地的执念，我跟自己说，既然要到城里去找工作，那么应该找一个城里的“乡村”。就这样，我来到东莞的松山湖，这个地方非常符合我的想象，地处东莞城市的腹地，是围着一个叫松木山水库的湖建的一个科技园区。这个动作回头看应该说非常有远见，如今这里已经是国家级的高新区，包括华为在内的很多科技企业进驻，让松山湖成为整座城市的心脏。但我2005年来这里的一所学校面试时，周围都是泥土，树木刚栽种下去，地上的草皮刚铺下去还没有长起来，一切看起来就像农村。那会儿还没有手机导航这些玩意，很多司机都会在松山湖迷路，到了夜里，整个松山湖一片漆黑，虫鸣声声，如果偶尔升起一轮明月，那简直就是童年了。

我在松山湖边上工作生活了八年，每天教书、读书、写作，跟同事喝着小酒谈古今中外作家，现在想想，那段岁月如同隐居。所以当别人问我对东莞的感受如何时，我其实对这座世界工厂所知甚少，我的同事多数都是外地人，所谓的本地人，其实也有许多本来也是外地人，比如学生的家长很多也是“新莞人”，孩子的东莞话讲得比他们好。

至此，我明白我对这座城市的了解已经足够，我身边的这些人，其实已经是这座城市的缩影。东莞这样一座世界工厂，它的外来人口远远多于本地人口，这就是这座城市的主要特征。所以，在松山湖畔，我开始我真正意义上的写作时，我除了时时反顾将目光聚焦在记忆中的潮州老家，那个有河流穿过的村庄之外，我做得最多的是文化元素的移植，以此来对应我所面对的“城市移民”。我虚构了以半步村为原点的碧河世界，但并非与故乡事物一一对应，只是取材岭南的文化元素。比如我笔下的“东州市”，就可以看作是我生活过的东莞、潮州、广州这三座城市的合集，“东州”这两个字就取了这三座城市名字中的公约数。

城市化进程必然伴随着很多人的迁徙，许多人也会因此失去故乡。所以构建一个精神的故乡才显得如此重要。甚至可以说，一个人的故乡经验，一定程度上决定了“何以为我”。每个作家的写作，必然带上他生活经验的烙印，这也是一个作家独有的写作资源。当下信息洪流涌动，但每个人所接触的信息都非常同质化，个人经验的开发就显得非常珍贵，因为这是写作独特性和辨析度的根源。只有将个人的经验开发好，优化利用，才可能打通通往外部世界的门户。

那么，一个作家应该如何看待城市与农村的关系，这成为一个大问题。我们应该认识到，城市化进程所带来的是复杂而多元的社会形态，城乡对立的思想早应该被抛弃，当下没有绝对的城乡之别，只有中心和边缘的相互渗透。每个异乡人都带着故乡的记忆，城市里的记忆成为多个故乡的集合，而这些集合里很可能没有任何公约数，这就是城市外来人的孤独。

城市制造了一个曲面，像一个凸透镜聚焦了所有的光。比如在广东，珠三角的繁荣吸引了诸多目光，容易让人忘记粤东、西、北的广大区域基本是由小镇和乡村构成的。而繁华的都市里，也不乏城中村，许多人在其中讨生活。作家需要看到城市中的农村，并不是说作家一定要将视线集中在农村地区，而是我们要重新去认识今天的农村，它不是田园牧歌式的想象，而是渗透在城市里每个人身边的一种生活方式，一种存在，一种形态。比如很多人家里的保姆可能就是一个农民，菜市场卖菜的大叔可能随时变成农民；再比如一个快递送到你手中，可能收寄快递是都市的生活方式，但是它的转运常常是在城中村完成的，可能就是一个农民的儿子完成了包装，他内心正在盘算着何时赚到钱就能回老家建房子。所以，当下的农村需要被重新审视，一个作家如果无视农村，应该是巨大的损失；当下的城市也需要被重新审视，不能只基于物欲的想象去理解城市生活，那得到的只能是电视上的泡沫剧。

3

2017年我到北京读书，终于在北方见识了鲜明的四季，见识了落叶和飘雪，这对一个南方人来说是难得的经历。对我而言，远离故乡，远离南方，也让我更清楚地看到南方的丰饶和可爱，这里有太多的事物值得书写。北方开阔，南方灵动，地理气候对创作的影响不言而喻。记忆中的南方风物多元而驳杂，我也更理解南方城市的气象和韵致。有了北方的坐标，我能够更好地想象南方。

天气好的时候，我试过骑着共享单车在北京城里转悠，这是观察这座城市最好的方法。我跟一些在北京工作的朋友聊过，他们对这座城市的记忆，大部分由地铁站组成：朝阳门、积水潭、三元桥、十里堡……地铁站以外的地方，他们所知甚少。我慢慢了解到，生活在大城市里的年轻人，几乎都是如此，他们对于地铁站以外的世界，除了工作和生活每天必须到达的地方之外，几乎是一片模糊。

由此可以给出一种理解，当我们面对一座城市的时候，其实存在一个看不见的曲面将城市分为不同的空间，看得见的和看不见的，共同构成我们对一座城市的认识和想象。在这些交错的曲面中，我们能看到不同的想象会分泌出不同的文学：一些作家会写澡堂子和乒乓球馆，另一些作家会写指甲油和高脚杯；一些作家会写进城保姆和下岗工人，另一些作家会写小三争宠和金融惨案。如果走近一点，也会发现这些作品之中也存在看不见的曲面，城市生活在其中涌动，关乎永恒的文学品质在其中潜伏，而所有的作家都站在曲面上，希望像《红楼梦》那样在烦琐世俗的生活陈述中抵达永恒之境。

人群聚集的城市，让故事从乡野中集中过来，由此也加深了故事的密度。真正意义的乡村（作为诗的部分）正在消亡，或者说以更为复杂的形态存在。未来要探寻纯粹的乡村，大概只能通过技术还原，就如许多科幻美剧中所展现的乡村小镇生活场景，不过是一个人工智能的游戏世界。而在另一部电视剧《相对宇宙》中，一座城市被分裂为两个世界，这里面既有历史的隐喻，也是对人类精神世界日渐破碎的投影。影视剧中未来世界的城市图景，暗示了文学或将走向更大的可能。

2020年5月7日

人世间的水

1

一条溪流穿过村子，村口还有许多池塘。水的诱惑是无法抵挡的。每年夏天，咆哮的哭喊声总会从池塘边传来，我循声出门，这样的情景总是忘不了：池塘边一群人围拢过去，一个孩子躺在地上，孩子的父亲将他抱起来，我没有看见他的脸，只见一条灰紫色的手臂从他父亲的腋窝底下赫然穿出来，在空气里晃动着。

有时候想，那只晃动的手也可能是我的。在我学会游泳之前，有三四次，我不小心沉到水里去，幽深地沉降下去，紧张，挣扎，万劫不复的绝望，在被拉出水面之后的兴奋和沮丧，一起组成了一个乡村孩子对于水的感受。“心怦怦跳”这样的词汇只有被深埋在水中，才显得格外形象，在水的深处，真的可以听到自己的心跳，自己的脉搏。

按村里的说法，沉入水中，被水淹死，是水鬼的游戏。

有点类似于躲猫猫，水鬼总在池塘和溪流各处等着，等着抓到下一个溺水的人来顶替他的位子，然后自己才可以投胎去。另一种说法是这些水鬼都是猴子模样，又称水猴，潜伏在水里，不让人看到它，偶尔也出来乘凉，但总是坐在水边。也有说法，是水猴乘凉的时候可以化作人形，通常是化作少女。所以每次见到溪水边洗头发的美丽少女，我总是不由自主多看两眼，看看是不是水猴化的。有一年读完《巴别塔之犬》，脑海里却总是浮现水边一个长发白衣女子的倩影，只是在我走近时，她回眸一笑，是一张长长的脸，像狗又像猴的嘴巴。我想，水猴大概就是这样了。

所有的传说和现实中的惊悚，却在接触到水的那一刻，可以完全消失。

对于一个用水做成的身体来说，我们和水似乎是天然就在一起的。每年夏天，溪流上吹着冷暖不一的风，将满是臭汗的身体放置到冰凉的溪水中去，简直就如让冰淇淋回到冰箱。见到溪水，就要等不及了，仿佛再在炎热的空气里多待一会儿整个自己都会融化掉一般。在清凉的溪水里尽情地调整自己的身体，我感觉自己像一个芭蕾舞演员一样自由，可以任意地倾斜和折叠自己，可以旋转，可以漂浮，让人不由得相信自己远古的祖先确实是一条灵活的鱼，可以潜入深海之底。

下雨时候游泳，也是很惬意的。天上的水滴落下来，带着冷的风，而水里却是温暖而安全的。雨水打在水面上，一种水融入另一种水，它们是涌动的兵马，却不参与人世的残杀。唯一不舒服的是眼睛，将身体藏在水里，但小头颅终究是要露出水面的，雨水欺负了头皮也就罢了，却总是侵犯了眼睛。也如此，才感觉溪水加倍的好。

若在星夜，漂浮在水面上，只留鼻眼露出水面，凝视着干净的苍穹，可以听清自己扑通扑通的心跳。从生命的开始，在子宫里，我们就一直在游泳，在漂浮着，在奋力活命，在舒畅与窒息之间获取流动的自由。游泳从一个动作开始，以一种状态结束，在这中间，跟黑夜一样黑的溪流川流不息。在我们记忆符号的伊始，我们感知了空间的存在，同时感应到时间的流逝，并在不经意间读懂了命运。

在星夜，一切是不着急的。此时漂浮在水上，应该是天地和自己最接近的时候。在这个世界上活了三十年，见过一些人的离开，也迎接一些人的到来；见过穷困龌龊，见过苟活，也目睹一些人的飞扬跋扈。当年，我阿公在这条溪流上捕鱼，后来收养了我妈妈，我妈妈到这条溪流里挑水和洗衣。这条溪流见证了我们这个家族的婚变、自缢、斗殴、病痛、诅咒和声嘶力竭，一百年间由官到农、由盛到衰，多少人死在溪流两岸，他们走了，带走了属于他们的世界，时间也就停在那里，没有人知道他们曾经的脉动，而溪流依旧不动声色，一如当年它吞食了从桥梁上抛下来的弃婴。

2

五岁那年初冬，两个到溪边洗衣服回来的女人经过池塘边，看见我在水里浮沉，于是放下衣服，用扁担将我捞了起来。她们后来每次碰到我妈便说，你看，你儿子现在有出息了，多亏当时我们那一扁担。所谓的出息，不过是我到外面读书，毕业后谋得一个教书匠的饭碗。但在她们看来，只要是领工资的体面工作，都叫有出息。每次我们都表示了感谢，久而久之，这种感谢变成了形式上的冷漠。每次她们提起，我只是听着，嘴上说着感激的话，心中有一丝茫然。我当下的生命与落水的生命之间，隔着太多的往事，撕心裂肺或忧心忡忡，我早已经活成好几个人了，需要应对人世间的种种，此刻记忆已经很难重新还原落水的那一个瞬间。只记得我因为贪玩弄脏了鞋子，然后就摇摇晃晃走到池塘边，我洗手，接着站起来，伸出一只脚在水里晃动了两下，于是世界就颠倒过来，我慌乱挣扎，而世界正在变得越来越亮，然后感觉有人在扯我，出了水面我就哭了。我一路哭着回到家里，只记得左右两只口袋里还装着两袋子水。

在很长一段时间里，死亡对我来说，就是一个亮晶晶的池子。

为了不在池子里淹死，我开始在池子里学游泳。开始是辛苦的，主要是来自同伴的嘲讽，他们觉得我太笨，又很怕死。死是大家都怕的，但怕死不知道什么时候就成了胆小鬼的专利，某些时候也成为我的专利。我那时还不能从水里浮上来，只能在池塘边练狗爬，他们便对着我哈哈大笑。他们是有资格笑话我的，因为其中有好几个小时候都曾经被大人在腰上绑了一条绳子，扔到池塘水深的地方去，挣扎着开始游起来，如果沉下去就把绳子拉起来。据说这样反复几次自然就会游泳了，人的潜能是无限的，这样极端的方式总能让人在很短时间就学会了游泳，野性的挣扎最能激发一个人昂扬的斗志。我是不敢被这样绑着腰扔到水里的，理所当然要成为怕死的人。我天然地抵制去和水签订这样刚烈的协议，我浮在水中，开始艰难后来顺畅，一切都是自然而然的。我和水的协议是如此柔和。而八岁的弟弟学游泳时，他一头扎进水里，双臂猛然挥舞，然后在三米远的地方突然掉过头来往回游，在水面画出了一个倒扣的“U”字形。他靠岸，尴尬地大笑起来，以此来掩饰他内心的害怕。

后来在游泳池里，看到教练有板有眼地教人学游泳，看到人们绑着救生圈，动作规范地划着水，我突然对四四方方的游泳池感到十分鄙夷，那种感觉就跟当年他们嘲讽我在岸边学狗爬打死不敢到水深的地方去一样。游泳池是城市对于自然的一种妥协，它在人类城市化与对自然的渴求中间扮演了替代品的角色，换言之，它太像一个游泳的地方了，很容易就让人联想起玩具娃娃，无论如何有声有色，终究是没有灵魂的。

3

那一年夏天，我又回到了故地，回到了溪水之旁，但感觉已经不太一样，水当然是没有以前清澈，而且溪水边多了很多女人。以前女人到溪水边来，几乎都是来洗衣服的，下水游泳对于她们来说似乎是多么羞涩的事。但现在不同了，她们流行穿着衣裤就下水去游泳，不用比基尼，除了救生圈（甚至有人用废弃的汽车内胎）之外也没有更多的工具。水如此欢乐，它又一次接纳了所有。

在游泳的世界里，能浮起来只是手段，不是目的。就如在活着的规则里，活着只是手段不是目的——但有时候，确实仅仅是想活着，仅仅就是想浮起来，都那么难，那么乏力。在布满平庸的世界里，自由的漂浮意味着绝对的强大，或是某种放弃。

村里的溪流在没有被造纸厂污染之前，有很多鱼，也有很多石螺。村里有个浪子几乎不分季节地跑到溪水之中，他的主要工作就是潜到石头缝隙里去摸石螺，每天只要摸到几斤石螺，就能换来他的酒饭钱。他是个小个子，几乎不分寒暑都穿着一个蓝色的背心，一条短裤，常夸口自己能在水下闭气二十分钟，就跟活在《水浒传》里一样。他没钱娶妻生子，不关心人类，更不知道有德令哈，在他的世界里，就只有石螺和酒，多少石螺，多少等值的酒。据说他最后也是死在水里的，因为左手被卡在石缝里，出不来，活活给溺死了。然后，就被人非常自然地遗忘了。

在一个遥远的午后，我突然想起他，记起他仿佛是第一个带我横渡溪水的人。溪面其实也不宽，几十米的样子，他带着好几个孩子，一马当先，游在最前面，我们游不动的时候，他就在茫茫的水里等着我们，吆喝着什么。游到对岸，我们都上气不接下气，他一扭头，又游了一个来回。

据说我阿公在溪水中捕鱼的时候就和他相识，还曾送鱼给他。

在渔樵时代，总有一些人打探了山水的源流，总有一些人为着生存守卫了水土。他们的目的很简单，活着就是为了活着，浮着就仅仅为了还能浮着，不需要更多的理由和阐释。

这条溪流叫北溪，是韩江的支流。而在我的小说里，我将之升级为碧河，围绕碧河有诸多往事，如流水溪石叮咚作响。在我心中，在人世间的水便全都在这里，涌动着，不安着，如情绪起伏，在一呼一吸之间翻滚着。

4

忘记是什么时候游泳开始变成一种回忆。少年时候觉得二十岁是一个遥远的年龄，二十岁的时候，觉得三十岁是那样遥不可及，甚至觉得三十岁还没有混出一个人样，简直可以不用再继续活下去了。过了三十岁，又悄然过了三十五岁，日子飞一样过去，漫漫中年，再也说不出激昂的话来。节奏变快，时间变得不够用，空闲下来的时候更喜欢逛逛菜市场，买点自己喜欢吃的菜，在溪水之中游泳的事，便宛如天边的一朵白云，好像一直在那里，但永远没怎么留心。

只有那个小我十岁的弟弟，还记得我对于溪水曾经的执着。当年，便是我教他游泳的，或者说，是我让他喜欢上水的。现在每年炎夏，他也会叫上我，带上泳裤泳帽，到游泳池里去游泳。“你看你的肚子，你需要运动。”他对我说。

城市里再没有可以游泳的小溪，游泳池成为唯一的选择。我曾经鄙夷过它，而现在，我只能选择投身于它的怀抱，这是情怀对于现实的妥协，是生命进程中必要的步步退让。

但在弟弟看来，游泳池理所当然是一种进步。在这里，一切是如此规范标准，不用为溪水的暗流而担忧，也不用担心会在水底突然踩到什么软绵绵黏糊糊的东西，没有水鬼，没有水猴，游泳池边上的救生员会时刻观察着池子里的动静。好几年前的暑假，为了赚取他人生的第一部苹果手机，他到城里去接受培训，成为一名游泳教练，可以教小孩子学游泳。标准的泳姿让他自信，也让他的身材更为健硕。“游泳，最重要的是规范每一个动作，形成习惯。”他开始演示蛙泳，分解每一个动作，如何用力，如何摆臂，如何换气，如何让自己在水面载沉载浮，宛如时刻需要急救的青蛙。

我环顾四周，发现游泳池里的其他人，都在整齐划一地摆臂蹬腿，力求动作规范，而只有我，用一种近乎野蛮的动作在划水。我们这种野蛮的游泳方式，也是有名字的，叫“竹篙游”，寓意是学会之后，便如一根竹篙漂浮于水面之上，宛如一苇渡江，自由滑翔，速度很快。当然，我手臂开合，甩头换气，速度确实不会慢，但大家都用一种异样的眼光在看着我，显然他们并没有见过这样的游泳方式。

“你这样游看起来快，但会累，蛙泳的标准动作才是最省力的。”我弟弟给我科普。

我当然也是科学的信徒，非常愿意相信科学，但虚心请教之后发现，我已经无法改变自己的习惯了，就如同一个人难以改变自己吃饭和走路的姿势。

我长长呼出一口气，坐在游泳池的边上，望着眼前这方块状的水。人世间的水，它在荡漾，我闭上眼，仿佛听见了溪水拍打着岩石的声音，那是水的脉搏，而我曾经那么亲近地聆听过。

命运的宠儿

1

童谣大概都忘了，某日偶然脑海中掠过这么一句："欲去草鞋共雨伞，欲来白马挂金鞍。"小时候姥姥就反复唱着它哄我入睡，我完全不懂什么意思。直到现在反刍时才猛然一惊：这不就是衣锦还乡的画面么？这两句话，就像一面悬在故乡上空的镜子，时刻映照着千百年来游子的面容。他们有的赴京赶考，有的出海谋生，有的流落街头，但是回望故乡的时候，都明白那亮晶晶的眼光在期待什么。大部分人像我一样，从这种期待之中看到了自己的落魄。

在世俗的眼光之中，落魄之人是没有故乡的。但最悲哀的不是落魄，而是明明活得不怎样，但为了给别人带去希望，你还必须装得像个人物。八年前我大学毕业后，在东莞一所中学谋得一份教职，那个暑假回到老家等待入职。刚在家里安顿下来，我妈就对我说："你要去跟你大伯说，你现在能赚钱了，要他去看病。去，告诉他你的工资有多少，往高处说。”我愕然，细问才知道，我大伯生病了，赖在家里不去治病，说自己得了癌症。究竟是不是癌症呢？不知道，因为他不去看医生，也不吃饭。

我踩着破单车来到他家，天气炎热，这个五十多岁的光棍躺在地板铺的草席上，蜷缩着等死。在他身边，放着碗筷，碗里面的饭菜还在，早就冷了。房间里光线昏暗，只有一扇报纸大小的窗户；角落里的马桶发出一阵臭味。我奶奶坐在门口流眼泪，口里喋喋不休地咒骂大伯。我大伯见我来了，从草席上坐起来。据说这已经是最大的礼遇，其他人进门，他从来只有躺着。我将我妈教我说的话说了一遍，让他去看病，说我能养他。但他嘤嘤地哭了，他用藤条般的手指轻轻抹了一下眼泪，他太瘦了，连眼泪都十分寡淡。“没意思，有什么意思呢？”他没有说更多的话，只让我们都不要管他。

我装得像个人物，但我毕竟不是一个人物。后来我反复琢磨那天谈话的情景，突然才明白：如果我是一个人物，一切都是不需要谈的，只需要一声令下，找几个人将他抬到医院交给医生就完事。如果真有一个衣锦还乡的人物，或许我的大伯会在他面前服服帖帖。但没有，这个确信自己就要死了的男人，内心滋生着绝望，拒绝了所有人的劝说；他不是病死的，而是活活将自己饿死的。直到他意识开始模糊的那一天，他才喊着我的名字，要人送他去医院看病。只有在无限靠近死亡的时候，内心的求生欲才会被激发起来，但向死而生的愿望来得太迟了，他终究走了。

我甚至一直都不知道是什么事情让他如此绝望，觉得生无可恋。但我隐隐感觉到，在他的葬礼上，大家脸色似乎多了一份释然，仿佛都松了一口气。我想起了那些年他能够外出打工的情景，每次过年回来，他都穿着崭新的黑皮鞋，留着一扎短胡子，我们一群小孩围着他笑着。他坐在椅子上时，我的大妹很喜欢坐在他的脚背上，抱着他的小腿，要他荡秋千。我不知道是什么原因让他活在整个村落的生存规则之外，总之，他后来大概不是活着，而只是存在着。现在他不存在了，大家按照古老的葬俗将他安置了，只在口里念念有词："世事无常。"我一直觉得用这样四个字来概括一个人的离开，似乎不太精确。这跟"无常"没有什么关系，他只是放开了自己。

我为大伯守夜，他的床头点着一盏灯。一只猫从门外蹿进来，吓了我一跳。在我们老家，猫并不为许多家庭所喜，因为传说若是猫从死人的身上跳过去，是不大吉利的，去世的人死不安宁，同时也会给主人家带来霉运。

2

昨天楼下垃圾桶里有一只被丢弃的死猫，我忽然想起自己有很多年没有养猫了。

最后一只猫在我臂弯里死去。它吃了一只老鼠，这老鼠刚吃了老鼠药，于是我的黑猫跟着中毒。它开始一直猛烈挣扎，后来就温顺地躺在我的臂弯里瑟瑟发抖，口角的白沫里夹杂着一丝鲜血。它的身体在我的臂弯处慢慢变冷，我能感受它的温度。在活与死之间究竟是什么东西隔着，打开开关，生命就瞬间消散了。怀里的小猫慢慢变成一团物质，它与那只生龙活虎的小猫仿佛再也没有关系了。这种感觉不同于火苗的熄灭，因为那至少还有灰烬，还有余烟，让我们感到火的逝去是井然有序的。而生命，它如宇宙一样，不知道如何诞生，也不知道如何熄灭。仿佛是从一个点瞬间被迁移到另一个点，从一个时空瞬间一闪就到了另外一个时空。然后支撑着生命的那件外衣就在风中飘落，外衣不是生命，真正的生命已经闪逝。

倒数第二只猫是被我爸赶走的，它被怀疑偷吃了餐桌上的鱼，于是当它再一次端坐在餐桌上时便被老爸一棍打下来，它惊慌失措正想逃跑，刚好被我撞见，我叫它的名字，它跑过来蹭我的裤腿，我老爸气还没消，追出来，朝它腰上又是一闷棍。它踉跄跑出了一个弧形，才站稳，回头对我喵的一声长叫，便头也不回地消失在小巷深处。此后我遇到过它几次，它变得很脏，也变得强壮，我呼喊它，它回头看我，嘴里还叼着老鼠，然后转头离开，慢跑着躲进了废弃房屋的青草之中。心与心之间的信任之弦，断了便是断了，我们无从重燃，让它回到从前。直到有一天，我听到门口有猫叫，开门一看，那只脏兮兮的猫站在门外——用三条腿站着。它受伤了，抬头看着我，"世乱遭飘荡，生还偶然遂"，猫眼特有的深邃让我感觉它似乎刚经历过一场战争，死里逃生。但它也未曾活下来，第二天我们才发现它受伤的不只一条腿，还有腰。它躺在角落里，头一直缓慢往下垂，我伸手帮它把头扶好，它还是歪下去，慢慢变冷。

我好久没有再养猫，也许永远不会养了。每只猫都有自己的际遇，每只猫都会遭遇命运，不同的是，有的猫成了命运的宠儿，而有的猫成了弃儿。

3

大伯走后的第八年，我从那所中学辞职，转行去广州当了编辑。总有朋友对于我在三十一岁的“高龄”远走另一座城市表示不理解。或者表面说些祝福的话，但内心总是不认同的，终于忍不住会问：“何苦呢？过日子罢了！”

是的，这个决定代价沉重。到广州之后的第二个周一，早上起床，我出发要去上班，五岁的女儿也刚好醒来，看到我要走，大喊一声：“你还没跟我说再见呢！”我说再见。她声音低下来：“爸爸，能不能不要去赚钱钱了？”此前一周，她发现我去上班就很少回来，吩咐我去上班一定要说“再见”，不能偷偷跑了。她将我去上班理解为“赚钱钱”，在她的世界里，我现在上班比以前跑得更远，一定是去赚更多的钱钱。我问她为什么，她摇摇头说不知道啊。我问：“那不要去赚钱钱，在家里陪珂珂好不好？”她“嗯”了一声，猛地点了几次头。我鼻子一酸：“但不去赚钱钱，你没饭饭吃怎么办？”我以为她会回答那就不吃饭饭，但早上醒来，她可能有点肚子饿了，沉默了一会儿，她说：“我也不知道啊！”就把头埋进了枕头里。

但我很难跟她解释，我没有赚到什么钱钱，也并非要去赚什么钱钱。好几年没坐公交车的我，现在要去挤公交车、地铁，在上班高峰期的地铁里把自己挤成一条金针菇。以前上班开车三分钟就到了，现在出门塞车，有车开不得，赶去上班需要在路上花费一个小时。我要面对更奔波的生活，我要在小孩生病发烧的时候开车两个小时往回赶……这一切都是困难。但让我鼓起勇气克服这些困难的理由只有一个：我无法忍受几十年如一日的生活，我无法忍受十年后的自己跟今天的自己并无二致，我要修改自己的人生轨迹，要做出改变，虽然所有的改变都有可能变得更好，也有可能变得更糟，但没有冒险的人生不值得一过，人总要勇敢面对自己的选择，因为你不知道何时会成为命运的宠儿。套用现在流行的话说：梦想还是要有的，万一实现了呢？

人生的莫测，不应该只出现在灾难上，也应该出现在际遇里。

八年前我来到松山湖，上课十天之后是教师节，整个年级布置了一道作文题目，叫《十年之后，我回到母校》，意在进行尊师爱校的教育，也让学生展开想象，展望未来。这是我第一次收学生作文，语文科代表将作文本整整齐齐垒在我桌子上。那天早上我兴致勃勃，打开第一本作文，初一的孩子，用他稚嫩的字体这样写着："十年之后，我回到母校，回到我们原来的教室，我看到十年前教我们语文的陈老师，两鬓灰白，手里拿着粉笔，十年如一日，正在讲台上讲一些我们都听不懂的道理……"我并没有像许多老师那样在这作文中读出感动，"十年如一日"这个词像一根棍子击中了我，使我浑身一颤——我十年之后即使不至于两鬓灰白，也被这孩子猜得八九不离十。这样被命运拘捕的感觉让我感到恐惧。我想，换一个位置，换一个角度，换一个人，也许他会活得很好，他们会这样问你：这样不是很好吗？这不就是许多人追求的简单和稳定吗？

也许我的人生会在不同的平凡之中轮换，但只要我还有做出选择的权力，我就必须勇敢去试。

4

今天是我三十一周岁的生日，我已经在这个世界上存活了11323天。我相信每个人天性中都会有一些东西在生命系统初装时就已注定，有些人就喜欢从事创造，另一些人就适合不断模仿，有些人的生命节奏很快，有些人的生命节奏就非常舒缓。八年中我目睹许多有理想、有想法的人妥协于庞大的机器，我对教师这个行业有深刻的同情和理解。许多人都想做得更好，但当没有妥协你就待不下去。所有人都知道教育有问题，但当你拿着钳子和螺丝钉时，却不知道从何下手，最后许多人总会将手里的维修工具，换成温柔的屠刀。这样的教育系统，已经无法容纳理想主义者，我听到了马小平的叹息，也看过钱理群的眼泪，教育的流水线正在制造无数“绝对的精致的利己主义者”（钱理群语）。这里就不抨击教育体制了，抨击是多么容易，批判总能让人感觉这很深刻，但难以改变现状。作为一个小说家，我承认我无力去改变这部机器，我能做的事情只有记录。我相信这段从教的岁月，未来会成为我重要的写作资源。如鱼饮水，冷暖自知，我所见到的，我所感动的，我所鄙弃的，终将在我的作品中得到呈现。

从一个行当转入另外一个行当，永远是有风险的。但人生有时候必须听从自己内心的声音。我有诸多不舍，我敢说，如果想从事教育，我待过的这所学校应该是理想之选。在我心目中，这是东莞最好的中学，没有之一。2007年夏天，从教一年之后，我给那一届学生上完最后一节课时，我忍不住告诉他们，这是我们的最后一课。全班一阵静默，然后学生突然都哭了，后来我才知道他们当天放学后便一起去找校长希望我接着教他们。我离开这个班一年之后的那个生日，他们自发来到教室门口，围着我唱生日歌。我书柜里依然保留着这些年学生夹在作文本里的纸条，除了作文之外，他们就通过这样一种经典的方式向我诉说内心的苦闷。我曾经十分用力想做一个好老师，虽然我做得并不好。后来我请一位诗人前辈到我们学校做了一次演讲，活动结束，太多学生围着诗人谈自己的心事，他们排着队，希望跟她搭上话。那种感觉，就像一群病人围着一个医生，虽然他们知道这个医生可能无法治好自己的病。那天晚上在回酒店的路上，讲完课的老诗人像一只耗尽电池的手机那样沉默着，我后来一直不敢问她当时的感受，我明白她无法提供更多的能量去填补学生成长中的心灵黑洞。

在松山湖的八年，我站在讲台上，笑着，讲着，而我的心灵世界，总与他们格格不入。我的表达系统，也常常无法调节到一个十几岁孩子的高度。但可以说，我没有一天不在从事创造，我心里有一个宽广的世界，那里的人物走来又走去，那里的人物正在和我一起经受生活的考验，那里有欢笑也有泪水，只是我无法用语言来告诉你。

离开并不是背叛。谁都应该成为命运的宠儿，谁都有权利将自己安放在最合适的地方。我需要勇敢去尝试，勇敢去迎接改变。八年前学生曾在作文里描述我的样子：经典的西裤搭配球鞋，衬衫的下摆从来都没有收进过腰带里头。八年过去，我还是那个不修边幅的样子，我抗拒任何带有仪式感的东西，我拒绝庞大的机器的任何重启升级，我选择成为我想成为的样子，即使长得歪歪扭扭。

5

究竟什么是命运？是必然和偶然的概率吗？还是由不同的人生选择组成的链条？

有一回我跟一个汶川地震的幸存者聊起死里逃生的话题，他说一个老人和一个小孩，对于死亡会有不同的见解。后来我读到《哈姆雷特》的一句话，似有所悟：“蛆虫是全世界最大的饕餮家；我们喂肥了各种牲畜给自己受用，再喂肥了自己去给蛆虫受用。胖胖的国王跟瘦瘦的乞丐是一个桌子上两道不同的菜；不过是这么一回事。”生而为人，时光只能向前照耀，我们都回不去了；向死而生的人们，只能与无常和平相处。我有几次溺水，都被人捞起来，算是命大。还有一次，村里的小学正在重建，我和阿公蹲在工地上跟守门的老人聊天，这时巨大的脚手架轰然倒塌，砸了下来。我是看着它倒下来的，我当时并不知道这样一个铁架从上面压下来意味着什么。巨大的声响把所有人都吓了一跳。那个大铁架离我和阿公不到一米，只要稍微偏离一个角度，我们就成了肉酱。死里逃生的阿公不断跟人复述当时的情景，而我仿佛无动于衷，在我记忆中，铁架砸下来的速度其实很慢，只是我还不懂得要跑。读《西方的没落》，作者在最后引用了塞涅卡的话：“愿意的人，命运领着走；不愿意的人，命运拖着走。”我想起了我的大伯，他也没有跑。他一辈子都无法把握命运，历尽坎坷，到了生命的最后，他大概想自己把握生命之弦。即使是这样用绝望的手指掐断烛火，其实也是一种主动。抬头直视命运，这最后的一眼，耗尽了他一生的勇气。

2014年9月28日

绵　路

1

无论从什么角度说，我都得感谢我的母校绵德中学，感谢她在最恰当的年月，收留了一个贫寒少年的青春。

绵德中学，这所深居山谷之中的学校。它与外界相连，几乎只能通过几个长长的隧洞，背山面湖，风景倒是不错。木棉花盛开的时候，我觉得这里几乎是世界上最美的地方了。但现在想起来，那时候的条件其实非常恶劣，操场上尽是荒草，公共浴室没有门窗，破旧的宿舍铁床，臭味熏天的公共厕所……即便如此，我也明白自己背水一战，再没有别的退路，如果再混下去，我就只能在高中毕业之后去找一个工厂上班。

但我成绩确实太差了，班里除了一些不在意成绩的同学之外，其他人的成绩都比我好。在我的眼里，班上有些同学是城里人，从小学就开始上英语课（当时，农村孩子都是初中一年级才有英语课），懂得很多服装品牌，能打各种球，穿着旱冰鞋在校园里穿梭，浑身整洁光鲜，我的自卑感油然而生。他们在教室外的走廊上组成乐队，弹着电吉他，敲着爵士鼓，唱着摇滚，而我显得很土，仿佛是为了衬托他们而存在的。

高一开学的第一节课是语文课，走进来一个瘦小的女老师，她的头发中分，染了一抹黄色，像草树一样向天空长上去，再向两边形成一个弧形披下来。她眼睛没看我们，控制着节奏，用慢悠悠的声音喊了一声上课。我个子小，坐在前排，站了起来，又坐下，内心充满了不安。我们通常称呼这位语文老师为金萍老师，她眼睛很大，讲课声音很细，似乎有意压得很低。我忘记她讲了什么，只记得不久之后就写作文，我特别认真地写满了。然后下一节评讲作文，金萍老师第一个就念我的名字，我以为出了大事，脸红心跳，但竟然是好事，老师说了许多夸奖我的话。现在想想，大概她那时候也只是需要找个人表扬一下，恰巧我的作文用了一些心思而已。但对我而言，满满一书包的课本，英语和数理化，没有一本我拿起来不发晕，能看得懂的几乎就只有语文课本了。对于一个希望发奋改变命运的孩子来说，信心是比金子还要金贵的东西了。

接下来的所有语文课，我再也不敢怠慢。因为同学们都知道，我是语文老师面前的红人了。我在作文中也小心翼翼地透露了我的心事，谈到了我的贫穷，还有我曲折的身世。很快九月就要过去，接下来是国庆假期，金萍老师布置完假期作业之后，把我带到办公室，问我新的环境是否适应。又问了一句，你在作文里写的都是真的吗？我点了点头。她沉默了一下，又问我平时看什么书吗？我说没有。其实对我家里人来说，除了课本之外的书都是闲书，理应禁止。我曾经借堂哥的《水浒传》来读，最后都被当成导致成绩下降的原因而被当场撕毁。金萍老师从包里小心翼翼掏出两本书，一本是《围城》，另一本是《飘》。她笑着说可以借我书看，但要小心保护，还要记得还给她。那时候绵德中学没有图书馆（不知道现在有没有），记得有一个地方似乎安放了书柜，但从来没见图书外借。在校门口的盗版书摊到来之前，这两本封面破旧的书，表达了老师的某种期许。其实在我自卑的心里，我觉得自己远没有老师想象中的那么优秀，所以要加倍努力，成为她期许的那种人。

2

而经过一年的努力，我基本已经坐实了“很会写作文”

这样的声名。隔壁班教语文的壁涛老师据说也在课堂上念我的作文，他还给我取了个外号，叫“大师”。壁涛老师那时候很帅，或者一直很帅，不过是个怪人。他遇见我就笑，偶尔会说两句笑话。后来我大学三年级需要实习，就是他当我的带教老师，他在课堂上跟学生分享他以后的理想生活，是乘一叶小舟飘荡江湖。“小舟从此逝，江海寄余生”，我大概能想象这样潇洒的情景，最好能配上钓具和长剑，会更是诗歌里头的模样吧。

在高中期间，我参与团委的工作，获得了一份不错的差事，就是负责收取团委的报纸。换言之，所有的报纸杂志，都是由我去收发室领取然后发放到各个办公室的。这份工作很多人不愿意干，因为说白了就是一个跑腿的活儿。但我对此如获至宝，因为这意味着每份报纸我都可以先睹为快。因为老师们都太忙了，几乎没有人会关心最新的报纸是不是第二天才来到办公室。有时候报纸会原封不动，几天后由我再整理扔掉，所以我又有机会将一些自己认为非常棒的文章截留下来。比如我老家的书柜里仍然收藏着《中国青年报》上面的《冰点》系列，就是那时候一张一张收集下来的。在校园里没有网络没有手机的年代，报刊是通往外部世界的唯一路途。

如果没有在语文作文获得信心，如果没有这样的开端，我的高中生涯，估计会黯淡无光。而我也可能没有勇气去参加绵路文学社，也不会当上社长，也就没有后面所有的自信。

那时候绵路文学社办有一份油印的刊物《绵路》，我很快接过这份刊物的编辑工作。我上一届的老社长非常认真地教我们画版式，算字数，怎么把三百格稿纸上的文字填进刊物的版面里。他们告诉我，办刊非常不容易，必要时候还要去拉赞助。文学社的社团工作打开了我的另一个世界，也慢慢让我从一个会写作文的学生成长为一个有写作特长的学生。这样的身份转换是在悄然无声中进行的，它关系到一个少年的自我认同。可能别人觉得不重要，但对我很重要。

高二分文理的时候，我觉得自己对物理还比较有兴趣，加上班上成绩比较好的同学都选了理科，所以我选了物理班。但念了一个学期物理，我因为在实验室把万能表的两根线插进插座，忘记切换电压和电流的开关，万能表瞬间就烧了起来。我的物理老师对我吼道："你难道想用万能表去测量电厂的电流？"事后他让我赔钱，还在上其他班的课时，将我烧坏万能表的事当成反面教材到处宣讲。这次经历让我感觉挺丢脸，也觉得自己可能不是学物理的料。高二第一学期结束之后，我转而去了文科班，走上一条文科男的成长之路。

那时候同学们流行将校服裤子捋到膝盖下方，露出一截小腿。我也这么干，露着小腿在校园里走来走去。我在宿舍里读哲思散文作品，小心翼翼地打开通往世界的窗户，我觉得我对这个世界有一些自己的看法，因为我被允许成为一个会思考的陀螺。

我依然是贫寒之家的孩子。我每个星期骑自行车回家一次，翻山越岭，往返三十多公里。回校当天会在家里领四十块钱的生活费，早饭一块钱，午饭和晚饭分别是两块，还有一块钱用于购买洗澡的热水和饮用的开水，算是水票。每周五天加上周六补课，六天用去三十六块，等于我的零花钱是四块钱。好在那时候，班里大半学生来自农村，大家都穷。我很穷，还有比我更穷的。慢慢我也明白了，比穷更重要的是对待贫穷的态度。

高二的时候，班主任和团委书记到我家去家访，他们看我这么会蹦跶，料想大概也是个小康之家的孩子吧。但进门的时候，迎接他们的是两头猪，猪肚子饿，趴在猪栏上嗷嗷直叫，把他们吓得半天说不出话来。我早就知道家访会很丢脸，但没想到这么尴尬。我慢慢调整自己应对贫穷的能力，让自己不要过于敏感。贫穷绝对是最大的罪恶，它造成了太多太多的人间悲剧。但我很早就知道，如果让贫穷滋生自卑和自怨自艾，那么贫穷就会造成更多无形的伤害，会深远地影响一个人的人生格局，进而让人目光短浅，一蹶不振。所以我笑着谈论我家的猪，在两位来家访的老师面前，我在内心告诉自己，一定要勇敢。

3

学校有很多好去处。后山有个亭子，有时候会有人到那边去约会。无聊的时候我也会往那边跑，听风吹过松树的针芒。我也喜欢绕着操场散步。夜里的操场上，露水透着寒意，鞋子踩在煤屑铺成的跑道上，发出啧啧的声响。只是操场边上有个小卖部，经常有手头宽裕的同学前去打牙祭，速食面的香味飘过来，充满了诱惑。

操场有一个观礼台，背后就是广播室。每个周三中午，我会和另一位女同学去广播室开广播。这种时候我总是特别紧张，倒不是因为该女同学总是在周三中午洗头发，然后在狭小的空间里拨弄她湿漉漉的头发，而是因为我蹩脚的普通话通过扩音器放大之后，连我自己都觉得是对耳朵的摧残。即便如此，我还是会经常遇到好人，比如我的音乐老师就夸我，音色还不错嘛。所以，以后我遇到别人口音太重，我都会狡猾地夸他音色不错。

操场旁边是食堂。食堂里的阿姨时常非常有耐心地招呼我们这帮饿鬼。食堂后面就是宿舍了。管理宿舍的老师被我们称为老曾头，大概因为他那个秃头。他脾气不好，有着不通人情的严格，夜里会拿着手电筒到处巡视。我们都不喜欢他。我当时还在文章里嘲讽过他。现在想来，觉得自己还是孩子气。只是再活一次，我当然还是会嘲讽他。正因为年轻，给了我们嘲讽所有人的权利。

宿舍里住满了怪咖，有人坚定地认为一年四季太阳升起的方向都不同，有人每天早上脚上绑沙袋去练功，有人不喜欢洗澡，有人擅长下课读秒。十多年后想起，往事历历在目，不觉会心一笑。三年的时光其实很快，班里大半都是农村来的孩子，大家都很拼命。高考前夕，大家照例失眠，聚在一起聊未来。时过境迁，那些封存在记忆里的笑脸，每个人都各有一份，但也有且只有一份，不可复制，也不可再历，只如秋风中的叶子，飘向地面，那么郑重其事，又那么无足轻重。

想起绵路文学社的刊物《绵路》，每次封面上都画了一条路，弯弯曲曲伸向远方。大概我们都被时间推动着，没有选择地走在这条路上，只有学校里的草树楼宇留在那里；同时被留住的，还有我们铿锵的青春，那些无悔犯傻的光阴。

唉，多想时光能倒流。

2017年3月25日于北京机场

老屋时光素描

1

只有在过年祭祖的时候，大家才会想起老屋。平日里老屋就如同一个多病的老人，似乎只需要一阵微风就足以让它轰然倒下；但它却矗立在时光里，那么久，那么慢，仿佛会一直在。今年过年的时候我又去看老屋，穿过七弯八拐的小巷和斑驳沧桑的门楼，在熟悉而又陌生的小路尽头，总能找到它们。老屋看起来比记忆中小，童年总觉得一切都那么高，两三米宽的门前巷道似乎就是一个小广场了，可以徜徉，可以不知疲倦地来回奔跑，简直就是我的小天地！而现在，一路走过去，总觉得自己身上有一部分是与这些老房子一起成长、彼此分享的。在屋子还紧贴着地面的时代，一间屋子与一个人（甚至几代人）的记忆是共存而不可分割的。

我们家的老屋大约有两处，一处在柚园，一处在大房。柚园的老屋是两层的小洋楼，共四间房，二楼有阳台和走廊。这处房子在整个院落的西北角，虽不大却很独立，也安静。旁边一墙之隔就是邻村了。邻村的那棵龙眼树很大，枝叶总是越过围墙探到阳台上来，和阳台上的花花草草相互掩映。围墙下面有一个舂米用的大踏臼，我懂事的时候那个石臼已经闲置，上面用脚踩的木头已经腐烂，所以也就被拉了帘子，改造成浴室。冬天的时候，在这露天的地方洗澡，大风一吹只觉得整个人都快结冰了。

柚园老屋曾风光一时，至少在一百年前，它的双层结构就足以傲视整个柚园院落。据说老嫲的丈夫为了迎娶她，花心思建了这栋洋楼，用的是他从暹罗[①]做生意赚来的钱。建楼迎娶老嫲的时候，他已经在暹罗有了家室，生了三个孩子（这样的情况在以前时有出现）。但漂洋过海的人总希望有根，为了在唐山（以前华侨对潮汕的称呼）能留下子嗣祭拜祖先，他将已经二十岁的老嫲娶进了这栋小洋楼（那时二十岁已经是老姑娘）。数年之后的1931年，我的外祖母淑琴出生。这是一个充满传奇色彩的老人，她降世之时就被占卜的巫师断定为“天投人子”，大意是天上的神仙犯了戒条被打落凡间受苦，所以不

---

① 暹罗为我国对现泰国的古称，随笔篇中，两个名称的使用依事件发生的时间而定。

宜婚嫁。

淑琴嫲果然自幼体弱多病，坊间传言她小时候到溪边寻找走失的母猪，忽闻天上传来一个声音道：“犯了天条你可知？”此后更频频病倒。但多病的淑琴嫲却能诗善文，写得一手好字；后来偏瘫的时候，她依然能用左手执毛笔写家书，字迹模糊但句法雅致。淑琴嫲出生不久，她的父亲便回到暹罗做生意去了，留下老嫲孤零零照应多病的女儿。老嫲也能理解自己的丈夫，这个自幼漂洋过海外出打拼的男人内心有种种焦灼。

数年之后，她丈夫将在暹罗的两个孩子贤坤和淑吟送到老嫲身边，希望他们能在唐山学习汉语汉字，以期日后文书往来能得到保障，不至断了联系。淑吟学了两年汉语之后因战事日紧便回到泰国，而贤坤老舅留了下来，和老嫲一起经历了艰苦的1942年。在缺衣少食的年代，老嫲总是将最好的食物留给贤坤，甚至不惜亏待自己多病的女儿淑琴。她待贤坤老舅有如己出，但挺过了饥寒交迫的年代，却迎来了一场瘟疫。骇人听闻的天花险些夺走了贤坤老舅的生命。在昏迷七天七夜之后，医生宣布可以准备后事了，老嫲用银钗撬开贤坤老舅的牙齿将汤药灌进他的嘴巴，仍然不见醒转。老嫲坐在贤坤老舅的床头放声大哭，而恰在这一刻贤坤老舅醒来，这个十几岁的少年永远记住了这一刻，那双深情的泪眼永远烙在他的心上。

回到泰国之后，几十年岁月山河永隔，贤坤老舅一生之中最大的愿望便是回到柚园看望老嬷，即使在多病的晚年，他数次偷偷溜到机场，但都被家人和医生带回家中。这个场景后来成为长篇小说《归潮》中的重要情节。泰国和唐山不远的距离，却千山遥隔，没有什么泪水能洗清这段记忆。他唯有勤奋致业，并将一半的家产断断续续寄回唐山赡养岁月艰难、处境坎坷的老嬷，也在家书中嘱咐务必坚持给妹妹淑琴治病（希望她病情好转，早日嫁人生子）。没有什么语言能描绘那个时代缓慢的时光，被空间阻隔的思念，生死变得可以没有情景，一封家书经过千山万水从这一头到那一头，写的人以泪洗面，读的人也以泪洗面。

2

淑琴嬷的寂寞人生一直坚持到三十三岁，才嫁给三十八岁的白毛公。那是1964年的事情了。白毛公住在大房。这是另一处老屋，属于曲折家史的另一条脉络。太爷爷贤湘是潮澄饶海军的舰长，一直在外奔忙。1926年白毛公森宜出生之后，却被人称为狗生。因为太奶奶责怪太爷爷对家中母子不管不顾，别人问及这是谁的孩子的时候，她便气说这是狗生的。从这样的对话中，我隐约能感觉到这是一个性格刚烈的太奶奶，所以她才能在漫长的孤苦无依的岁月中独自将白毛公拉扯大。从白毛公出生到二十世纪五十年代太爷爷落魄归乡，太奶奶一直生活在贫困之中，虽后来有亲戚说太爷爷每月都有托人带钱物回家，但可能所托非人，钱物被送信的人侵吞了。

白毛公出生数年之后，我太奶奶才知道太爷爷已经在外面娶了二房，便是太二奶奶。各种委屈、嫉妒、怨恨从太奶奶的心中迸发出来，她扛着锄头，直奔祠堂，将陈家的灶台砸烂。在潮汕人眼中，灶神无比神圣，乃一家之主神，孩子年岁未满十五，逢年过节皆要拜祭灶神，谓之“拜公婆”。所以太奶奶此举激怒了族长。族长一声令下，用猪笼将太奶奶装了起来，准备放到池塘里淹死。从我母亲有限的转述当中，我的想象无法还原七八十年前，一群人在族长的带领下，将一个号啕大哭的女人装进猪笼应该是什么样的画面，空气里应该弥漫着屈辱和悔恨，是否对于当时的人们来说，还带有一丝狂欢的意味，不得而知。太奶奶被沉到池塘里，又被捞了出来，一群人就这样将太奶奶抬回她的娘家，一个只有几十户人家的小村落。小村落里的人们见到大村落的大队人马杀到，竟然吓得关门闭户，不敢出门接人。就这样，太奶奶被扔在广场上，在呜咽和咳嗽声中遭受来自父老乡亲如刀剑般的眼光。

太奶奶瞎了。这仿佛是她对世界的一种应对策略，也仿佛是她绝望的反讽和反抗——世界太黑，所以她避而不见。从变瞎到此后去世，这二十多年的黑暗生活对于我是一片空白，我无法猜想太奶奶在想什么。她大概一直在诅咒自己的男人吧。所以她的男人，就真的十分倒霉地回到故乡。与以往衣锦还乡不同，国民党已经退守台湾，太爷爷带着太二奶奶和一儿一女回来了，他被认定为地主。年轻漂亮的太二奶奶穿着旗袍跟随着太爷爷回到柚园书楼的时候，她受到村里女人的指指点点，她感到不安，却无法预知后面的命运。

过惯了好日子的太爷爷在数年之后被饿死了，与照片里他身着海军戎装不同，他饿死的时候只有一片门板托着他，人们挖坑将他草草埋在阳桃林中。门板太窄，一路上他的双脚还滑落在两旁，漫无目的地晃动着，仿佛想走到哪里，但他哪儿都逃不掉，等待他的是静默的永恒之死。

也是从这时开始，太二奶奶再也无法穿她漂亮的旗袍，也无法抽她漂亮的香烟，她拎着装粪的簸箕走街串巷捡猪粪。宽敞明亮的书楼也被没收了，她和儿女一家三口寄住在另一处小房子里。她的儿子，也就是我的老叔春晖，已经到了娶妻的年龄，但因为没有房子，婚事一直没有着落。她曾开口向瞎了眼的太奶奶提出借住大房的房子，自然遭到拒绝。而那时，太奶奶已经卧病在床，家徒四壁。白毛公搜遍了屋子，只找到一点烟叶，他决定到市集去将烟叶卖掉，换回一点大米煮粥给久病的母亲吃。买卖烟草的集市离柚园较远。“森宜，早点回来！”太奶奶这样吩咐道。白毛公点头就出发了，走了一段他又不放心，折回来到太二奶奶门口，跟她说老母卧病不起，希望等一会儿能过去给点水她喝。太二奶奶答应了。午后时分，白毛公才从市集回来，归途中他路过太奶奶的娘家村庄，还被亲戚叫进去喝了一碗粥。待回到大房，他刚进门，太奶奶便生气道：“森宜，你怎么才回来啊，我快要被渴死了！”细问才知太二奶奶没有来过。一个早上的缺水成为最后一根稻草，太奶奶第二天就走了。而这一幕，令白毛公对太二奶奶记恨终生。

太奶奶被葬在山下路边，她连墓碑都没有，只有一堆石头堆成墓碑的模样。我记忆里，每年清明白毛公都会拿着毛笔，蘸着红色的油漆，将石头上变淡的字迹重新描过一遍。每一次他都小心翼翼，分外专注。我小时候曾问石头里面住着谁，答曰老嫲。“哦，原来这是石头老嫲。”我的话引来一阵笑声，石头老嫲这个称呼此后慢慢被大家接受。这别致的墓碑成为石头老嫲性格的另一种象征，只是不再有人知道她的刚烈和柔和。

那是1958年，太二奶奶以女儿刚好满十五岁为由，没有出席太奶奶的葬礼。此后几十年中，白毛公和太二奶奶、老叔春晖的嫌隙一直存在，几乎断了往来。一直到白毛公要走的前几天，他突然叨念起血脉相连的弟弟，而老叔春晖刚好也从外地回到家乡，哥俩在暗淡的灯光中聊到很晚，还不时传出几声笑声。一夜长谈之后，大家似乎都踏实了。那是1995年元月，过几天就是除夕夜了，白毛公终究没有走到他的七十岁。老叔春晖对所有人说：“我哥在等我。”

3

时光之轴再推回到1964年，我外祖母淑琴嫲从柚园嫁入大房的白毛公家，结束了她犯了天条不宜婚配的传说，也开启了那个多病多灾的预言。结婚几年之后，多才多艺的淑琴嫲就卧床不起，并慢慢变成偏瘫。这个时候，白毛公预料到自己膝下无儿女，便从外公（母亲的亲生父亲）那里将我母亲要了过来。白毛公和外公是在潮州一中认识的，外公教书，白毛公掌厨，两人相谈甚欢，深入交流之后才发现白毛公没有儿女，而外公外婆当时一口气生了八个孩子。外公教书那点微薄的工资确实少得可怜，家中处境十分艰难，于是有了那笔“交易”。我母亲是家里的二女儿，潮汕人是不会将大儿子大女儿送给别人的，其他儿子也不舍得，我母亲是二女儿，自然就成为最佳人选。我外公对我母亲说，带你去看戏吃好吃的，我母亲当然很高兴。其他孩子也想跟着去，结果我外公大怒，一脚将我大姨踹倒在地。待我外公拿着钱和一篮子鱼回到家里，外婆才知道发生了什么事，愤然将一篮子鱼扔到门外去。

我母亲是五岁被过继到白毛公家里的，后来又回家待了一年，一年之后终于还是被白毛公接走了。她来到官塘，正好经历特殊时期，白毛公当时也不再当厨师，而到溪水之中去捕鱼。那些年，淑琴嫲也刚好偏瘫病了十年，期间她有三次想自寻短见，都被我母亲发现并救下。母女灯下对泣，不胜唏嘘。1977年淑琴嫲病逝，结束了她四十六年多才多艺也多病多灾的一生。她的临终遗言是一首诗：“手不提举拿物难，足不走路更难堪，七十老母还受累，丈夫儿女为我忙。”

自此之后，白毛公担负起照顾他岳母的义务，照顾起老嫲，也承接了泰国的书信往来业务。而我母亲因为照顾我那偏瘫的淑琴嫲而辍学，当时也到了谈婚论嫁的年龄。白毛公理所当然地选择了入赘的方式，希望得一贤婿，日后也有个依靠。在诸多选择之中，最后白毛公选择了我的生父，一个能言善道、好吃懒做的男人，能言善道是当时就看出来的，而好吃懒做是后来才知道的。其时白毛公相信一个人是可以改变的，他说，猪狗都能管教，人为什么不能管教。他的过度自信而导致了一场失败的婚姻——在我两岁的时候，父母便离婚了，我的亲生父亲自此不知所终。在法庭上，白毛公毅然揽下生父所有的债务，只要求将我留下继承香火，所以我对白毛公只叫阿公（潮汕话阿公是爷爷的意思），而从来没有将之当成外公。所以白毛公给我取名从正，意为从事正业，不走邪道。但写户口本的人大概太有文化，将之写成崇正。但我的小学校长很喜欢这个名字，他说崇正总比从正听起来要雅致一些。

我母亲几年之后改嫁，并和我的继父生下了三个孩子，两女一男。所以在很长一段时间里，我有很多个阿公阿嫲，也有好几个老嫲。大妹月纯出生之后不久，家里开始做豆腐生意，白毛公毅然将大房的屋子让出来，让我父亲在屋里砌了一个烧豆浆的大灶；二妹月霞出生的时候，我母亲一家搬到溪水对面的新屋区居住。而我也随白毛公从柚园搬进大房，老嫲则随我母亲住到新房子里去了。从柚园到大房，住的地方离得其实不远，但对一个孩子来说，这个位置上的改变就等于改变了我所有的坐标。以柚园为原点我似乎哪里都去不了，因为通往邻村的路被一堵围墙隔断了，而柚园院落围着一口水井而建，合围起来的世界有天然封闭的感觉。到了大房则不同，那几年里，借着帮白毛公到药店买中药的机会，我将老屋前后左右各条小道都走了一个遍。期间我有两三次落水的经历，险些在池塘里淹死，但都被救起。池塘的那一边就是我的小学。我上课的时候，白毛公有时候会在池塘边蹲着，他用他蒙眬的老花眼在小学门外远远望着我，那时我并不懂，我俨然成为他生命中唯一存在的线索。

4

再过两个月我就三十周岁了。跟许多人的三十岁一样，而立之年结实沉稳，一不小心就在生命的河流之中成为别人的支点。我常常会想，白毛公的三十岁究竟是什么样的呢？那时太奶奶卧病在床即将去世，对饥饿的恐惧正弥漫整个村子，一个三十岁的年轻人，能做些什么，又会想些什么呢？想象毕竟很难抵挡真相，在我的记忆中，白毛公好像从一开始就是一副白发苍苍的样子。那个年代农村有太多的老人，五十岁就仿佛老得不行了，蹲在墙角晒太阳，目光浑浊，若有所思，其实是在打瞌睡。白毛公骑着单车从老人们身边穿过，他看起来是个有本事的老人，虽然白发苍苍，但他俨然还是一个支点，支撑着我和老嫲。老嫲八十多岁了，会制作一种治眼疾的药水，但其实她的眼睛一直不好，总是拿着一个小枕头一样的时钟问我，时针分针指在哪个位置。

岁月的时针指向我的童年，白毛公、老嫲和我住在柚园最角落的那栋洋楼里。那曾经是村里最漂亮的房子，没有人能预知它今天的破败。二楼阳台上，白毛公种了四盆玫瑰，玫瑰是娇气的植物，白毛公每天都给它们浇水，爱之如宝贝。有时候，他会在阁楼上写信，坐对四盆玫瑰，写着那些寄去泰国的家书。那时距离淑琴嫲离开人世已经有十个年头了。写信的时候，玫瑰总是开着，有不同的颜色，有大有小，都骄傲地缀在长满尖刺的花茎顶上。四周静默时，楼板上有时候会传来吱吱呀呀的声音，那是写不出句子的白毛公在楼上踱步。

这些美好的记忆在我并不宽敞的脑海中储存多年，它们伴随着我鬓发的痛感而存在。小时候我剪着短发，耳朵与眼睛之间的那一撮头发总是很短，但并不妨碍白毛公的手来揪扯，让它产生痛感。我总因为一些小事触他之怒，他就会在静默中爆发，来扯我耳朵前面的头发。这种既不伤筋动骨而又令我痛苦不已的惩罚方式持续了很多年。白毛公打我的次数没那么多，但显然他的脾气并没有变得更好，而是更坏。他分配了一部分坏脾气在跟我谈话上面，克制着他的怒火，和我讨论为人处世的方法，并让我盘点自己劣迹斑斑的“作案记录”（一部分乃是他蹲在池塘边观察所得）。

一场大病让他多了一把拐杖。他用小刀将拐杖的顶端削出了一个老鹰的嘴巴，看上去像猫头鹰，并在拐杖触地的末端装上了一个小铜圈。他小心地在衣柜的抽屉里贴着孙中山先生的肖像，然后穿着中山装拄着拐杖出门了。他到敬老院去看了一会儿电视，然后到市集去买菜，领受着小贩们对他的尊重；回家的路上，他需要走很多石板铺成的台阶。在密集的台阶舒缓的拐角处，有一个乞丐总在那里用破罐子烧水煮茶，白毛公会蹲下来喝他的茶。乞丐很热情，呼呼地扇着炭炉，希望水快点开，因为白毛公喝了茶，每次都会给他零钱。白毛公说，其实他的茶很难喝，也不知道哪里捡来的茶叶。

那个在台阶下面煮茶的乞丐后来不见了，没有人知道他的去向。那年夏天刮了很大的台风，白毛公的病日渐加重，大口吐着浓痰。他开始为我的未来而忧虑，因为他以为自己很快就要死了，但其实他已经病了好几年。在此期间我学会了骑自行车，我的右腿从自行车的三角形车架中间穿过去踩住脚踏板，右腋下夹着车座，两手扶着车把，就这样颤巍巍地出发了。学会骑车以后我能用小水箱往老屋里运水，再不用亲戚帮忙挑水了。而且走的路远了，有时候还能捡到钱。

那天骑自行车穿过老屋窄窄的巷道时，摔了一跤，捡了两块钱。那是绿色的钞票，面值两元，我用其中的一块钱买了两盒沙炮。新款的沙炮很漂亮，简直就像糖果。我将沙炮带回老屋，告诉白毛公我捡到了钱，同时将一块钱上交给他。

白毛公久病而苍白的脸上露出久违的笑容。我十分得意，顽皮地掏出沙炮，告诉白毛公我给他买了糖果，他接过那颗沙炮，说："还能吃到孙子的糖。"我又撒谎说，这糖果可以连纸一起吃，他果真把沙炮往嘴边送。这时，我看到他眼角感动满足的泪滴，才知道玩笑开大了，我伸手一拍，那颗沙炮就被拍到地板上，啪的一声炸开了。

愣了五秒以后，白毛公大怒，抡起拐杖要打，又停住，改用一个巴掌扇屁股。我眼明腿快，早就跑到老屋门外，嘻嘻笑出声来。但我知道闯祸了，那场无名火燃烧了好几天。他不理我，靠近他就会打我。我只能一直在门口等着，等白毛公原谅我。三十岁了，回望白毛公的怒火，我知道这没有名字的火气中丝毫没有怨恨，更多是爱与希冀。对于他的有所期待，其实我应该都是懂的，而我报之以叛逆，太坏了，太坏了。

5

母亲一家搬到新屋区，在豆腐生意以外，又加上油条豆浆之类的早餐，为了赚一点维持家用的小钱，家里总是忙得鸡飞狗跳，我从白毛公身边来到新屋，加入了这个忙乱的阵容之中。有一阵子我天天去赶鹅，在空旷的田野中跟鹅群聊天，回家之后需要切鹅菜、洗盘碗、煮饭、喂猪、铲猪粪。有时候我需要用自行车推着一筐油条走街串巷叫卖，遇到同学迎面走来我就赶紧躲开。那些日子总是凌晨四五点就得起床，所以我每天都睡不够。家里很穷，交学费有时需要拿一袋零钞（卖油条得来的），又穷又忙的时候，父母心情总是不好，一着急就打骂孩子。我老嫲常常在打骂孩子的声音中叨念着什么，有时候还黯然落泪，她心疼她的孙子，只是没有人知道她心里在想什么。老人拖着她多病的身体，服药，呆坐，想念过去。终于在一天早上，她诀别尘世，为九十二年的人生画上一个悲惨的句号。白毛公从溪水那边闻讯赶来，他病得厉害，十步一歇，半天才走过桥来主持丧事。一年之后，在那个冬天，白毛公就在大房那间老屋里头，在我的身边与世长辞，慢慢变冷。

两个老人的相继离世，让老屋结束了百年喧闹。柚园的老屋被彻底锁起来，大房的老屋里摆放着祖宗牌位，只有逢年过节才打开清扫一下。两处老屋都已经破败不堪，土墙上的沙子不时掉落下来，风大一点随时都可能轰然倒塌。泰国那些亲戚早已经没有联系，只是有一年政府发了通告说要修建高速公路，可能需要迁坟，母亲才重新提起，说必须写信告诉泰国那边，让他们知晓。但后来公路改道，不用迁坟，便又重新沉寂下来。时光斑驳，在这岭南小村之中，那些懊恼与荣光消失在宏大的时代里，不再会有人去体察他们活生生存在的某个瞬间。故事中人的欢笑和泪水，被时光封装在破败的老屋里，终归都会消失在轰然倒塌的灰飞烟灭之中，了无痕迹。

2013年7月18日

唯有故乡不可修改

村道终于重修了，铺上了厚厚的水泥，路面比路两边巷子的地面高出许多。就因为这个坡度，从巷子里开着摩托车出来，到了巷口总要加速才能冲得上去。我在村道重修后第一次回老家时，不知道其中的风险，开着摩托就往上冲，结果险些被一辆疾驰而来的卡车撞翻。惊魂未定，卡车司机从窗口伸出头来，朝我大骂，意思是乡巴佬就别到路上来添乱，骂得我一愣一愣的。新路平坦，车来车往，我扶着摩托车在路边发了一会儿呆，心里老觉得哪里不对劲：司机明显把路当成他的，而我熟悉的路呢？我成了故乡路的陌路人。

公路属于司机，这个道理似乎是成立的，但又不尽然。至少在我记忆中这条路并不是司机的专属，它曾经属于鹅群、奔跑的少年和啄食稻谷的鸟儿。公路并非从我这儿被司机抢走，抢走公路的是时间。我站在高高的水泥公路上，极目看去，路面平整如砌好的麻将牌，一直延伸到远方，正好将村子劈成左右两半，左边是一排排的住宅，右边是一块块的方田。

我一直将这条路当成是村子的一部分，就如饺子的折缝是饺子的一部分，桃子表皮的沟缝是桃子的一部分。小时候我几乎每天都赶着鹅从这里走过，将鹅赶到池塘里去游水，它们就仿佛成为池塘的一部分。那时候的路面坑坑洼洼，凹凸不平，而我还是一个穿着“的确良”白衬衫的少年，将自行车骑得飞快，准确地绕过路上的小石头和小水洼，仿佛骑着一匹飞马那样自得，我也就成为小泥路的一部分。我十六岁那年，路面终于被修平，铺上一层薄薄的水泥，泥水路升级成了水泥路。夏天的时候收割水稻，阳光如火，又平又滑的路面被晒成一个长条形的平底锅。从水田里运来的稻谷颗颗饱满而湿润，都被倾倒在水泥路上，铺开来晒干，每隔半个小时还要用脚去反复踢翻，一是让稻谷均匀受热，二是赶走偷吃稻谷的鸟儿。路上往来的车辆，都诚惶诚恐走在道路中间那窄窄的小道上，而路肩两侧那一片金黄是碾压不得的——压碎稻谷绝对是一种罪过，就仿佛金黄的稻谷也是村道的一部分。

于是所有的车都开得很慢，所有的车都小心翼翼。车辆从远处来，只不过是融入了一片金黄之中，成为金黄的一部分，而不是切割，像现在这样，用速度将村子切断。

应该说，故乡的速度不是快或者慢，而是独立于城市人的另一种频率。我曾经无限向往远方，希望仗剑走天涯，离开这个穷困自闭的地方。我跟发小虫虫说，一定得走，年轻人得出去闯荡。虫虫认为我是正确的，但自己却不为所动，并没有想跟我一起出去的意思。他不读大学，中专毕业之后就一直待在家乡；而我，像千万人那样，读大学、找工作，然后离开家乡留在陌生的城市里。与上一代迁徙者不同，他们面对的基本是惰性气体一样稳定不变的家乡，而我们的家乡却是流动的。虫虫从小家庭条件就比我优越，我骑自行车，他骑摩托车；后来我买了摩托车，他已经买了汽车；几年前我也开着汽车回到故乡，暗想这下子应该赶上了吧，他不可能买飞机。结果回家一看，虫虫正在将一辆自行车装进他的汽车尾箱，他说以后他要骑自行车，这地方乡间小道环境好空气好，不骑自行车多可惜。这些年虫虫似乎越活越明白，而我却越活越迷茫。他做着小生意，心血来潮背着包就往西藏跑。他说，一起走。我摇头回答，走不开，要上班。当然人生的活法没有谁比谁更好，探头探脑无非彼此羡慕，只要能活明白，知道自己要什么，人就会变得澄净。

只是每一个远行的人都有一个故乡梦。故乡不停地变化着，有一些质地又似乎纹丝不动。无数次在异乡的路口，我也疑惑自己当年的选择。一个人如何能够更有作为，或者能够更幸福，到底与遥远的追寻有没有关系？不知道。能够知道的是，对于远方的坚持不经意间让我成为故乡的叛逃者。一个转身我才发现，自己俨然成为故乡的异乡人。这里很少有人认识我，这里的亲戚网络都知道我，又理所当然地忘记我，这里有许多人的生老病死再与我没有任何联系——逃离，这本是我多年前想要的，但现在我却发现有某些东西将我牢牢捆住，让我感觉自己在某个时刻也需要它。换言之，有故乡的人生活在一张人情网络之中，他们的大部分人生价值是在这张大网中被确定的；而我们，只是热情地奔忙，勇敢地接受陶铸，最后成为城市里一颗冰冷的螺丝钉。这一颗螺丝钉和那一颗螺丝钉之间并没有网，只有冰冷的铁块，它要求你坚硬、承重、有用。城市里没有真正的邻居，也没有真正的杯盏和茶壶，只有电梯里的彼此无视，相互戒备以保持彼此空间的相对完整。城市里让一切变得有用，那些无用的风景，荒草萋萋，枯树萧瑟，终究会被路面和高楼所替代。钢铁水泥的文明每前进一寸，泥土池塘便退后一尺，于是每个人的故乡都在沦陷，成为看不见的人情荒漠。

世界向前走，于是每个人不得不向前移动或四处迁徙。多年过去了，人情世故修改了我，推土机和公路修改了故乡，然而唯有心灵的故乡不可以被修改。有一股力量不允许它这么做，记忆固执地想保持原貌，甚至不惜美化它，给它以各种想象的装饰。我意识到自己正在成为一个没有故乡的人，这个国家正在成为一个没有故乡的国度。这是幸还是不幸？或许每个人只能在梦里去重建一个故乡。只有梦里的故乡不会被修改，你可以重新回到狮头鹅的嘎嘎叫声里，回到金黄稻谷自然的香气之中，树木草石都会因为你的记忆而温润起来，骤雨敲击着瓦片，屋后会传来蛙鸣。只是一觉醒来，岁月的橡皮擦刚好也将一切梦境轻轻抹去，了无痕迹。推着摩托车在公路上缓步而行，不禁想起谁说过的话：金黄的落叶堆满心间，你已不再是阳光少年。

偷书贼

1

“你站住！”书店的老板瘦小得像只猴子，戴着厚厚的眼镜，“你转过来！”

我转过去，霎时间天地都在旋转，仿佛肚子里的血都涌进了脑袋里，胃肠都空了，只能下意识地拿昏花的眼睛去看书店老板白皙的脸。

藏在衣服下面的书被一把扯了出来。老板举起那本书，在空中扬了扬：“偷！偷！偷！我注意你们几个很久了！”

我以为他还会说更多的话，这是我一直担心的，因为书店里很多目光已经朝我身上戳过来，我就快变成刺猬了。

猴子老板气势汹汹，吓唬我说要叫警察。这时，年轻漂亮的老板娘走了过来，她怀孕了，挺着大肚子，站在我面前。我低着头，眼睛的余光能看到她的耳环折射出的灿灿的阳光。她想说些什么，停了十几秒，终于说：“唉！算了，穷人家的孩子，走吧走吧，下次别这样了。”

我逃出来的时候感觉自己像一只螃蟹，一定被自己的热血煮得通红。

那是1996年的春天，香港还没有回归，我十四虚岁，我阿公刚去世不久，家里因为我弄丢了阿公唯一遗留下来的金项链而一直对我不甚爽快。我对金项链能值多少钱并不感兴趣，却一直在怀疑我六年级的语文老师是否练过内功，因为他有点秃顶，前额特别突出。武侠小说里是这么说的：内功修炼到一定程度，前额就会不自然地向前凸出，这是内气充盈的表现。所以每次他走过我身边的时候，我总是暗暗吸一口气，憋住，生怕自己的内气会被他吸走。武侠小说里也说过：内功强大的人总是能够在有意无意之间就将别人身上的内气悄悄吸走，而被吸走内气的人毫不知情，却总爱生病。我非常容易感冒，所以总是防范着，特别注意语文老师的脚步，他走路轻快，就好像脚底都不用着地一样。

我关于武功的所有知识都来自书——武侠小说和各种武术书籍，而这些在我们的小镇是找不到的，我需要骑着破单车，到七八公里远的市镇去，那个小镇叫店市，店市有两家书店，但只有猴子老板的那一家会陈列这些古灵精怪的书籍：

《少林七十二绝技》《铁砂掌秘籍》《点穴解穴大擒拿》《南少林轻身功夫大全》……还有金庸、古龙、梁羽生的武侠小说，每一本都让我垂涎三尺。有一段时间我常疑心猴子老板也一定是一个武功高手，店里有这么多的秘籍，难道他一本都不看？武侠小说里，少林寺藏经阁扫地的老和尚才是最绝顶的高手，难道他一点都不想成为高手？是的，他一本也没有看，要不然他一定可以听出我的鼻息在偷书的时候异于常人，也一定能在我逃跑的时候施展绝顶轻功将我抓住。但都没有。有时猴子老板也拿个棋盘在一边摆棋谱，或者跟漂亮老婆吵吵嘴，但更多的时候总是对着墙壁上那个黑白电视看个没完。

我瞧不起猴子老板，他坐拥宝藏却不懂得享用。我十四虚岁，是一个赶鹅少年，我需要各种稀奇古怪的秘籍，如果可以，我要将猴子老板的所有秘籍都搬回家。那样，我一定可以利用赶鹅的时间练成绝世武功。对练成绝世武功之后的事，我有各种想象，恨不能一一实现。比如，我的鹅群如果游到池塘中央几个小时都不回岸边的时候，我可以施展绝顶轻功掠过水面将它们一只只都赶回来；又比如，我一掌就可以劈开篱笆，这样到山上去偷吃李子和桑葚的时候就不用那么狼狈。

更重要的是，一本武侠小说，一本武功秘籍，能让我所有赶鹅的时间都变得十分有趣，不用对着什么都不懂的鹅群自言自语。

你无法想象，空旷的田野，一群嘎嘎乱叫的狮头鹅，一根赶鹅用的棍子，此外别无他物，这对一个少年来说意味着什么。那是无边的孤独，只能自己展开想象。是的，最快乐的时候是离开鹅群，骑着自行车飞奔起来，雨后的泥土路坑坑洼洼，但即使是溅了一身的泥水，即使是大雨倾盆，只要我在去往书店或者回来的路上，我的内心就是欢快的。

2

偷书是大事，我当然不是一个人在战斗。痴迷琼瑶小说的阿逸是个娘娘腔，我赶鹅的时候，他放牛，我别无选择和他成为朋友。是他将我带上偷书之路的，因为我总发现他有看不完的小说。

“喂，你偷家里的钱？”我问。

他摇摇头。

“偷鸡蛋去卖？”

他笑着摇摇头。

“偷书，”他说，“那老板不敢怎么样的，抓住了最多说你几句！”他将“不敢”两个字着重说得很响亮。

“怎么偷？”我切入主题。

“穿外套，将书夹到腋下。或者，放到肚子这里，用皮带夹住，主要是表情，要若无其事。还有，偶尔要买一两本，经常去了不买，人家就会疑心的。”

阿逸很详细地讲述了偷书的所有细节。我在脑海中模拟了一遍偷书的场面，顿时感到热血沸腾。相对于蓝天下的草树和鹅群，这是多么斑斓、多么撩人的一件事！我放鹅的时候偷过阳桃、李子和番石榴，这些是农村野孩子都干过的事，但从来没有偷过书。

自从有了偷书这个念头，我就感觉自己血压在不断上升。我们经常是两个人去偷书，有时候腼腆的阿城也会加入我们的“作案团队”。我们穿着拖鞋，骑着叮当作响的破单车，骂着村里只卖教辅资料、练习册、破钢笔的小书店，幻想着有一天要开一个大大的书店，装满散发着油墨香味的书。

几个人里，我“入行”比较晚，但上手很快。他们都目的太过于明确，一进门就直奔自己喜欢的书。但我总是会左右徘徊，先到其他书柜看看（书店其实很小，也没什么看的），只用眼角的余光盯着我最爱的武术秘籍和武侠小说。他们总是爱用外套去夹书，这一招猴子老板早就摸透了，一抓便着。阿城就这样被抓了两次，每次都哭鼻子扮可怜，不像阿逸死皮赖脸一言不发，这一点也是阿城颇受我们鄙视的地方。“你别总是哭，一哭，所有人都看着你！”阿逸建议我们三个要分头进去，有先有慢，扮成陌生人。“他总被抓，总哭，所有人都认识他了。”他的意思是阿城总连累我们，但其实，我们几个是来干什么的，猴子老板早就一清二楚，只是他没有赶走我们。所以为了缓和关系，制造烟幕弹，我们也会将平时的零花钱都省下来，买那些比较难偷的书。过年前后压岁钱多，买得也就多一点，买完之后我们都会大叫，贵死了！贵死了！

后来他们也学习我的做法，将想偷的书用小腹压紧在书柜上，然后拿起另外一本书慢慢翻阅，等待合适的机会再放到肚皮上用衣服盖住，然后慢慢转移到肚子两侧或裤子里这些猴子老板比较少留意的部位。

我们的团队很快就发现有其他人也在这家书店里偷书，居然是“同行”。有时候我们这些不同来路的贼互相看见彼此，觉得又紧张又好笑。

3

除了武侠小说，为了应付作文，我们还偷作文选。那时候的作文题目跟现在一样吓人，大家都怕写作文，所以很多同学都有十来本作文选，摞起来高高的一沓。记忆中，从小学到初中，我拥有无数的作文选，五花八门的作文技巧，各种开头结尾，描人物描景色，无不分门别类各自精彩。跟许多人一样，我的作文从摘抄开始，东一段西一段从各个选本的作文选中窃取词句，丝毫不觉得有任何羞愧。除了摘抄印刷成书的作文选，我的另一大能耐是抄袭哥哥姐姐、表哥表姐的作文，操作得当，还经常能骗得高分。

我小学得到表扬的第一篇作文是描写自己到外婆的农场掏鸡蛋。其实我外婆住得离我几十公里远，她家里压根也没农场，她养了几只鸭子，不养鸡，鸡蛋都是买的。就因为某本作文选里头有一篇掏鸡蛋的文章，于是我大胆地虚构了外婆的大农场，并学着当时作文经典的结尾写道：“为建设四个现代化奉献一切力量！”感叹号还被我涂得粗黑，很骄傲的样子，其实我当时根本不知道四个现代化是什么意思。初中被表扬的第一篇文章是抄袭当时读师范的堂哥的周记，写一群孩子如何去捅电线。农村以前老是停电，停电了就拿竹竿捅电线，我们都习以为常，从来不知道这种事情居然可以写成文章。堂哥的那篇文章是我不喜欢的，觉得写得太老实，没有什么漂亮的句子，但当时时间紧任务重，我别无选择，于是照抄了事，结果还受了表扬，这令我十分惊讶。

作文选抄得多了，我渐渐对里面老掉牙的文章感到不满足。夜深人静的时候，开始有一些句子从我脑海中蹦出来，跟作文选上的漂亮句子有着同样的精彩。我开始向一些报刊投稿。当时江苏有一本杂志叫《全国中学优秀作文选》，发表了我好几篇习作，这一回表扬我的不是语文老师，而是从全国各地纷至沓来的各种结交笔友的书信，极大满足了我的虚荣心。

反观这十多年中，从学写句子到写作文，从写作文到写作，作文选在我这段人生中扮演了十分神奇的角色。这些偷来的、买来的和从同学那里借来的作文选，成为我偷窃的对象，我当时并不觉得这才是真正的偷书贼。这些印刷粗糙的作文选，连同我的哥哥姐姐留给我的作文本，成了我写作的原始资本，给了我第一个可以模仿的对象。在中学时代，大师太远，名著太深，读同龄人写的文章，多少能感受到一些共同的生活经验，而同样的生活经验就会被激发。照抄别人的文章自然不是光彩的事，但依葫芦画瓢却几乎是写作的必经之途。比如知道别人在写掏鸡蛋，我就可以选择写赶鹅；又比如知道了捅电线可以写成作文，我就明白在月光下割稻谷也可以写成作文。所谓用心灵照亮心灵，也包含了这种看似简单的举一反三。

一个时代有一个时代的共同经验，我的少年生活经验是赶鹅和捅电线，对现在很多孩子来说却是陌生的世界。朋友们向来都知道我是个胆小鬼，我只有喝着啤酒的时候敢跟他们宣称我也偷过东西，做过贼。但他们听说我偷的竟然是书，觉得这太无聊，还敢拿来吹牛，都嗤之以鼻，眼中尽是不屑的神色。时光易逝，太多东西在眼里和心里跑马而过，而终于还是没有留下任何印记；而能够刻下一道痕迹的，或深或浅，都是生命的密码，里面的快乐与忧愁，皆可化为一曲幽歌。

4

阿城后来就宣布不偷了。因为他去了一趟城里，回来以后他对着我们哭了。他一哭阿逸就叫起来，让他别这么丢人。但阿城说了一个我们都陌生的词汇：图书馆。

“整栋楼都是书，要什么书都有，谁都可以进去看！”

阿城的眼睛睁得很大。

我说骗人的。

阿逸点了点头说，应该有，他说他在言情小说里看到过，有图书馆，城里才有。

原来城市里有那么多“藏经阁”，这让我大受挫伤，看来我看过的所有秘籍都不是秘籍，其他地方的人也看得到，或许他们早已经练成绝顶高手，只要我走近他们的身边，他们就会偷偷吸走我的内气——难怪我总是那么弱，总是那么容易生病。

阿城的退出让我们这个“贼窃团伙”兴趣索然，我看着抽屉里珍藏的十来本书，它们和我从旧书摊买来的、邻居家借来的书放在一起，但还是显得非常扎眼。它们本来就不属于这里，应该还是放在书店里，放在落满灰尘的书架上。

而我终于也被抓住了。我像螃蟹一样逃出了小书店，两个月后再去的时候，老板娘已经生了一个小宝宝，我不好意思过去看看男女，因为他们都装作不认识我。我在书店里熟悉的位置溜达了一圈，想起这些秘籍在外面的许多书店都能买到，一种意兴阑珊的感觉重新涌上心头。

再次去那家书店是在多年以后，我回了老家，心血来潮开车去店市给一岁多的女儿买衣服。家人在乱糟糟的市场里挑衣服时，我一个人穿过无法辨认的街道去寻找那家书店。它居然还在，只是猴子老板和漂亮老板娘都不见了，一个肚子臃肿的老头跷着腿躺在椅子上，一把年代久远的风扇呼呼对着他吹，我衣冠楚楚走进去的时候还把他吓了一跳，他反复打量着我，猜测我的企图。书店也变得破落不堪，里面的书还没有我家里的书架上多，只卖一些教辅资料、日历和钢笔，跟村里以前被我们瞧不起的书店一样的面目，再也没有往日的光彩。

我内心涌起一种无法言喻的苍凉之感，现在想来猴子老板和漂亮老板娘是那么青春，他们脸上有一种卖书人的骄傲。那时小书店也是那么整洁，里面常常挤满了各式人等，或虔诚或慵懒，却都是为书而来。在读书如抽丝的时代，实体书店已经像一个被吸走了全部内功的废人，躺在夕阳的余晖里。但在我内心深处，那是我永不贬值的神圣藏经阁。

2011年3月24日

杀　气

1

大概在十二岁的时候，我有幸在收音机里听到了这个世界上最美好的声音。

那是一个午后，大概是夏日，或者是初秋，总之有着将人紧紧围拢的炎热。南方的炎热是大蒸锅上持续蒸腾的热气，让人昏昏欲睡。我在屋檐下的花盆里，摘了几片金不换叶子，揉碎，放在鼻孔下面闻了闻，一股清凉沁人心脾，与此同时，我寻思着如何度过这个漫长的下午。这时，邻居的窗户里传来了一个抑扬顿挫的声音，我听到他在谈论杀气。他说，像小李探花这样的绝世高手，站在那里一动不动，都会散发出一种杀气。我那个时候并不知道古龙，也不知道金庸，三千个常用汉字，也还没有认全。我站在窗台下，知道了一个叫小李探花的厉害人物，但故事到这里就结束了。

第二天，我算着时候来到邻居家，坐在收音机前，听完了一整集潮州讲古《小李飞刀》。在潮州，讲古就是评书。这个讲古的人叫林江。我从来没见过林江先生，在他去世之后，才在网络上的视频里见到他往日的音容笑貌，才知道他是个瘦子，颧骨很高，眉目清秀，手持折扇，很容易就让我想到《天龙八部》里的书生段誉。看着视频里这个人，我感到陌生，我并不认识他；不看视频，只听声音，这声音却如此熟悉，这样的言说方式却如此熟悉。我们在生命中会遇到许多人，有些人是一见如故，有些人却是一听如故，耳朵先于眼睛，让我们确立了爱恨。

我缠绵病榻的阿公也喜欢林江先生的讲古。我曾和朋友说，如果有一个机会能穿越到过去，我会选择一个能和阿公一起坐在收音机前收听“射雕三部曲”的下午。那时候，阿公在悲怆的暮年，贫病交加，常常咳得喘不过气来。我每天都奔跑在菜市场和药店之间，在小巷子里施展“轻功”，跑得飞快。我俩住在一间破屋子里，我成为他唯一的寄托。很高兴在阿公最后的人生岁月，有林江先生播讲的“射雕三部曲”陪他度过。当然，林江的背后站着金庸，是金庸写出了好故事，让阿公能活在故事里。

这样说起来有点悲伤。在人生中遭遇生死，跟在故事中遭遇生死，虽然截然不同，但却有着类似的悲怆。所以我们俩常常会为故事里的人物命运而牵挂，在那样一个杀气腾腾的世界里，我们能暂时忘记生活中的柴米油盐，忘记贫穷和耻辱，获得继续生活的安宁。

2

办完阿公的丧事，我搬到母亲家住着。那时候母亲又生了三个孩子，一家人的生活非常艰难。一开始我被派了任务，负责放鹅。放鹅和放牛不同。老牛稳重，不会乱跑；但一群鹅管理起来就非常麻烦，特别是在它们开心地在池塘里游水时，根本就不理我的吆喝。我又不懂鹅语，没法子跟它们讲道理，只能绕着池塘跑，捡起石头砸出水花，吓唬吓唬它们，驱赶它们上岸。一天下来，常常累得要命，如果弄丢了鹅，还要挨打挨骂。然而，放鹅与拔草相比，还是幸福之事。如果赶上需要给甘蔗拔草，那就真是要命：两行甘蔗中间会留出甘蔗沟，用于施肥和排水，所以沟里都是有水的，拔草的时候，人就不能蹲下去，不然屁股就会碰到沟里的污水。但也不能站起来，因为甘蔗的叶子上会有倒钩，简直就像一把把小锯子，一不小心就会在脸上划出一道血痕。在不能直立也不能蹲下的甘蔗沟里拔杂草，加上炎炎盛夏，田野里的蚊子很凶，常常杀气腾腾成群攻来，实在难受。

对一个贫困的农村家庭来说，我们常常觉得穷就要多干活，但实际上勤劳并不一定能致富。地里能不能长出东西，还得看老天是否赏饭。有时候一个不请自来的台风，就能摧毁一个季节甚至全年的劳动成果。无休止的农活和家务活，真的让人苦不堪言。与诗人对于田野的抒情不同，在曾经年少的我的眼中，田野是一个没有杀气的世界，不断地重复甚至让人倦怠。而唯一的欢乐来自一个随身听，那是我以学英语的名义要来的，但我并没有真的用它来学英语，而是偷偷将英语听力的磁带换成BEYOND的摇滚。我脚上穿着运动鞋、腰上挂着随身听、耳朵里塞着耳塞的形象，曾一度遭到家里人的嘲笑，他们料定我最终会像村里人那样，选择向泥土要生计。这不怪他们，在我那个年代，方圆几十里内都没有什么传奇故事，农村子女最好的出路是考上师范学校去当教师，拿到所谓的铁饭碗。所以我的行为当然是异类，他们不明白我为什么要带着这样一个家伙到田地里去，也不明白我为什么对听古那么痴迷。林江讲古是有固定时段的，错过了，就只能等到晚上再听，但晚上一般都很忙，所以我常常错过。那些电波，都消失在虚空的过去时光，永不再来。

现实实在太苦，所以需要故事。有那么一阵子，我在家几乎每天都挨打，被打得手脚满是淤青，因为各种事情没有做好，更重要的是因为穷，父母的情绪会因为贫穷而变得很坏。我还记得某个除夕之夜，我甚至因为怕回家被揍得更惨而不能回家。我想去阿公的坟上哭泣，但夜太黑，山路遥远，我怕鬼。我也想过去死，但捏捏自己的手臂，又怕痛。只能倚靠在墙角默默垂泪。这时，不知谁家的收音机里突然响起："金庸原著长篇小说《倚天屠龙记》，林江播讲……"我的耳朵就自然地被带过去了，魂魄仿佛也脱离了，跟随着那个熟悉的声音去到光明顶，去往一个有杀气的世界。

3

所以我一度认为，能如此熟练操纵一门语言的人，一定是神。但在视频里看到林江原来是这样一个弱书生，有点失望，显然，这是一个人，不是神。但关上画面，那个神又一直在那里。

潮汕方言在中国的诸多方言里，是一个非常孤单的存在。在很多讲普通话的场合里，潮汕话几乎成为一种密码，别人都听不懂，甚至可能被认为是一门外语。潮汕地区有很多华侨，有一年我去泰国，也见了我们家族的华侨。他们曾经在我阿公最困难的时期用侨批寄钱过来，接济家里人，使他们免受饥寒之苦。但我去见他们的时候，老一辈多数已经去世，而我的上一辈，以及与我年龄相仿的青年，都已经不太会说潮汕话。他们用蹩脚的潮汕话表达了他们的疑惑，他们说曾经来过北京，但发现潮汕话并不能跟北京人沟通。我就笑了，说中国的方言太多了，很多方言之间彼此都不能沟通，潮汕话只能算是其中一种。他们眼中，多少有点失望。因为他们发现千辛万苦学会的语言，却不是通行的标准用语，只能算是方言中的一个特定小方言，这样的沮丧还是可以理解的。

其实使用潮汕方言的人，从老人到现在的年轻人，都已经感觉到这种方言在日常生活中有诸多不便。潮汕话成为一种俚语，更因年轻一代的普通话教育而没有得到正面的更新升级。我们会唱粤语歌曲，但潮汕歌曲要么比较粗鲁直白，要么文绉绉而让人不太习惯。甚至，我一度认为年轻人是无法用潮汕话向恋人表白的，最后的情话，都会用普通话说出来。

然而许多潮汕人依然会非常固执地使用潮汕话、珍视潮汕话，不仅自己常说潮汕话，也会教自己的孩子优先学习潮汕话，这都是因为一种根深蒂固的文化在影响着我们。很多潮汕人讲普通话时，都是先在脑子里说一遍潮汕话，再翻译成普通话。讲普通话对他们来说就如同说外语，不是语言层面的问题，而是思维方式的问题。

那么，潮汕人的固执，以及这种固执的逐步失守不禁让我思考，我们究竟是守护什么呢？我认为是以潮汕方言为基础的思维习惯和文化传统，是看不见摸不着的，是需要每个潮汕人都站出来誓死捍卫的优雅的部分。更具体地说，这种语言方式的差异，会影响一个人的思维方式，而潮汕语言的独特性就决定了潮汕人思维的独特和活力。这并非说潮汕人就很独特或者很有活力，因为在以潮汕方言为基础的思维方式中，有太多太多的糟粕，有太多太多值得反思、摒弃的东西。我身在其中，深受其害，也一直在和潮汕文化中“黏糊糊”的部分保持距离。但我誓死捍卫其中优雅的部分，正如前文我提到的，是以林江先生为代表的潮汕讲古人那里，保留的潮汕话最为典雅和晓畅的部分。

如果要说我的语言有什么师承，我想，我语言中的节奏艺术就来自林江先生。

4

当然，这是我的一厢情愿，我显然不是一个说书人，我只是一个写小说的。

即使在现在的潮汕，讲古艺术也已然没落了。在林江、陈四文等老一辈讲古大师之后，我再也没有听说过有哪些年轻的讲古师。再也没有人将一个充满杀气的世界用一种优雅而幽默的方式演绎出来了。

而在当下，我们的杀气也从文字的世界直接移植到游戏里。比如在游戏《王者荣耀》里，杀气就被直接渲染为砍杀、劈死野怪和对方的英雄。在《绝地求生》之类的游戏里，则直接变成枪杀。我玩过几次这种跳伞"吃鸡"的游戏，唯一杀掉的是一个手无寸铁的女角色，其他时候我笨手笨脚，都是直接被其他玩家两枪干掉，死了都感觉不到杀气。

我突然发现，在现在这种杀气腾腾的游戏里，古典的杀气并没有被演绎出来，而是直接被转化为戾气，并不具备任何美感。对于参与到这样一个虚拟世界中的玩家来说，杀人的快感比美感重要。这让我意识到，虚拟现实的到来，在直接的感官对接的背后，其实是对中间转换表达所需要的美感进行"降维打击"的过程。未来的许多文化产品，可能都直接跳过优雅的语言，呈现为可视的、可直接感知的东西。

如果再往后看过去，就能看到一条清晰的线索：我们从对神的崇拜，通过文艺复兴，回归到对人自身的崇拜，明白人性之美的重要；然后工业革命又让我们感受到机器的力量，从对人的崇拜到对机器的崇拜，我们需要的时间越来越短。而现在，人工智能将会替代机器，成为我们下一个崇拜的对象。这几乎成为一种不证自明的必然，不需要什么深邃的思想就可以预见。我们的科幻作品早就预言了我们必将被自己创造的文明所遗弃，直到如今，眼看着许多科幻作品正在慢慢变成现实主义作品，我们才意识到，那个有杀气的世界，竟然是我们的古典时代，而不是最先进、最新奇的想象。

5

作家大概会成为最后的麦田守望者。

这些顽固信任语言表达之美有其价值的人，必将会用最残酷、最彻底的方式对抗科技野蛮的改变。也可能，一个转身，成为与人工智能结合最为顺畅的工种之一。被消灭或者被驯服，这必然是一个问题。我常常在想，我童年时代和少年时代的那些切肤之痛，我手持竹竿赶着鹅群的那个时刻，难道会在虚无的技术革命之后成为机器人的素材吗？

我只能相信艺术创造是人工智能最后无法征服的领地。因为如果剥夺了艺术感觉，剥夺了美的创造，剥夺了生存感觉中的爱与痛，那么，人何以为人就会成为一个悬案。如果那样，人和机器人也就合而为一，人类也将生活在一个杀气腾腾的世界："前面是人类管理区域，没有机器人，请走安全通道。"

据说两个智能机器人随机交流，居然能产生一门属于机器人自己的语言。这种语言更为便捷和高效，按人类的分类方式，也必然属于方言之一。我不知道如果有更多机器人参与聊天，他们会聊成一种统一的语言，还是一专而多能，普通话与方言多元并存。机器人也会有语言美感上的焦虑吗？还是假设有吧，因为它们毕竟是人类创造出来的。

如果可以，希望他们能创造一个像林江先生一样会讲古的机器人，最好能长出一张林江先生那样的书生脸。当然，林江先生的脸长什么样其实也不太重要，只需要保留他那独特的声音，保留他那精妙绝伦的语言才华，能够讲出这个世界上最好的潮汕古音就行了。

谨以此献给2014年8月去世的林江先生。听他讲古的这段隐秘往事一直是我内心深处最为美好和隐痛的部分，记忆里站着目送我的阿公，那个民国少爷，拄着拐杖，他喜欢养玫瑰，他还喜欢古怪的山石。此刻，一个冬夜，您的孙子在远方想您。

2017年12月18日 于广州

小说篇

虚构碧河镇

潮汕人很讲究传宗接代，血脉传承是我作品中的一个很核心的主题。

●●○

潮墟

1

在北京，潮州菜很贵，牛肉火锅是为数不多大伙能吃得起的潮汕美食。特别是冬天，招牌挂着潮汕牛肉火锅，推开玻璃门，撩起塑料帘子，里头热气腾腾，牛肉汤的香味扑鼻而来。落座点菜，用笔在菜单上打钩，或扫码点餐，清汤锅底，牛肉按盘计费，不一会儿牛肉就被端上桌。厨师刀工好，牛肉被切得非常薄，纸片一样铺满小盘子。是那个味道，然而毕竟不正宗，总觉得缺了点什么。必须回到潮汕老家，牛肉火锅才有灵魂。要论正宗就得讲究精确。在广东，潮汕牛肉火锅一般会叫潮州牛肉火锅；如果到了潮州，便必须叫官塘牛肉火锅。官塘是个镇子，吃货的天堂，这里的牛肉按斤计费，在盘子里自然堆放，不平铺，不夸张，也不能乱：吊龙、吊龙伴、匙仁、匙柄、胸口朥、牛腩、嫩肉、肥胼、三花趾、五花趾……不同的部位有不同的口感，也不必用小纸条煞有介事写着“匙柄10秒”，涮肉还得计秒，形式感太强真心累。官塘的牛肉新鲜，有时去得凑巧，牛刚宰杀，两个小时之内上桌，牛肉还在盘子里嚣张地颤动。

所以那些新媒体营销文章里会说，没有一头牛能活着走出官塘。官塘古称鹳塘，有白色的鸟儿在此起落。这个南方小镇被我称为碧河镇，这个村落被我称为半步村。碧河镇的牛肉火锅也很出名，这是因为碧河镇上有这座城市最大的牛肉屠宰场，叫潮墟。

潮墟最早并不是屠宰场。半步村小学还没建成之前，潮墟是牛市，牛市之前是肉菜市场。潮墟建在缓坡之上，占据了碧河六镇的高点，正所谓条条大道通潮墟，这里也就顺便成了碧河地区最大的肉菜市场，人来人往，好不热闹。会拉二弦琴的瞎子说，这个地方风水好，清朝时候还是大官的宅子，驷马拖车的大院落，现在只剩下屋顶，没有墙。是的，孤零零的石头柱子撑起了斗拱的屋顶，整个潮墟看起来就是由横七竖八的长条状风雨亭构成，如果不说这里曾经有墙壁、有回廊、有胭脂和深闺笑语，人们还以为这样的建筑结构是故意为之，因为这些能遮风蔽日的亭子结构简直是市场的首选，路边尽是摊贩，行人可以自由穿梭，牵着牛或抱着狮头鹅，从一个亭子直接穿到另一个亭子。

在很长时间里，牛是耕地的大动物，老人们常常会对着牛说话，将之视为家庭成员，不能随便宰杀，舍不得。潮墟在成为潮墟之前，是牛的中转地。春耕和冬耕之后，有相当一部分牛是以委托的形式让人牵到水库边的深山农场去放养，牵牛的人需要经过山尾渡、急水渡、石龟头渡这三个渡口才到达水草丰茂的响水农场，赶牛的人向来技术高超，渡河涉水时，人乘渡船，牛在水里游，鼻孔里喷着粗气。这些牛会被养肥，然后回到潮墟，或者先到田里干完当季的农活再回到潮墟。

养肥的牛在潮墟里聚集，潮墟成了牛和牛贩子的集散地，碧河六镇的牛都会被集中到这里进行交易。潮墟的牛贩子厉害，老实的农民有时候并不想把自家的牛卖到这里来，但最后他们发现，家里的牛兜兜转转最后还是会回到潮墟，卖给其他人还被赚了差价，不如直接到潮墟交易。

潮墟里有牛的宿命。碧河地区有吃生鱼片的传统，鲩鱼去骨拔刺之后，会被切成薄如蝉翼的生鱼片端上饭桌。这种刀工后来在牛肉上得到创新的尝试。一锅清水煮沸，牛肉涮过后蘸沙茶酱，新鲜的口感令人难忘，也打开了一头牛变成牛肉之后的故事线。潮墟的真正开始是成为牛的屠宰场。而把潮墟变成屠牛场的人，叫陈得斌。

2

陈得斌有个倔强的母亲。1939年端午节后，日本鬼子在碧河西岸架起了机枪，过河者只要运气不好就会被射杀，没有沟通，也没有理由。陈得斌的母亲那时年轻，每天能挑七担盐，往来于两个渡口之间，肩膀上磨出老茧，她也觉得高兴，一分汗水一分收获，让人安心。有一天过碧河，那时碧河大桥还没有建起来，只能靠渡船，忽然听得对岸一阵枪响，同伴赶忙逃窜，逃不掉的一头栽到水里，河水登时变红，只有她懵掉了，突然胸口挨了一下，屁股着地栽倒在河滩上。望着天空，她头脑空白，回想起往昔种种，总觉得此刻死去心有不甘。醒来时只觉胸口隐隐作痛，她揭开衣服一看，皮外伤，她插在上衣口袋里的那只牛角梳子帮她挡了子弹，子弹还留在梳子上。

“是一头神牛救了我。”母亲对陈得斌说。而且是反复说，反复说，“那头牛一定很强壮，拼命长肉，把它的两个角也变得坚硬，最后肉被吃掉，牛角做成梳子，梳子救了我。”

往后岁月艰难，老太太在陈得斌的心里面画了一个神牛的图腾，神牛器宇轩昂，气质不凡。而对生活本身，老太太没有太多言语，只看着陈得斌手持赶牛鞭，从一个放牛娃成长为牛贩子，终于成为潮墟最有资格的“牛中人”。中人就是中间人的意思，不买卖，只负责评估价格和重量，是整个市场中最有技术含量的那一类人。陈得斌外号陈八两，据说这是因为他估算的牛肉重量，也就是一头牛去掉牛皮、牛骨、牛蹄、脂肪、内脏剩下能买卖的部分，误差不会超过八两。

潮墟多年流行赌牛，也就是一方出牛的总价，另一方则估算牛的重量和出肉率，因为市场上牛肉的价格是相对稳定的，那么拼的就是眼力了。

多年下来，已经没有人敢跟陈得斌赌牛。整个潮墟所有的牛中人都流传着一句话：“遇事不决找八两。”也就是说，但凡遇上不太能确定的，最好请陈八两看一眼。在潮墟，陈八两并不难找，即便是陌生人，也可以仅靠一句“左手中指和食指被烟熏黄的那个瘦子”轻易找到他。即使价格比别人高，穷人也愿意找陈得斌帮忙卖牛，因为斤两不会错。有时买主若问，真有这么多？陈得斌就不言语，只抽他的烟。聪明的买主就会明白陈得斌的心思，犯不着惹他不高兴。

所以，最终惹陈得斌不高兴的，不是兜里有钱的买主，而是不知深浅的穷人。穷人姓吴，外号秀才。在农村，秀才从来不是什么褒奖的词汇，这个词背后蕴含着眼高手低、不善耕种的意思。“不会种田，想当秀才啊。”这是批评人的话，后来这句话又演绎成：“不会种田，你想教书啊！”能到学校教书意味着可以领公粮，意味着有按月发放旱涝保收的工资。

秀才穷，家徒四壁，家里却有个漂亮老婆，人称慧嫂。慧嫂一早敲着铜勺喊：“秀才啊，皇帝做梦梦见你了，当时结婚你怎么说的？你去看看米缸，我们今天要吃屎了！”秀才没法接话，他最讨厌老婆总是拿结婚时的话来恶心他，结婚时哄老婆的话能作数吗？而且当初他也没说假话。父亲死的时候给秀才留了五头牛还有一枚印章。印章曾在最艰难的时候救过一家人的性命，给暹罗（潮汕地区的方言中至今仍有称泰国为暹罗的习惯）的华侨写信，只要盖上印章，就会有侨批，就会有钱。家信的格式父亲都给他拟好了，只需要修改“民不聊生饥寒交迫”后面那句话，最后盖上印章就行。暹罗的叔父只认印章，印章对了，就会给钱。父亲去世前一直梦见他的弟弟从暹罗回来，就站在门口。一直到了改革开放，国门打开，暹罗的叔父带着对家乡“民不聊生饥寒交迫”的想象回来了，却发现碧河地区的人们热火朝天在忙着赚钱，然后又发现自己节衣缩食结果寄钱回家却养了一条懒虫，登时勃然大怒，坐在哥哥的坟头痛哭流涕，离开之后从此便不再回信。除了印章还有牛，牛可以耕地，如今也只剩下一头了。秀才长叹一声，望向家门口的牛。秀才家的牛，比他还瘦。他打算出去卖牛。慧嫂很快就发现他的心思。

“牛不能卖，”她说，“卖了开春拿什么给人耕田。”

慧嫂说：“家里这头牛比你还会赚钱，要卖把你自己给卖了。”

但秀才不听，他有自己的盘算。上个月他刚把家里最后几捆老纸卖掉了。那个走街串巷的古董佬知道他家有好纸，每次来到村里必然要往他家里跑，他那双老鼠一般的眼睛一遍遍搜刮这间老屋，阁楼也不放过，如此跑了一年多，老辈好不容易留下的东西就都被卖干净了，那一篓子老纸算是最后值钱的家当。他也明白，如今只有这头牛了，但又能如何，总得吃饭，他心里盘算着把牛卖了，干脆离开这个破地方，到外面去。所以他拉着牛一步步向潮墟走去，也许是走石头台阶太累人，也许是老牛舍不得主人，这么一小段路磨磨蹭蹭走了半个小时才到，潮墟已经准备收市了。潮墟的牛贩子也知道秀才急着用钱，嫌这头牛太瘦，硬生生压低了价钱，把秀才气得直发抖。秀才喊着要找陈八两评个理。牛贩子又劝他别去了，找中人还得亏两包烟钱。但秀才坚持，牛贩子也没办法，买卖双方牵着牛来找陈八两。

听秀才说完，陈得斌把手里的烟屁股最后吸上一口，丢在地上踩灭了。他瞥了那头老牛一眼，然后说："都快收市了，我正准备回家吃午饭呢，你看还有两三批牛等着我去看，你们这么小的买卖就不用我掺和了，这个时候卖老牛，大家都不容易，趁早成交得了，秀才的漂亮老婆还在家里等着呢。"提到秀才的漂亮老婆大家都哈哈笑了，陈八两顺势便对牛贩子说，给我做中的那两包烟钱，你给加到价格里，别欺负人家秀才。但秀才这个时候已经感到了羞辱，他正待说些什么，从人群后面却跑出一个女人来，正是秀才的老婆慧嫂，她指着陈八两的鼻子骂，说她可是全程都看着呢，这么低的价格还有什么公道！又对众人说，这个陈得斌明明跟牛贩子就是一伙的，还做什么“牛中人”。

“说什么陈八两最公正，我呸！就会欺负老实人，我们的牛肉都被当成猪肉卖了！”

陈得斌没有回嘴，他拿出香烟，用火柴点燃，坐下抽烟。他本想女人骂几句也就算了，结果这女人骂了有一刻钟，越说越气，越说越起劲，竟然还伸手来揪他的衣服，要他给她家的牛道歉。这看热闹的人越来越多，都想看这赫赫有名的陈八两此刻如何收场。

陈得斌把还没有抽完的第二支烟掐灭了，然后没有理女人，对着秀才缓缓地说道：“你真要我来做中，那我就把这单活接了，现在你们买卖双方都听清楚了，这是头病牛，压根就不值钱。”

众人都把目光看向那头牛，大家明白，如果是头病牛，那别说猪肉价，可能连三分之一的价钱都卖不到。慧嫂更是气得跺脚哭闹，呼天抢地，大叫没天理、欺负人。大家也都去看那头牛，牛看起来虽然挺瘦的，但牛眼有神，鼻镜汁珠均匀，牛毛整洁有弹性，怎么看都不像是病牛。慧嫂咬牙切齿地说：“赌牛！如果牛有病，这头牛我们白送给你，不要钱！”

已经有很多年没有人敢找陈得斌赌牛了，看热闹的人这时候更多了。陈得斌明白，已经到了这个份上，如果输了，“八两”的名声也就废了。他围着老牛转了两圈，还少见地伸手在牛肚子摸了又摸，又打开牛嘴看了看牙口，然后说：“我跟你赌，如果我输了，我赔你十头牛。”

陈得斌的声音不大，但是在场所有人都发出呼声来。这应该是潮墟有史以来最高的赔率，以一赌十，这不是赌牛，是赌气。

赌约定下，接下来的事情也很简单，只需要当场把牛杀了，便可见分晓。潮墟专门帮人家杀牛的人这时候已经收市回家，那会儿没有电话手机，一时也找不到人了，但杀牛的刀具水桶一应物品倒是还在。陈得斌说：“我亲自来杀。”

正是午后时分，树上的知了不要命地叫着，连喘气的空隙都没有留下。大树下的空地上铺好了帆布，摆好了水桶，尖刀斧头锤子一应俱全。看到这阵仗，大家都很兴奋，但年轻的慧嫂却跑过去，抱着她家的牛号啕痛哭。事后在场的很多人都认同一个说法：很多女人一哭就变丑，只有慧嫂一哭却分外好看，有点文化的人还念了一句诗：“梨花一枝春带雨。”

陈得斌耐心等她哭完，便开始杀牛。当时碧河镇上的有钱少爷用从香港买来的录像机完整地记录了这个杀牛的经过，也正是这一次录像记录，让陈得斌直接被誉为潮墟的“牛神”。这盒录像带后来成为碧河牛屠新手教学必看的教材，杀牛之前先到牛耳边低语几句祈求原谅，也成为教科书一样的规定动作。陈得斌耳语之后，老牛跪地，叫了三声，那声音仿佛从很深的地底涌动上来，生命的告别总是让人动容。

陈得斌已经有十来年没有杀牛了，而以前在生产队的时候，养牛、医牛、杀牛，都是他的日常工作。一头牛从有生命的生灵到温热的牛肉，他有一套自己的独特仪式，每个方法和步骤都恰到好处，特别是如何去骨取肉，每一种工具的使用和轮换都行云流水，以最节制的用力方法完成每一个动作。所有人都看呆了，而牛肉贩子早已经等候多时，手持杆秤准备买走最好的肉，手里的秤砣与铁盆因微风而轻轻碰撞，发出清脆的响声。

陈得斌让人取来一只大瓷盆，然后他从牛腹中将一坨黑乎乎的东西掏出来，放在瓷盆里头，再稳稳把那只白色的瓷盆捧到秀才夫妻面前，放在地上，什么话都没说，就到水井边去洗手。答案已经不言而喻，让牛变得越来越瘦的东西就在眼前，看一眼都让人觉得恶心。秀才从陈得斌杀牛的时候就知道自己输了，面前这个人后来变成一个模糊的人影，他的眼睛也没法聚焦，直到确认那只瓷盆放在他的面前，他才吞了一下口水，知道自己家的牛彻底没了，一脚将瓷盆踢翻，转身扬长而去，把慧嫂留在那里承受所有的鄙视。

因为有陈得斌的这番扬眉吐气的表演，这头病牛最后也没有浪费，卖出的钱比秀才最初谈下的价位低很多，但也比预想中好。陈得斌让牛贩子把牛肉的钱给秀才送去。他说，都是穷苦人，赌气归赌气，饭还是要吃的。他让牛贩子转告秀才，希望好心不要再挨雷劈，以后见了面还可以一起喝茶。

面对失而复得的牛肉钱，秀才当然乐呵呵收下了，但对于慧嫂要他登门致歉和道谢，他却打死不去，认为这样很没面子。慧嫂只能自己买了两斤白糖，用红袋子装了，去找陈得斌。她在潮墟的大树下站着，一直等到陈得斌忙完了，才走过去跟他说话。此刻她跟上次那个气冲冲的女人，简直判若两人，她细声细语，眼里只有崇拜。

那年秋风吹起的时候，潮墟就开始有了流言蜚语，说秀才的婆娘跟陈八两搞上了。

3

卖老牛的钱花完之后，秀才背上行囊离开东州，说要出去闯一番事业。慧嫂并没有跟着他一起走，据说两个人已经离了婚。春天来了，慧嫂的脸色灿若春花，所有人都说她身上的漂亮衣服是陈得斌买给她的。这样的传言说得多了，简直让陈八两的人设崩塌，他渐渐明白，这个“牛中人”的活是再也干不下去了。所谓“牛中人”就必须不偏不倚，就必须心无杂念，但他现在不行了。“我是慧嫂表弟的邻居，您帮个忙。”总会是不时飘来一句话，让他脸色变得难看。他长叹一声对自己说，私德有亏，难持公器，转行吧。

潮墟牛屠就是在这个时候正式开张的。陈得斌的手艺大家都看到了，口袋里有钱的人也看上了他，技术和钱一合伙，牛屠正式营业。牛屠的老板也是明白人，正儿八经把慧嫂安排到牛屠里记数，桌子上还摆着一块牌子写着：会计。陈得斌每天都在牛屠里干活，不用像以前那样去接触南来北往的人们，他喜欢这样的生活。会计慧嫂只记数，也很少到杀牛的地方去。但生活就是这样，一张看不见的网让一个人活得更为有意义。

作为陈得斌的个人故事就这样结束了，我们也无意从道德层面对他进行过多的批判，能骂他的只有他的老母亲，据说因为慧嫂的事，陈得斌跪在地上挨了老母亲三下赶牛鞭。这根赶牛鞭也不知道是用什么材料制成，总之是藤条加上某种织物，人皮可比不得牛皮，一鞭子下去，皮肉开花。那时候的碧河从来没有爱情之类的肉麻话，但慧嫂抚摸着陈得斌背上的伤痕说，斌哥，对不住。陈得斌说，对不住就不要摸，疼。几年之后，陈得斌那个卧床多年的妻子去世，第二年慧嫂总算合法跟陈得斌住到了一起。他们没有举办任何酒席，就这么住着。据说慧嫂开始不愿意，但陈得斌告诉她，今晚想在家里大天井杀一头牛，问她要不要来看。“就杀给你一个人看。”这样带着泥土芬芳的情话，慧嫂终究无力抗拒。

只有时间的流动是看不见的，看得见的只有草长莺飞。在潮墟牛屠里，陈得斌埋头杀牛，他两个儿子早已经长大成人，一个叫陈有文，一个叫陈有武。陈有文手巧，学到了他老爹切牛肉的本领，在路边开了一间粿条店；小儿子陈有武力气大，在牛屠里帮忙杀牛，每天会给哥哥的粿条店送一些牛肉过去。碧河的潮墟牛屠逐渐成为东州最大的牛屠，而原来的菜市场潮墟则在城镇化的进程中逐渐成为老屋区的回忆，人们陆续在碧河对岸建了新房子，纷纷搬出老屋区，这个村庄的中心悄然往北移动，往日的农田成了村舍，时代滚滚前行的车轮也在半步村这个不起眼的南方村落留下了印迹。

一开始还好，杀牛也不能在闹市，牛屠的规模逐步扩大，直至老屋区交通不便利的缺陷日渐凸显。这一片住的人少，下水道堵住了，每次下雨道路便被水淹没，老牌子的潮墟牛肉屠宰场有限公司才整体搬迁到国道边上。牛屠白天悄无声息，到了晚上则灯火通明，杀牛会持续到第二天凌晨。牛肉贩子、肉铺老板会在凌晨摸黑来到这里拿货，把最新鲜的牛肉运到早市上销售。陈有武近水楼台，每次都会将当日最好的牛肉以最快的速度送到大哥陈有文的粿条店里，逐渐大家也都明白，陈有文粿条店里的牛肉才是当地最新鲜的，而且是整头牛最好的部位。比如牛脖子处有一条肌肉因为经常活动而肉质鲜嫩，肥而不腻，称为脖仁，每头牛也就一盘，非常稀有，而陈有文的粿条店里却经常可以有脖仁供应。

以前耕牛不让杀，是因为肚子都没填饱；如今不但要吃饱，也要吃好，口袋有钱的人，也希望能吃到最好的。因此只要有最好的牛肉供应，食客便蜂拥而至，他们开始只放一点点的粿条，后来便干脆换一种吃法，以牛骨汤或清水来涮最新鲜最优质的牛肉，蘸一点当地最具特色的沙茶酱，牛肉原有的鲜味在口中绽放，把每一个味蕾都激活，这样的口感令人叫绝。陈有文也非常聪明，很快便明白这是一种注定会广受欢迎的吃法，于是拆除了原来粿条店的招牌，专门做牛肉火锅。食客和粿条店老板共同开发了牛肉火锅，很快从碧河镇传开，风靡了整个东州。潮墟作为整个东州最大的牛屠，让碧河镇的牛肉火锅天然具有优势，也因此到碧河吃牛肉火锅成为食客的必然首选。

陈有文的火锅店很快忙不过来，兄弟俩一商量，陈有武也就离开了牛屠，转而负责从牛屠取肉以及到店里切肉。牛屠里的前同事都是老朋友，所以他的牛肉总是比其他地方新鲜。对于牛肉火锅来说，食材的新鲜度是最大的竞争优势。要知道，一头牛杀完之后总重量的三到五成是牛肉，行话叫出肉率；而因为牛肉火锅食不厌精的吃法，其中也只有三成的肉可以用来做牛肉火锅。在牛屠里，总是牛肉火锅店的老板先挑选完了之后，剩下的肉才流入菜市场，再剩下的则被打碎做成牛肉丸。而牛肉火锅店老板的选择顺序，一个是先来后到，另一个则是亲疏远近。综合所有的情况，陈有文牛肉火锅店的优势迅速凸显，也成为碧河地区最火的牛肉火锅之一。兄弟俩也经常探讨，将牛肉火锅的各种细节程序化，这个过程是伴随着悠悠岁月慢慢完成的。做餐饮的人一年到头都没得休息，除夕年夜饭之后，过春节，才可以休息一天。一般也就在除夕夜，陈有文会给弟弟分一笔钱，多年来都是如此。

陈有文也很有商业头脑，他很快把那块破旧的照片拆掉了，制作了新的招牌，上面六个红色的大字：潮墟牛肉火锅。这样一块牌子让牛肉火锅店和牛屠联系了起来，而在此之前，两者之间的联系是由陈有武实际承担的。陈有武内心有了一些变化，之前到大哥的火锅店里来做事，并没有太多的想法，反正都是兄弟，但招牌这么一打，还做了一个公仔的图标，具有强烈的视觉冲击力，陈有武这才意识到自己是来大哥这里上班的，跟之前他在潮墟牛屠上班是一个意思。潮墟牛屠那边也挂着招牌，但里头都是干活的人，老板经常不在。但现在，陈有文坐在门口抽烟，他的老婆跷着脚在门口嗑瓜子，而他却在准备清洗晚市的牛百叶，这凭什么？他也能拿到最新鲜的牛肉，他也可以切出刀花最好的牛肉，只需要把自己家房子临街的那面墙拆开，装上店铺的门面就可以了。

潮墟牛肉火锅换了招牌不久，陈得斌的老母亲就去世了。夜里守灵，陈有武和父亲两人蹲在祠堂天井抽烟，蛐蛐藏在角落里鸣叫，月亮很高。在祠堂门廊的电灯有点昏暗，但这么一束光刚好够四个小孩围在那边下象棋。四个小孩分别是陈有文的两个儿子陈泽欢、陈泽喜，还有陈有武的两个儿子陈泽平和陈泽安。按村里的说法，陈八两家很牛气，旺丁又旺财。陈得斌看着四个孙子，对陈有武说，老太太这算是喜丧，他们围着下棋也就没有人说什么，若是敢在祠堂里打牌，准挨骂。陈有武没有接父亲的话，憋了很久，他终于还是把内心的想法说了出来，他希望获得父亲的支持。两个儿子中，小儿子因为在牛屠里跟着父亲一起杀牛，跟父亲还是走得近一点。有一点显而易见，陈有武见到慧嫂是会打招呼的，但陈有文一般连看都不看她一眼。

“兄弟俩好好商量，也不是太大的事，能做得好也算陈家的好事，一代总得胜过一代，你这也是在为泽平和泽安考虑未来。”陈得斌说。

过了父亲那一关，陈有武便在想找机会跟大哥好好谈一下这个问题。在此之前两个月，他其实已经做好了门面，也暗中购置了锅碗瓢盆，陈有文不会不知道，不过他什么都没说，他在等弟弟先开口。陈有武也不急，他明白说话是需要契机的。做餐饮的都会在顾客上门吃饭之前先自己吃饱，客人走了打烊时再补充吃点，陈有文店里的习惯，是每天下午五点店里的人会围在一起吃个饭，其他时候吃饭就各自完成，反正食材店里都是现成的，只要没客人，饿了就吃，管饱。那一日吃饭的时候，陈有文的老婆说，听说秀才回来了。陈有文说，嗯。他对这个新闻不感兴趣，跟慧嫂有关的一切他都不感兴趣。陈有文老婆又说，回来的不是活人，是骨灰盒，听说慧嫂直接当面接过把骨灰盒丢了进垃圾桶。陈有武终于接话，他叹息一声说："所以人一生也就这样，一辈子辛苦也好，放浪也好，都是一辈子。"

陈有文说："提他做什么，粪坑里的蛆都比他勤快。"陈有文最瞧不起懒汉，而秀才恰好是那种人，每天懒得牙都不刷。

陈有武顺着说："赚钱才是正经事。"

铺垫完了，吃完饭，其他人散去，兄弟俩还坐着抽烟，陈有武就说："泽平马上也要读高中了，男人还是得好好赚钱，我想自己出来做。"

陈有文说："好。"

4

陈有武的武林牛肉店开张的那天，大哥陈有文也到店里来，帮忙招呼顾客，给顾客递烟，说几句客套话，算是一种场面上的支持。但过几天很快就有人跟陈有武说，你新店开张那天，你嫂子在背地里咒你是养不熟的狗。陈有武听了生气，但生气也得咽下去，和气生财的道理他明白。

陈有武还是有些想法，他将牛肉火锅店加上了武林主题，具体的做法其实也很简单，只是在墙上挂了两顶破斗笠和几把塑料的刀剑斧头，另外让给幼儿园画壁画的美术老师在墙上画了几幅剑客决斗的场景，渲染了一下气氛。这样的宣传方式陈有武是从都市报上无意间看来的，别说碧河镇没有，整个东州还没有人这么干，一下子还吸引了很多人的眼球，竟然火了起来。陈有武赶忙增加道具，学着武侠电影里面的摆设，增加了酒坛子和斗笠碗。斗笠碗在武侠电影里都是用来喝酒，喝完就摔地上，这个场景太深入人心，陈有武怕有人摔碗成本太高，所以这些碗都是用来倒茶的。所幸南方以南酒风不盛，真喝酒的人也就好好喝酒，没多少人真的会摔碗。

但生意做大了就不一样了。武林牛肉店爆红以后，把旁边两家铺面也买了下来，二楼也开张，摆了桌椅，招了人手，只用了半年的工夫，吃饭高峰期用餐人数已经跟潮墟牛肉火锅店那边差不多，有时候看起来还更热闹些。所以摔碗的人真的就来了，他们喝酒闹事各种耍赖。大儿子陈泽平便对陈有武说，怕是大伯那边弄来的人。陈有武当场脸一黑，骂儿子瞎说。自古同行是冤家，陈有武表面上客客气气，对此加以否认，但心里已经记了账。而另一边陈有文则把一个废弃的停车场给盘下来，直接将潮墟牛肉火锅店扩张建设成牛肉火锅城。明眼人都看出来了，陈有文这一招简直就是要把客流全部截下来，因为潮墟牛肉火锅店占据的是交通要道，是从国道转入碧河镇的路口，闻名而来的食客必然会经过这里。原来潮墟牛肉火锅店门面不大，如果人太多，等待上菜的时间太长，客流就会选择往里走不到一公里的武林牛肉店，那里偶尔还会有醉拳的表演，很有特色。但现如今陈有文把停车场盘下来，他的门面就横跨国道和镇道两边，真正占据了一个路口，相当于一道堤坝将八九成的客流全部拦下来。对于食客来说，这里可以吃到的，多走一公里就显得没有必要。况且有传言武林牛肉店经常有小混混去骚扰，吃饭本来是开心的事，犯不着碰到扫兴的场面。

这样几个月下来，结果是陈有武这边的生意已经有点勉为其难，原来第一次扩张的店面和桌椅，如今很多都空着，店员们都无所事事在角落里打牌抽烟，再这样下去这里就真成一个武林江湖了。他儿子建议他应该减少一些人手，以控制每个月的成本。陈有武算了一下，他之所以还能勉强维持，不是因为前面潮墟牛肉火锅城对客流的拦截不够彻底，而是由于碧河镇牛肉火锅声名鹊起所带来的客流增长勉强挽救了他的店。再这么下去，倒闭是迟早的事，这么盘算清楚之后，他不免有些难过。而在这个时候，儿子陈泽安也来跟他说，完全查清楚了，有两帮小混混都是大伯那边的人叫过来砸场子的，主导这件事的是陈泽喜。这个消息是火上浇油，怒从心头起，恶向胆边生，陈有武一拍桌子，对两个儿子说："去跟工人们商量一下，要不就丢工作，要不就干一场，我不方便出面，你们看着办。"

轰动东州的潮墟火锅城兄弟血拼事件就这样发生了。牛肉店最多的家伙就是切牛肉的尖刀，这种刀从来都是用最好的铁锻造而成，谈不上削铁如泥，但是切肉跟切豆腐也差不多，锋利至极。陈泽平、陈泽安两兄弟血气方刚，带着十多二十个工人，手持牛肉刀，直接冲进了潮墟牛肉店。当时正是饭点客流高峰，一群人冲进去之后，整个火锅城便鸡飞狗跳。最后对垒的格局形成，泽欢、泽喜见两个堂弟持刀前来，也不怂，拿刀便干，昔日棋盘对垒，今天血溅当场。这样的干架其实完全没有电视上武林高手对决的美感，而充塞着野蛮无比的气息，最后这四个堂兄弟都被送到医院急救，所幸车开得快，断掉的手指和耳朵都接得上。但陈泽平脸上也留下了一道无法修复的刀疤。

陈得斌老爷子听到这样的消息，气得把手里的蓝花瓷碗摔碎了。他让慧嫂把碧河桥头的医生请过来，又让慧嫂去买了两个骨灰盒。慧嫂问，为什么是两个？老爷子说让你去你就去。然后他对医生说，我是卧床了，但病应该是没病，身体好着呢，你帮我挂瓶输液，就弄点氨基酸葡萄糖之类的，补补身体，然后去告诉我那两个儿子，我已经不行了，快被他们俩活活气死了。医生跟老爷子有多年交情，微微一笑，心领神会，就按老爷子的吩咐去办了。很快陈有文、陈有武就先后进了老爷子的房间，搬了椅子坐下，两个人都没有说话。老爷子躺着，阴着脸，过了很久，才让他们都靠近点，床边说话。等他们坐近了，老爷子从身后抡起一根赶牛鞭，问他们知道这是什么吗？这他们哪里会不知道，当年他们奶奶把陈得斌揍得险些昏死过去的，就是这根黑乎乎的赶牛鞭。老爷子照着他们俩的背上每人就是三下，兄弟俩不敢闪躲，咬牙挨着。老爷子啪啪打完，把鞭子一丢，破口大骂："我老爹，你们爷爷，为什么死得早？淹死的，整艘战舰被日本人击沉！我爷爷，你们曾祖父，死的时候指甲缝里都是日本人的肉，掐下来的。你们兄弟倒还真有本事，带着我的孙子，自己人打自己人？你们去跟祖宗说去，丢人不丢人？怎么有脸去见祖宗？”

这时候慧嫂抱着两个骨灰盒进来，放在老爷子床头。老爷子终于说话了：“这里有两个骨灰盒，我死之后，你们最后分开取走一下，分头拜祭，头盖骨记得每人取一点。”就这一句话，然后他继续躺下睡觉。

“阿爸，我错了。”陈有文说。

“我也错了。”陈有武说。

5

陈得斌老爷子打儿子的事很快也在碧河传开，大家也都知道他们家有一根专门打儿子的赶牛鞭，堪称家教之典范。但老爷子这回因为装病，假戏真做，捡回了一条命。

儿子走后，医生来给他拔针收走吊瓶。医生说，来都来了，我看你脸色不好，顺便帮你也看一看，开点中药调理一下。一番检查之后，医生脸色阴沉。陈得斌问，怎么了，我要死了吗？医生说，最好不要耽搁，直接到省城去，东州和省城的医疗水平还是有很大差距的。

一个多月以后，老爷子从省城回来，胃被切掉三分之二，每天只能少食多餐，烟也戒了，平时吃饭他爱整两口，医生也不让了，用他自己的话说，活着已经意思不大。以往他也不太爱出门，但现在不同，他经常到两个儿子的火锅店坐着，有时候到潮墟牛肉火锅城，有时候又出现在武林牛肉店。老爷子看着陈泽平脸上的刀疤，问他，后悔不？陈泽平低头傻笑，跟爷爷说，反正媳妇也到手了，有个刀疤也不碍事。四个孙子的名字都是老爷子取的，他希望他们能欢喜平安。

牛肉火锅店已经开遍了大江南北，而碧河镇，也就是现实生活中的官塘镇，已然成为食客来这里朝圣致敬的地方。很难说这里的牛肉火锅跟外面的有多大区别，其实这里牛肉火锅的做法和味道也在不断变化改良，然而关于正宗的饮食文化却是味蕾上一种流动着的精确。

不流动、不创新的饮食是没有灵魂的，但创新也意味着有“失魂落魄”的风险。四个孙子中年龄最小、最不安分的是陈泽安，他最大的业余爱好是电竞游戏，电脑玩得贼溜。本来一直玩游戏也挺好的，有一天突然跟他的朋友们一琢磨，说应该以互联网的思维来提升牛肉火锅的发展和普及。陈有武经不住他的一顿说，心一横，给了一笔大钱，让他折腾去。结果两年以后，陈泽安吹了一个关于潮汕牛肉火锅的大泡泡，很多人跟风投资，牛肉火锅店像蒲公英一样到处落地生根。陈有武在电话里反复告诫不能这么弄，但陈泽安哪里听得进去，他那时候正是志得意满之时，开口闭口都是“赶上风口上猪也会飞”，非常得意，说父亲因陈守旧，一辈子走不出这个小镇子。但他的泡沫很快破了，把父亲给的钱以及各种风投的钱通通都亏光了，灰溜溜回到碧河镇。他一进家门，脸上都是远行人的风尘。刚放下行李，父亲陈有武便对他说，你现在去火锅城找你爷爷，问他，你曾祖奶奶那条赶牛鞭还在不在？

陈泽安来找陈得斌，老爷子正在牛肉火锅城的大厅里看电视，大厅里人声鼎沸，老爷子坐在一把塑料靠背椅上，像一尊雕塑。这个电视有时候播着球赛，有时候是新闻联播，但今天突然循环播放了一段很老的黑白影像，老爷子眼睛不好，看了很久，忍不住把椅子挪近了，才看到是一个人在杀牛。他问陈泽安，这人是谁？陈泽安笑着说，那就是你啊爷爷，电视上写着你的大名。大厅里太嘈杂，老爷子压根听不清，陈泽安喊了一遍，是你啊。老爷子张大着嘴巴看着：“哦，现在可杀不动了。”陈泽安就坐在爷爷身边，说自己如何出去创业，如何失败，说得动情处还抹了眼泪。老爷子听得很认真，但其实他一句都听不明白，唯一听到的词语是“出去”。他点了点头郑重其事地说，应该出去，能出去就是很好的事。他说他现在记得最牢固的事情不是杀牛，而是有一回去深山里放牛，就在水库边上，他骑在牛背上顺流而下，有一群好看的白鹤追着他和他的牛盘旋飞了整整一里路。

春风斩

1

南方冬天的冷总被过度张扬，等到寒流真的来了，又让人措手不及，眼看枝头燃烧的木棉花被打落在地上，心中的寒意才升腾而起。那是我在大学的最后一个冬季，为了考研，我在校外半山坡上租下了一间小石屋复习。屋子全是花岗岩砌成的，缺点是冬冷夏热，优点是安静，租金便宜。我本不想租，但学校宿舍里有个同学梦游，有一回夜里他用水果刀将桌子上三四只鸭梨全部剁碎之后，宿舍里的人都恐慌起来，恐慌会传染，整一层楼的同学纷纷到外面租房。在这片土地上，恐慌很多时候都能成为一种汹涌澎湃的生产力，直接推动校外房租噌噌上涨；也促成了好几对情侣，他们以宿舍有疯子为借口，名正言顺向家里申请了租房的经费，开始同居生活。

我那阵子刚和第二任女友分手，孤家寡人，租了房子，最高兴的是孙保尔。他隔三岔五就带着新女友来借我的房子，宣布清场，要我到图书馆复习去。他说他宾至如归，反复强调我回来时一定要敲门示意、耐心等待，切不可破门而入，这样一来，弄得我一点回家的欲望都没有。他的新女友众多，各种口味都有，我也认不全。孙保尔长期持有我屋子的钥匙，一般他来之前我就离开了，这种场合我自动回避，偶尔来不及，碰了面也只是和那女的点点头一闪而过，样子都没看清。

“我说你小子什么时候戒戒色，我看你的食谱也太宽泛了，高矮胖瘦都有。”我是有必要抱怨的，每次从图书馆回来，房间里总有各种味道：烟味酒味，女人的香水味，垃圾桶里带着腥味的纸巾；还有厕所里偶尔留下的丝袜、唇膏、梳子上的长头发，这些本不该属于这个房间的东西总是触目惊心。

他嘿嘿笑起来：“你来到这个世界上，就不想都试试，什么都要试试才知道；不过试了就戒不掉，就跟你抽烟一样。小时候我教会你抽烟，你到现在都戒不掉；改天我教你泡妞，保证你六十岁前都戒不掉。”

小学二年级，孙保尔威逼利诱，让我将我二叔藏在衣柜里的雪茄偷了出来。在院子里的草垛上，他教会我抽第一口烟，其实也没吸进去，只是觉得这跟电视里抓坏人的老公安一样，姿势有些深谋远虑。然而，他深谋远虑的姿势还没有来得及完成，便看见他的妈妈一手挥舞着衣架，一手叉腰出现在院子中央。于是，接下来的时间，我便坐在草垛上一边悠闲地抽着雪茄，一边看着孙保尔被衣架抽得满院子跑。这个情景至今难忘，所以孙保尔十分狡猾地提起了抽烟的事，意在委婉提示我，在漫长岁月之中，我们之间存在着伟大的友谊，与这种伟大友谊相比，我的抱怨显得多么小气，借我的屋子干干坏事真不是什么大不了的事情。

但那个冬天，我完全不顾伟大友谊，一拳打坏了孙保尔的一个门牙。当然是因为女人，她叫向娟娟。我大四这一年，向娟娟大专毕业回到这座城市工作。圣诞节刚过，向娟娟给我打电话，她说她一定要见我，马上。于是她来了，她一进门就用背往门上一靠，将门给关上了，然后反手拧动门锁，咔嗒，锁上了。

"我现在不是处女了。"她直直地看着我，这让我全身的重量不知道要分配在哪一只脚上比较好。有时候真希望自己是一只鸵鸟，遇到情况头往什么地方一钻就好了。但此刻我不是一只鸵鸟，而是受惊的狮头鹅，愣在那里。

"来吧，"她对我吼，"来啊！你不是说不是处女就来找你做吗？"

她的身体顺着门往地上滑下去，抱着膝盖坐着，她的头贴在门上，脸往上仰，看着天花板，泪水如我预想中那样流下来，像一只融化的冰淇淋。

"给了谁？我认识吗？"我也贴着门和她并排坐着。

她抿着嘴唇摇摇头，然后倚过来抱住我的腰，把鼻涕都蹭到我衬衣上，更要命的是她的手掐住我腰上的肉，拧紧不放，又痒又疼，我又不好尖叫起来。

2

第二天，孙保尔坐在我对面，严肃地说："我想告诉你，我想正儿八经跟向娟娟谈恋爱。"

"原来是你这王八蛋？"他一进门我就知道没什么好事，但居然是这小子。

"什么……"他还没开口，我已经给了他一拳。这一拳打坏他的门牙，后来他有两次指着自己的门牙告诉我："牙医说坏掉的牙不如拔掉种上一个新的，你跟向娟娟的感情就是一颗坏牙，迟早要拔掉的。"我说："你门牙本来就不好，别赖在我身上。”

孙保尔从地上爬起来，先把椅子扶好（我以为他要拿椅子砸我），他的嘴巴在流血，但他还咧嘴笑了起来：“傻正也会打人了？我都没有带到你房子里搞，我是在外面自个儿掏钱开了房的；是她自己乐意的，怎么着，我又没逼她，你情我愿的……别以为我是在占她便宜，我是在帮她，你看着，你总把阳光的女孩子整成闷瓶子，你就看我怎么撬开她们，让她们阳光自信吧。”

过了几天，向娟娟给我打电话，我以为她想找我重新演练一遍——那天晚上我们做了一次爱，但其实不爽。因为她说下面还痛，我说那停吧，她又坚持要做，让我感觉她不是在做爱，而是在还愿。所以现在打电话，我以为她还想再来一次，不得快感不罢休，但不是，她说她想好好谈一场恋爱。

“跟谁？孙保尔？”

电话那头沉默了。良久她才开口：“孙保尔说，别和过去的人提过去的事，我觉得挺对的。反正，以后我和你就这样吧……祝福我们吧，你以后要叫我嫂子。”

挂了电话，我眼前就模糊了。墙角的破电视机里，主持人表情严肃地播报台湾著名作家林海音去世的消息；窗外那条黄狗跟往日一样追咬着那两只老母鸡，好像还撞翻了一只垃圾桶。有时候也在心里问自己，向娟娟究竟算不算我的女朋友？我想起她高考之后那个九月来找我，那天我生日，她提着蛋糕坐着公交车穿过这座灯火辉煌的城市来找我，我们在破旧的操场上走着，聊起了她这段时间兼职的辛苦。“赚钱真难啊，你看，我的拇指都发炎了。很痛，今天早上起来拿筷子都一直在抖。”她将手伸过来，夜风习习之中我竟不敢去拉她的手，也不敢抱她，一直到我们靠在栏杆上，她终于转过身来将两片薄薄的嘴唇压在我的嘴唇上。我们第一次接吻，然后我说出了那句让我后悔终生的混蛋话：“等你不是处女了，我们就做爱吧。”我其实当时想说的是后半句，但我的怯弱让我给这个想法加上了一个暂时不可能完成的条件，仿佛只要眼下秋毫无犯，言语过界也无须惧怕。

向娟娟、孙保尔和我从同一个村子同一间小学走出来，有一阵我们一起骑着一辆摩托车到处转悠，后来我们像是三条平行线，各忙各的，直到现在才又交织在一起。我念完本科准备考研，向娟娟大专毕业找了一家医院做护士，孙保尔初中毕业就出去混，用他的话说是“用酒精打天下”，所有的生意都是喝酒喝出来的，最终喝出一辆二手汽车，开着车到处泡妞，有一次还带着两个姑娘把车开到西藏去。什么是生活本来的样子？从小学读到大学吗？我总觉得自己是活在设置之中，而孙保尔是活在设置之外的。而向娟娟呢？我们以前一直觉得向娟娟是个胖妞，但现在想想，那时候我们怎么会觉得她胖呢？因为她爸爸是卖猪肉的？还是那时大家都挺瘦，所以将早熟的向娟娟列为胖妞之列。

“她会瘦下去的，跟着我，向娟娟一定会瘦，你看着。”孙保尔刚和向娟娟在一起时，在电话里对我这么承诺，他信心十足，将向娟娟的丰满作为必须整治的重点项目。

后来真的胖了，那是失恋之后的事。后来我偷偷上了她的博客，读了几篇日志，绝望的气息无处不在。她在日志里这么记录她的失恋：“十年生死两茫茫。如果弟弟还在，如果爱一直还在；如果毕业的单车和麻辣烫还在。我会坐在不远处，耐心看着你挑选适合自己的鞋子。如果脚在，鞋子一定还在。那个小宾馆里，有我们买田鸡粥的快乐，和我独自几瓶啤酒的悲伤。惨烈的痛已经袭击了我太久……”后来日志也不写了，空间里转载了几篇关于“抑郁症快乐药方”“女人怎么吃都不胖”之类的网文。她的头像一直都黑着。她不再上网了，但每逢新年她总会给我寄贺年卡。

过年是向娟娟的噩梦。年前猪肉生意是最好的，也是向四叔脾气最坏的时间。向娟娟稍有差池，向四叔一个巴掌就掴过来。打痛了还不许哭，如果哭闹起来那就会彻底触怒向四叔。那一年大年三十下午，我背着从山里新挖的竹笋（做笋粿用）从一片荒坟中间走过，远远见到有个人坐在坟地里，心中一惊，定睛一看是向娟娟。我后来才知道她那时刚挨了向四叔一顿打骂跑到她弟弟的坟前哭诉去了。她说她多希望池塘里的水鬼带走的是她，而不是她宝贝一样的弟弟，甚至有那么一段时间她觉得弟弟用死变相在折磨她，或是阴魂不散让她一直痛苦不堪，以报复她对他的看管不力。她想自杀，但不知道怎么死才不痛。我陪她一直坐到夜幕降临，几缕鬼火将我们吓得大喊大叫。

从此她过年就跟我一起过，她说，过年所有的欢乐都是我给她的，不是新衣服也不是压岁钱。她暗地里送我很多明信片，写上她能想得到的最美好的话与祝愿，以此来证明我们中间存在伟大的友谊。有一年春节，我们两个人以到书店为借口偷偷溜到了城里，一路瞎逛，刚好碰到一个贼在路边偷自行车，向娟娟一声大吡就追了出去，贼跑，她还追出两条街，贼太快，她追不上。事后我问她，不是偷你的车，你追什么追，你就不怕他回过头来拿匕首扎你？她笑着说，没想过这些，反正偷东西不好。

此后一段时间，向娟娟经常从家里跑出来找我问作业，她说我才不想在那个火药库里待着呢。我也想同她发生一点什么不同寻常的故事，但那时候拉一下小手都够我激动得整夜失眠，所以只能整晚聊一些无关紧要的话题，比如竹子为什么是草，人为什么只能用一个鼻孔出气之类，其实十分无聊，但每次都聊得津津有味。

但接下来向娟娟跟我出来到果园里瞎逛的机会渐渐减少，因为她妈妈基本上过着一种流亡的生活。向四叔甚至在他的床铺底下挖了一条地道，通向屋后的香蕉林，如果半夜三更有计生队来抓人，一个翻身就可以逃跑，而这样的事情时有发生。每次黄昏时候，村里的计生队上门来，向四叔蹲在树桩上让他们进屋搜了个遍，然后看着他们头也不回悻悻走掉了。他们不敢怎么样，因为树桩上除了蹲着向四叔，还插着那把黑油油的杀猪刀。

向四婶一逃就是一个星期，两个妹妹太小，一个会爬一个刚学会自己吃饭，所有的家务就落在向娟娟的手里，从喂猪、铲猪粪、帮妹妹洗尿布到洗衣做饭，她基本一个人包揽了。她说有一回她到河边去提水，有一个华侨站在河堤上乘凉，无意看到她数步一停吃力地提着一桶水走上长长的台阶，心生怜悯，掏出十块钱雇了一个河边洗衣服的阿姨帮向娟娟将这桶水送回家。

3

孙保尔家里反对这桩恋爱，以极大的决心要将“断香火”的事扼杀在萌芽状态。老孙家是革命家庭，孙保尔出生的时候，老孙同志正摩挲着手头刚看完的小说《钢铁是怎样炼成的》，于是给他取名保尔，总希望他能如保尔一样不屈不挠。但万万没有想到，儿子的不屈不挠却表现在谈对象娶老婆这件事上。

老孙家反对这桩婚事，是有原因的。要先说一说那一年的向四叔，不单因为向娟娟，关键是他有一把杀猪刀。

向四叔在村头一棵大橄榄树下卖猪肉。每天早晨他起床做的第一件事不是撒尿，而是用玻璃杯倒满一杯白酒，随手在橱柜里抓两颗橄榄，坐到门口的树桩上半眯着眼睛喝起来。早上犁田的人拉着牛从他门口经过，打趣说：“向四叔，漱口呢？”他仰起头也不说话，就算是打过招呼。

朝阳照到橄榄树上第二个疙瘩的地方，向四叔就会把猪肉搬上板台。半头猪，一百来斤，他一拎前后两条猪肘子，就能稳稳当当将之扔到板台上，跟扔一个皮球似的。哐当，猪肉在板台上晃动了一下。然后向四叔开始在手摇水泵旁边磨刀，霍霍，霍霍。这时向四婶照例推开那扇大木门走了出来，她臂上挎着一只篮子，要到碧河边洗衣服。

这样平静的生活，在向娟娟的弟弟不小心掉到池塘里死掉以后发生了巨大的改变。向四婶一直生不出男孩，三年后，向娟娟的第二个妹妹出生了。一门三姐妹，围在一起吃饭，除了向四叔之外，全部都是女人。向四叔长吁短叹，不识趣的人还拿杨门女将和“毛主席说妇女能顶半边天”这些话来揶揄他，有一次向四叔怒从心头起，竟然把杀猪刀架到对方脖子上，吓得那家伙尿裤子，连声大叫别冲动！

迫于父亲的坏脾气，向娟娟识大体、重大局，任劳任怨做家务，终于换来了向四婶肚子的再度隆起。向四叔几乎将村里能请到的中医都请到家里给向四婶把脉。

“恭喜！是个男婴！”

“恭喜！这回是个带把子的。”

四个老中医有三个作出了男婴的判断，只有一个沉默不语，说胎气不顺，很难分辨。医生走后，向四婶将信将疑问他：“你说会是男的吧？”其实向四婶问这个问题的时候嘴角是含笑的，三比一，怎么说也有七八成把握吧。

但向四叔的回答出乎她的意料：“你若再给我生出女儿来，我就拿杀猪刀一刀一个把她们全宰了，你再从头给我生一遍！”

向四婶吓得倒抽一口冷气，不敢再吱声。

但计生队还是闻风而动，向四婶有了身孕，也不好总是滚床底，钻地道。所以向四叔迎了出去，他将一把杀猪刀和一沓钞票放在桌子上，说：

“向某人今天把话撂在这里，一边是刀，一边是钱，你们自个儿选，屋瓦你们想捅也尽管捅，人是不会给你带走，向某人杀猪无数，也不怕杀几个人。”

屋子里安静了下来。他们不敢拿钱，也怕刀。僵持了一阵之后，他们说为了有个交代，让向四叔主动跟他们去结扎。向四叔答应跟他们走，连夜就被送去结扎了。

向娟娟说她在里屋的门缝里看见她爸被人带走，她说跨过门槛那一刻，她爸攥紧了拳头，手一直在颤抖。向娟娟说，长这么大，从来没有见他爸会为什么事颤抖。

我自幼看过很多阉猪的场面，无比凄厉。我也听说向四叔家的猪，都是他自己给阉掉的。所以当孙保尔告诉我，向四叔被切掉的时候，我对这个动作浮想联翩。我一直弄不明白这一刀是怎么切下去的，究竟切掉了哪里。嘎嗒，该不是一刀就将家伙切下来，然后像周星驰电影里那个太监一样泡在玻璃瓶里面吧？或者用石灰粉埋在盒子里？这是我少年时期最迷离的恐惧，我最怕做类似的噩梦。

那个午后，我记得当时很多人跟我一样，围到了橄榄树下，为的就是去一睹野牛般的向四叔从医院送回来的历史性场面。我只看见向四叔从车上下来，两腿张开，艰难地迈着大八字，向四婶挺着大肚子一把鼻涕一把泪扶着他，走向猪肉摊。短短十来米的距离，向四叔大约走了十几分钟，他张开大腿，缓慢挪动，正面看像只螃蟹，侧面看像只蜘蛛，脸色苍白，不停喘气，额头上挂满了黄豆大的汗珠。

村里的老人也来了。向四叔是半步村第一个接受“阉割”的男人，敬老院的老人们当然必须前来表达他们的关心和问候。老人们围坐在橄榄树下，聊起了一百年前的旧事。他们说，祖上我们村也出太监，都是穷人家的孩子，行事之前，必须准备一间没人打扰的房间，两条板凳中间横搭着门板，人躺在上面，一月不能见风。术后一周，基本不能喝水，食物少量，不饿死就行，还要准备干净的稻草灰用来给伤口消毒，干净的麦秆子插进去通尿，还有两个一样大小的鸡蛋……说到这，老人故意闭口不说。

“用来干吗的？”我问。

“小孩子别多嘴，你要是跟向四一样去“阉掉”，我们就告诉你，哈哈……”

人们很容易就感受到向四叔结扎之后的巨大变化。早晨坐在树桩上，他现在只能喝半杯白酒，最多不过八分左右，从来不满杯。抬猪肉必定要向四婶搭一下手才行，一人抬猪头，一人拽猪尾，挪到板台上，只发出一声闷响。磨刀石旁边多了一只小椅子，蹲着磨刀不行，非得坐着。切猪肉也没有以前轻快，有两次还切到了自己的手指头，这在以前是不可能发生的。还有人注意到他满脸的胡茬子有些竟然变成白色了，说话也好像有气无力，脾气温顺了不少，有人路过打招呼，向四叔都笑脸相迎，挥手搭话。

“我爸饭量比以前少了很多。”我打探这事情的时候，向娟娟只说了这么一句，就不再往下说。

4

孙保尔的老娘很主动去医院找向娟娟，她也是跟电视剧学的，一见面就先动之以情晓之以理，然后再利诱之以人民币。保尔他娘说：“你要多少钱？”向娟娟心头按压的火气一下全升上来了，她收起客客气气的淑女风度，破口大骂，然后指着保尔老娘的鼻子让她滚。保尔老娘回到家，气呼呼把事情跟保尔老爹讲了。保尔老爹一听乐了：“这不就好，她没忍住，骂了你，难道还好意思再进咱家的门？”

接下来的事情是搞定孙保尔，对此二老比较有心得。他们很快就抓住了孙保尔的软肋。断他烟酒、不给零花钱都难不倒他，但扣押了他那辆破车的钥匙就把孙保尔的武功全废了。他开惯车了不愿意开摩托，也不喜欢踩自行车，没了破车他几乎哪里都去不了，电话响个不停，他在家呆坐却不停对朋友谎称有事很忙。两天下来他彻底崩溃：“钥匙给我，不谈朋友了，我出家去！”

二老欢天喜地，将车钥匙给了他。他们了解这个儿子，平时吊儿郎当，但既然退让了他就会处理好，不会玩花样。

孙保尔到理发店剃了个光头，就跑来找我。我当时考研失利，妞又刚分手，急待别人来安慰，像灾民等待赈灾。一见面，孙保尔劈头就说：“哥们，老衲我失恋了，喝酒去。”此后他经常自称老衲，并表示以后不结婚。

我坐在孙保尔的破车上，感觉是灾民遇见难民。孙保尔一言不发开着他的破车，那吃力的样子让我感觉他不是在开车，而是在操作着一部复杂的机器。

在碧河边上，孙保尔一仰头一口气喝掉一瓶啤酒，打了一个饱嗝之后他问：“你喝什么？白的还是啤的？”他打开后车厢，里面基本全是酒。

我找到了一罐可乐。

“你不是说考研失利不开心吗？”

“是啊，不开心我喝可乐。”

孙保尔笑了，一仰头，又灌了自己一瓶。他说他开心的时候能喝一箱。但说完他又很沮丧，很明显，跟一个不怎么喝酒的人吹嘘自己喝酒的能耐，等同于跟文盲讲佛学。

“几天前，我把娟娟带回家了。”两瓶酒下去，他终于忍不住开始讲述。故事很冗长单调，他如何费劲说服向娟娟去见他父母，如何做铺垫、埋伏笔，向娟娟为了回到半步村见家长如何反复挑选衣服，“平时都戴隐形眼镜，她这次还专门配了一副眼镜，就为了显得更有文化”，从衣服颜色的搭配到发型再到没有颜色的唇膏，她都细细考虑到了。

但那一餐饭刚吃完，这个同村女孩就黯然失色从孙家告辞离开。

“我妈对她的衣服发型完全不感兴趣，就盯着她的屁股看！”

“怎么了？”

“娟娟她妈妈，你知道吧，生了一堆女孩才要到一个男孩，所以我妈怕她生不出男孩，我家就我一个男孩，两代单传，你知道的。”

我辩解说向娟娟的妈妈生了两个男孩啊，一个淹死了。孙保尔说，对啊，那你跟我老娘解释去。我登时闭嘴。他又摇摇头说，你还是不懂女人，女人不是机器，我爱女人，就因为她们不是机器。

所以孙保尔失恋了，向娟娟当然也失恋了。有形的刀插在树桩上，无形的刀插在向娟娟心头。孙保尔失恋了找我喝酒，向娟娟失恋了却从医院辞职，不知所踪。我一直在等她的电话，但一直没有响起；我按捺不住给她拨电话，但号码已经是空号。

我问孙保尔准备怎么处理接下来的事情？孙保尔说，

都死棋了，还能怎么处理？放着呗，有缘千里来相会，无缘呢，就各自散了吧！

开着车子跑来跑去找朋友聊天喝酒，玩了几天之后，孙保尔突然找到我，说要租下我那个小石屋。我已经毕业了，在东州城里一所小学找了一个代课老师的临时工作，马上就要搬出去。我问他住这干什么，他说这儿旁边不是有一个菜市场吗？他想到那卖猪肉。他开始跟我分析一头猪能有多少钱，切下来卖完能有多少钱，说起来非常专业。

“看来你是娶不了向娟娟就决心成为他爸，是这个意思吧？”

“可别胡说，让我举刀自宫我可办不到，我不想在半步村待着，我也得有自己的生活，一想到接下来一个月，我就要一个人看世界杯，我就激动！”他嘿嘿笑着，仿佛夏季的风就要来了，“反正房子我租下了，以前都是我蹭吃蹭喝蹭你的房住，现在我要定居这里，你有空就来住。”

“你的‘狗窝’，我就不住了，每天晚上都吵吵闹闹，还怎么睡？”

他又嘿嘿笑着。果然，他不久就跟一个寡妇搞到一起。那寡妇很妖娆，三十出头看起来跟二十差不多，整天挽着孙保尔的胳膊去逛街，有一次还被我撞见。

5

天气渐渐冷下来。我哆哆嗦嗦拿着粉笔在教孩子们写拼音，用我蹩脚的普通话一遍遍教他们读着：“春风吹拂着大地，柳枝在微风中翩翩起舞，小朋友们一起去找春天，他们用相机拍下了美丽的春天。”我感觉自己每一遍示范发音都不一样，但奇怪的是孩子们都能读对。

这一天，门口突然来了一个胖女人，她朝我招手，让我出来。我开始以为是找学生的，后来才看清楚是在朝我招手。我不认识她。这人又好像有点眼熟。走出教室，我才发现来人是向娟娟。

“我得找你谈谈。”向娟娟裹着厚厚的棉大衣站在那里，像宫崎骏动画里的龙猫。

她的上下眼睑都快碰到一起了，中间一条细缝中透出黑色而迷蒙的光。这样的眼神中，我看到了孤独无助，也看到深深的焦虑。

我将她带到我的单身宿舍。她在我的床铺上坐下，床铺发出吱呀的一声闷响，仿佛随时都可能崩塌下来。

"你第一个问题应该是想问我，为什么会胖成这样？"她说她也不知道，反正就是不断在"生病、吃药、心情不好、暴饮暴食、生病、吃药……"中间循环，一圈又一圈，直至不吃饭喝水都会胖。

"胃已经被撑大了，填不满，经常感觉到饿。"

我眼前浮现当年那个抱着膝盖坐在坟地中间的小女孩，那时的向娟娟显得那么小，那么楚楚可怜；而现在，她像一团在年久失修的老房子里打滚过的面团：松软、污浊、沾满俗世的尘埃。

"我来找你，是因为我感觉自己好像出问题了。"

我心想这么胖，当然出问题了。

她继续说："我说的问题，不是指胖。而是，我突然发现我什么都不怕了。"

"什么都不怕？什么意思？"

"我最怕什么动物？"

"蛇啊。那时候你一看到蛇就鬼叫起来，班里还有男生整蛊过你……"

她将她的手提包打开，伸手进去从里面拎出一件什么东西，抖了抖。我定睛一看，吓了一跳：一条蛇，她随身带着一条蛇！她又从包里拿出一把水果刀，然后活生生将蛇头切下来。她把血淋淋的刀递给我，说：“戳我的眼睛。”

“啥？”

“戳向我的眼睛，我不会眨眼。”

我试了几次，她果然一眨也不眨。我生怕伤害到她，但她一直鼓励我：“戳瞎了不用你负责，没事的。”屋外寒风一阵紧似一阵，但我的心被一种无形的东西紧紧抓住，说不清是悲哀，还是酸楚。

“你看吧，我不怕痛，我也不怕死。不是我故意不害怕，是我本身就不怕……你肯定听不懂，怎么跟你说呢？”

“我懂的。不是故意忍着痛，是本来就不痛，对不？”

她眼中陡然一亮：“对！就是这样！”她说她有一次在碧河大桥的栏杆上走，后来被一个晨练的老人拉下来，老人骂她要死也不要污染碧河。她想到自己这么胖，掉下去一定会死很多鱼虾。但她又想，自己不怕死，但为什么要死呢？不怕死不等于一定要死。她试过用刀去切自己手臂上的肉，很痛，但她并不害怕。她也试过在黑夜走进坟场，还去过殡仪馆看人被送进电炉火化，一点都没有恐惧的念头。

也就是说，在她内心，所有能导致恐惧的部分都被清除了，她成为一个没有恐惧的人。

这个没有恐惧的人站在我的对面，她说，她活得太安全了，可能哪一天突然死掉都不知道，因为没有恐惧，她仿佛也无法预见危险。比如有一次做饭，她竟然拿手指去试探油锅里油的温度，恍惚中感到痛才将手缩了回来。

“要不我陪你去坐过山车试试？”我突然萌生一个挑战的想法。

我带着她去东州最大的游乐场玩过山车和垂直大摆锤，她淡定自若，还偷偷带了一根香蕉，在急速的穿梭摇摆中将香蕉吃完，惘然不顾周围此起彼伏的尖叫声。

从过山车上下来，她问我：“你看，我这是不是病了？”

我不服气，带她去走鬼屋。鬼屋有两个，一个是古代的，布设了僵尸妖怪；一个是现代的，模拟了太平间。里头冷飕飕的，我一进去就有点发抖。向娟娟却一直往前走，觉得好玩还去摸一个妖怪的头，拔她的毛，把那个临时演员吓得尖叫起来。

从游乐场回来的路上，我们谁都没有再说话。考察两个人的关系，就看在一起相处的时候彼此沉默是否感到尴尬。我和向娟娟，显然都属于习惯于彼此发呆的那种。公共汽车上只有我们两个人，偶尔上来一个乘客，也很快就下去了。窗外的风景不停地变换着，但入眼不入心，仿佛只是换一次呼吸，轻描淡写不需要察觉。

“有没有再跟保尔联系？”发完呆，我打破沉默。

她摇摇头，身子往后缩了缩。我发现了这个小动作，继续追问了一遍。她再次猛烈地摇头，一言不发。

一个念头在我心里生成。我将向娟娟带往菜市场，兜兜转转带到孙保尔猪肉摊的背面。天气很冷，但孙保尔只穿着一件松松垮垮的皮夹克，挥动着大砍刀，正在劈开一条猪腿。在他旁边，站着那个寡妇，一边吆喝，一边帮忙收钱找钱，十分忙碌。

“你说你什么都不怕？”

向娟娟犹豫地点了点头。

我递给她二十块钱：“你过去，把孙保尔面前那颗猪心买来——看到没有？对，就是那颗——你就说你要买猪心，他应该认不出你来，这个不难吧？”向娟娟一动不动。“去啊！”我催促道。向娟娟接过钱，向前慢慢走了几步，突然又转身折回来。她低下头，脖子上的肉叠在一起，一圈又一圈。她抬起头，看着我，把钱塞回我的手里："我怕，我不敢过去。"

她一转身走出菜市场，背影巨大。我不知道一个这么胖的人，也可以走得这么快。我跟在她的后面，听到她发出浑浊的哭声。她一直走，步伐很快，但很快她就撑不住了。在一棵没有叶子的木棉树下面，她将背靠在树上，也不顾树皮上满是疙瘩和尖刺，就这样靠上去。

"我要减肥！"她眼望着天空对我说，"我不能便宜了他身边那老婆娘！"

6

这个冬天，只冷了那么几天，然后天气突然又热了起来。这个温暖的冬天里，和许多人记忆中一样，各种各样的传言令人感到分外不安。这是一个没有贺年卡的春节。正月刚过，我组装了一台电脑，在学校的宿舍里鼓捣网线，成功下载了老狼去年年底刚推出的新专辑《晴朗》，正听得摇头晃脑，就听到楼下传来一阵阵急促的喇叭声。我探头去看，楼下果然是孙保尔。他的光头从车窗里伸出来，朝我骂了好几句粗话："你是聋了啊！我在楼下叫了你那么久！快点下来，有急事！你奶奶个臀！”

我一路小跑下了楼梯，连忙解释说刚在听歌没注意。

“你还要不要命了？走！”他一踩油门，车子发出一阵轰鸣就向前扑出去。

孙保尔说：“听说过我们南方的那种病没有？”我略微听说过一些，说是一种面对面都会传染的病，也没当真。

“什么叫没当真？死了很多人你不知道？现在医院都拿这病没办法，一碰就死，很多医生都死掉了，病人一个接着一个，反正现在人密集的地方我们都别去！”

“那我们现在去哪？”

“市区！”

“不是说人多的地方别去？”

“你个书呆子，外面所有人都在抢购两种东西你不知道？一种是醋，一种是板蓝根。你是书读得越多越傻！跟你说也没用，等一下分头行动，你去超市买醋，大瓶的，拿得动多少就买多少；我去药店买板蓝根，买完咱就回半步村。”

“醋跟板蓝根有什么用？明天就开学了，现在回去半步村干什么？”

“救命用的，现在都是内部消息，要赶在别人抢光之前赶紧买一点。我们先把救命的东西送回家里，防止有什么不测，晚上我们再折回城里来。”

我们将车停在东州城最繁华的街道，路上行人不多，我们下车的地方正是一家CD店，店里的音乐开得震天响。对于商店里播放的音乐，后来我和孙保尔的记忆出现分歧：我记得放的是水木年华的歌，但孙保尔总说是《2002年的第一场雪》。为此我们还打过赌，最后我赢了，因为刀郎是后来才红起来的。

我们分头行事。但奇怪的是，我走了不下十家超市，大大小小，都说没有醋了，不是没货了，就是卖完了。我心里第一次感觉到前所未有的慌张：整座城市买不到醋？这怎么可能？

“陈醋要吧？”最后在一家小商店里，一个老头问道。

我犹豫了一下，才说：“是醋就行，来五瓶。”

“孩子，只能给你一瓶，我这没多少了，看你戴着眼镜像个学生，给你一瓶，也不涨你的价。”

我只能千恩万谢，拎着一瓶醋往回走。孙保尔早就在车旁边等着：“怎么样？啊？才一瓶？”

“没醋了，都卖完了。你的板蓝根呢？”

“没买到。”他低下头，欲言又止——后来孙保尔向我坦诚，他高价买到一盒板蓝根，但对我说了谎。我对此表示理解，他家里人多，一盒板蓝根没有多少，怕是不够分。

我手里拎着陈醋：“这都是陈醋，不知道有没有用，那都是什么怪病？怎么会……唉，不管了，等一下拿一个矿泉水瓶，我们一人半瓶。”

孙保尔觉得自己快死了的时候跟我说，当时我说“一人半瓶”的时候，他险些都哭了，他觉得自己太自私卑鄙，小时候抢我的玩具，大的时候还抢过我的女人。他指的是向娟娟。

7

用“抢”这样一个强势的词语来描述我们三个人之间的关系，显然是不恰当的。回头想想，一个女人失去了她的第一次之后，还跑过来将第二次交给我，她内心究竟在想什么？而孙保尔究竟是用什么魔法让向娟娟决定改旗易帜，投奔其麾下和胯下的？我有一段时间将之解释为“初夜黏力”——这个词是我自己拼造的，用以概括女人对那个夺走自己第一次的男人的那种又爱又恨的依赖。

时光再往前推，在2001年的那个冬天以前，我和向娟娟还曾坐着孙保尔的破车在城市的各个角落游荡。我将之定义为我们三个人的黄金时代，因为那时候的向娟娟在大大咧咧的外表之下保留着一颗向我靠拢的心，而孙保尔也可以肆无忌惮谈论他的各路女友，我们常常被一些无聊的笑话惹得哈哈大笑。当然向娟娟并不这么看，她觉得最美好的时光是在死心塌地跟着孙保尔之后。她觉得能将自己完整地交出去是最幸福的，她不必再患得患失地推测各种关系，那样多累人。

但当关系重新组合之后，我显然对这样的新关系感到不适。向娟娟作为我兄弟的女友，却同时熟悉我的身体。她站在两个男人中间，变得沉默寡言，或者说悠然自得——女人总是善于适应各种变化。那一瞬间我想，我或者需要成为兄弟情义的叛徒，或者背叛我曾经的记忆。这样的选择让我痛苦不堪。我用半开玩笑的口吻问过向娟娟："天底下那么多男人，你何苦挑我的发小下手？"向娟娟两手叉腰，哼地一声站起来——那时候向娟娟还没有变成龙猫，她还可以有腰——然后厉声说："你给我再说一遍，不是我对他下手，是他先来勾搭我的！"

"你们的家事，我不理了。"

那一次灰溜溜的相聚之后，我们三个人其实很少再重新在一起。所有的恋爱都要求有一个完整的世界，恋爱天然地需要剔除一些与恋爱无关的枝节，所以常常令两个人的世界变得越来越小。当回首往事的时候，有时候我想，我喜欢跟他们中的任意一个人在一起，却无法同时爱着他们。

后来，如大家所知的那样，老孙家霸王开弓，拆开了这对苦鸳鸯，我们又成了三个一，孤零零的一。而后来，三个一重新凝结的时候，已经是在东州医院门口了。这是后话，现在先说说向娟娟减肥的情况。

向娟娟，她像当年挑着水走楼梯一样，挑着自己臃肿的身体。她在网吧查阅了关于减肥的所有教程，然后开始了苦涩难熬的减肥之路。她的第一招是苦瓜减肥法，每天只生吃三根苦瓜，啥都不吃。她坚持了一周之后，就开始拉肚子，她打电话说，整个人都虚脱了，见到苦瓜状的东西就反胃。吃苦瓜加拉肚子，她确实瘦了好几斤。但苦瓜是不敢再吃了，她听信东州医院一个老护士的民间偏方：活吞一种拇指大小的蟾蜍。于是她每天骑着单车到五六公里之外的郊区田野里去抓蟾蜍，剥皮，此时蟾蜍还会动，看准时机蘸醋吞下去。功效还是有的——我私下估计主要功效来源于抓蟾蜍消耗的体力。但她庞大的身躯在田野间横冲直撞抓蟾蜍，为此惹恼了当地的瓜农。瓜农开始还比较客气地劝退她，但看她屡劝不改，一脚下去瓜苗就被踩扁了，于是联合起来嘲笑她，给她取了个外号叫冬瓜，这“冬瓜”也丝毫不为所动，锲而不舍地继续抓蟾蜍。最后，瓜农每人都配备了一把玩具仿真枪，装上了塑料子弹，老远见她来就开枪。一天下来她被打得浑身都是乌青的疙瘩。

听向娟娟在电话里描述的时候，我觉得好笑。但挂掉电话之后，一个胖女人被几个农民用仿真玩具枪追打的情景在我脑海中挥之不去，我甚至为之具体设计了若干画面，我在向娟娟的狼狈中体会到某种说不清楚的痛楚。眼下这个浑身疙瘩和瘀青的女人，我还喜欢她吗？这样的问题在我脑海中一闪而过，随后便消失不见了，压根不想再提起。我在躲避什么？在梦呓一般碧蓝的天空之下，黏稠的思绪让人有一种窒息的感觉。

穿过时间之河回看过去，向娟娟似乎早就知道几个月后她将登上《东州日报》的头版头条，她跌跌撞撞像个疯子一样行走在田野里的时候，似乎早已经想好了自己的使命，似乎早就在为报纸上的那张照片做准备。

因为这已经是2003年了，人们已经忘记两年前中美撞机事件的愤怒，而刀郎磨刀石一样的声音还没有来得及响遍街头巷尾。这是2003年，张国荣去世的年份，伊拉克战争刚刚打响，三峡大坝刚刚蓄水，奥斯卡颁给了《指环王》……这些都无足轻重，容易被人淡忘。难忘的是“那种病”，它来了，如果说鼠疫是黑色的黑死病，那么2003年的春风是白色的，白色的口罩，白色的迷雾一般的绝望，白色的无可奈何，以及白色的招魂幡。

8

我和孙保尔蹲在城市的街角平分一瓶醋的时候，他大概也就下定决心，自己开着破车到西宠去拉醋和板蓝根。一周之后，他筹到了一笔钱，就开着车到西宠去了。“卖一头猪才赚两百块，两瓶醋的钱，我已经联系好了西宠的商家，要不你和我一起去，咱五五分账，弄一次大的？弄得好，我可以半年不卖猪肉。”面对孙保尔的邀请，我摇摇头。那时校长已经屡次到我的课堂来听课，因为我讲课的时候半个班的学生都在睡觉，学校早就想把我赶走，只是找不到新的代课老师，我这次请假去西宠，等于给了学校一个解雇我的绝好机会。

孙保尔开着破车，塞满了一车的醋和板蓝根从西宠回来的时候，电视里已经辟谣了，让大家别哄抢醋和板蓝根，因为基本对那种病没有什么作用。所以，孙保尔将他一车醋分了三箱给我，我吃了三年都没吃完。板蓝根呢，吃到后来我一闻到那股味道就想吐。

“投机分子，这醋多少钱一瓶进的货？说出来让我们开心一下嘛！”

孙保尔打死都不肯说价格：“别提了，反正我今年得好好去卖猪肉了。”

但接下来的消息让孙保尔开始坐不住了。他给我打电话，声音听起来有点颤抖。他说他刚接到西宠醋厂经理的电话，说厂里有一个人得了那种怪病，让孙保尔留意自己会不会发热，如果发热得赶紧到医院去打针。

“你说我不会这么倒霉吧，去一趟就中招？据说这病现在还没药治，对吧老师？”

他声音里充满了懊悔，我连忙安慰他，说他命大福大，多喝板蓝根就没事，如果他那里没有板蓝根，我这里还有很多，可以给他送过去。

“板蓝根我有，有很多，床铺下面都堆满了。”我们都笑了，“你还是别来，我上网查了，潜伏期有好些天，这几天我哪都不去，生意也不做了，就在宿舍里看电视上网。”

又过了几天，孙保尔跟我打电话，声音都变了：“傻正，你听我说，你先别告诉任何人，包括我爸妈，我好像不太对劲，喉咙痛，咳嗽，但还没有发热。”

“我过去找你？”

“你过来，我这样不太好出去，你到药店去，先给你自己买三个口罩和眼罩……”

我扑哧一声笑了，打断他的话：“没这么严重吧！”

“不，你听我说，我上网查过资料的，你如果没戴口罩和眼罩，我是不让你进来的。”

“好吧，还买什么？”

“你帮我买消炎止咳的药，还有买一些食物，我冰箱里弹尽粮绝，虽然也没什么胃口，但屋里没粮，心里发慌。”

“人家醋厂有人得病，最应该被感染的是他们的经理，什么时候轮到你了？我觉得你这个主要是心理作用，看太多乱七八糟的报道，被吓坏了。”

“不是被吓坏，你不知道，情况比我们知道的要糟糕……不说了，我喉咙痛，你给我买药。”

我按孙保尔说的，在石屋门口就戴了口罩和眼罩（买不到专门的眼罩，用游泳眼镜代替），给他送药和食物。

“关键时刻，还是兄弟好，你不知道，我那臭婆娘，臭寡妇，一听我说可能有病，她手机都关机了，不敢来见我。”孙保尔脸色非常难看，他斜躺在床头的被子上，言语间对我充满了感激。

我从他的眼神中看到前所未有的严肃，这个小时候蟑螂都敢吃的人，真到了玩命的时候，他的恐惧是如此显而易见。

“你还是别乱吃药吧，我们一起到医院去吧？”

“我先自己量体温，这时候最好还是别去医院，好人进去也惹一身骚，我听说东州医院都有护士中招了，好像挺严重，被转送到省里去抢救了。”

“你哪里来那么多内部消息？”

“如果我消息不多，你哪能有免费的板蓝根可以喝？”他苦笑一下，说自己有朋友在香港，“好了，你别在我房间里停留太久，退下跪安吧，朕龙体欠安，恕不远送！”

9

回到学校宿舍，我内心有一种不安的感觉。我在宿舍里踱步，犹豫要不要告诉向娟娟关于孙保尔生病的事情。同时我为自己内心这种想法而感到难过，显然，我在内心深处已经认为，向娟娟享有这样的知情权。换言之，我从内心是认同他们俩理所当然应该在一起的。

“狗屁！”我自己骂了自己一句。

电脑里循环播放着老狼的《晴朗》：“这是初次的感觉，好像天空般晴朗，只因那利刃般的女人，她穿过我的心。……我爱这精彩的世界，交织着太多的悲喜，我爱这精彩的电影，如梦幻如空花，我那总沉默的朋友，你让我感觉到力量，曾在我心中的伤痛……”这首歌是许巍写的，后来许巍又将它唱了一遍，虽然我比较喜欢许巍，但这首歌，我一直喜欢老狼的版本，或许是因为这一年的这个时候，它响起，给我带来一片晴朗。

我上网查看各种传言，越看越怕。临睡前，我将我的诺基亚黑白屏手机的音量调到最大，我怕孙保尔需要我的时候，我听不见手机铃声。果然，半夜手机响了，电话里传来孙保尔绝望的声音：

“傻正，中了，我发烧了。”

黑暗中我感觉自己有点晃，我说：“我现在过去？”

“现在过来干啥？天快亮了，天亮再来吧。记得要戴口罩眼罩，有胸罩也戴上！”

他本来想幽默一下，但他的语气听起来怪怪的，已经无法勾起我任何笑意。这句笑话后来被我们谈起，被评为我们俩之间的年度冷笑话，因为没人发笑。

我躺下去没有睡觉，于是爬起来，踩着我的单车出发了。凌晨五点，整个东州城一片死寂，夜雾浮动，路灯看起来十分凄冷。这是2003年的春天，和其他的春天也没有明显的不同。

远远就能看到石屋的灯光，走近就闻到一股浓烈的醋味。孙保尔在他的房间里煲醋，这个情景令我终生难忘。我戴好口罩推门而入，只见一只大锅摆在屋子中央，热腾腾冒着白烟，而孙保尔呆坐在床上，他身上穿着羽绒服，裹着棉被，还浑身哆嗦，话都说不完整：

“来……来啦？别靠太……太近……”

我看到了一个憔悴的孙保尔，他似乎一夜之间老了十岁，远远看去，头发都有点花白。

去医院吧！于是去医院。我这才知道，在一片死寂的城市清晨，只有医院是最热闹的。急诊室里挤满了人，一片热腾腾如同蒸笼里头蒸馒头，叫喊声，呻吟声，对着手机大呼小叫的声音，还有更多的人打着点滴昏昏欲睡。

值班的医生五十多岁，胖子，一脸泰然，也没戴口罩，对孙保尔一惊一乍的态度嗤之以鼻，他很快就断定是急性支气管炎，说吃点药打一针就会好。“这鬼天气，感冒发烧的人太多了。”他很乐观。孙保尔旁敲侧击提到那种病，胖医生摆摆手：“要相信新闻联播，别相信小道消息，要是严重，国家会发布消息的。你看前不久人家疯抢食醋和板蓝根，最后怎么样，很多人家里的醋十年都吃不完！”

孙保尔听他提到醋，脸一红，不好再说什么。拿了药，打了一针，我就护送孙保尔回到石屋：“我就说没事，睡一觉明天就可以去卖猪肉了，杀猪刀举起，百病俱除。”

“我觉得这医生不靠谱。”孙保尔说出自己的判断，不同意我将口罩扯下来。

过了两天，孙保尔又给我打电话：“全身酸痛，烧也没退，两眼发黑，浑身都像虫子在爬，我感觉自己都快死了。”

“向娟娟在东州医院工作过，可能有熟人，要不喊她一起吧？”

“你跟她有联系？”

“嗯。我打电话给她？”

孙保尔没有说话。

“那我打了啊？”我又问了一遍。

过了一会他出声，声音很重，好像哭了：“昨天那寡妇来了，全副武装，站在门口给我递了一些水果，就逃了。她是用一个指头推开门出去的，我叫她回头看，看水果是如何被我从窗口扔出去的。”

他想念向娟娟——我脑海里闪过这么一句话。

10

一连几天时间，孙保尔需要扶墙才能站起来。他知道向娟娟要来，让我帮他收拾一下房子。

“这么乱，她一定会说难怪会生病。”

他要我给他递梳子，他要刷牙，还想去洗手间洗脸，最后在一阵猛烈的咳嗽中放弃了这样的想法。孙保尔让我到楼下去等向娟娟，她来了，一定要她戴好口罩才能进来。

向娟娟来了，她庞大的身躯出现在房间里，房间就显得更小了。

“哈哈哈哈，”孙保尔居然笑起来，“你怎么变成熊猫，咳咳，咳咳……”

他一阵咳嗽。

“走！”向娟娟直扑衣柜，“你这要住院，要隔离，不能在这儿等死，收拾东西。”

前护士向娟娟此时像个将军，而我们两个男人像两个新兵，只能听从她的指挥。

只过了两天时间，整个东州医院好像变了一个样子。所有的医生护士都严严实实戴了口罩，只留两只眼睛贼溜溜看着一切。向娟娟问之前谁给你们看的病，先找他开检查化验单；但胖子医生已经不在。

“住院隔离了。”他们说。

“他发烧，也得住院。”向娟娟指着孙保尔对护士说。

“他是我们医院的人吗？”

“不是。”

“不是你到急诊那边试试吧，门诊这边没病床了。”护士的口气登时变得很冷。

于是转移到急诊。门口三个小护士在聊天，口罩搭在下巴上，一听说孙保尔是发热病人，她们本能后退了几步，将口罩拉高，封得严严实实，才对向娟娟说："现在医院没病房了，你找谁也没病房，你也在这里待过，我们医院也要保护自己，发热的不收，多一个人我们就多一分危险。"

"是不收还是没有病房？"

"没病房。你要不信就在门口等着，排号，或者等着转院。"她转头对另外一个护士说，"上次那个在排号的发热病人排到病床了没有？"

"不用排了，都直接送殡仪馆了。"另一个护士十分配合地说。

向娟娟气得将口罩一把扯下来，她脸色通红，指着她们狂骂："你们都是背诵过希波克拉底誓言的人，怎么可以这样……"

"不服气你可以去找院长。"

三名护士看情形不对，把责任推给院长，一扭屁股就走了。

"我们还是回去吧，死我也要死在家里，不死在这种地方。"孙保尔虚弱地说。

但他已经走不动了。向娟娟一弯腰："我背你。"

"不太好吧。"

"啰唆什么，上来！"

向娟娟将孙保尔背到医院门口坐出租车，她开玩笑说抓到了这么大一只蟾蜍，却没什么肉。那时候的孙保尔，确实瘦了一圈，几乎皮包骨头。

我们一路回到小石屋，那么一个瞬间，我仿佛又回到了过去，三个人在一起的日子。在路上向娟娟一直在打电话，询问了很多地塞米松和利巴韦林之类的药名。但回到石屋，孙保尔找了一个借口骗我们到外面去，就将自己反锁在石屋里。他说："有什么食物和药，就从窗口扔进来，你们，就别进来了。"

我们在石屋门口纠缠了一段时间，孙保尔都不愿意开门，他说他需要休息，让我们先离开。向娟娟说她得走开一会儿，但担心他自寻短见，交代我一定在门口守着，听到什么动静就踹门并报警。

11

但孙保尔并没有自杀。他将自己封闭在石屋里，一是怕传染到我们，二是为自己留出了一个空间，让他写下那篇长长的遗嘱。据孙保尔的老爹后来说，这是孙保尔自上学以来写下的最长的文字，他老爹老娘在他被隔离之后拿到那份遗嘱，时而大哭时而大笑，但孙保尔出院之后就将遗嘱收了回去，一把火烧掉了。

我后来才知道向娟娟走开一会儿，其实是去了医院。她穿上她以前的护士服，爬上了医院院子里的那棵大树。那件护士服相对于她肥胖的身体来说，已经太小了，显得很滑稽。向娟娟爬到大树上，她丝毫也不感到害怕。她的怪诞举动引来了很多人的围观，她对保安说她真的会往下跳，保安也不敢贸然行动，只问她想怎么样。

向娟娟说她想见记者。她如愿以偿地成为第二天《东州日报》的头条新闻，当然不是她站在树上英姿飒爽的样子，而是她真的就往地上跳。她要以一种极端的方式来控诉医院的见死不救，她要东州医院让孙保尔住院。一个女人简单的诉求得不到满足，她就要自杀。她说她是认真的，为了证明她是认真的，她真的从树上一跃跳下来。她屁股着地，像个球一样滚了几滚，厚厚的脂肪层保护了她，仿佛她以前积累的所有肥胖，都在为她今天的一跃而下做准备。

事实上两天之后，即使向娟娟不闹，全国也开始大量隔离发热的病人。孙保尔就这样被隔离了进去，根据孙保尔的描述，他进去以后才发现自己算是症状比较轻微的。真正打针之后，他很快就退烧了，一个星期之后，他基本恢复了活蹦乱跳的猴子本性，打电话声称里头有好吃有好喝的，隔离生活潇洒似神仙。但过了两天，他就憋不住了，他说想找哥们儿好好喝一杯。又过了两天，他声称他恨死医院了，在里头无聊透顶，想出去。

又捱过了一周，终于在一天夜里，他捱不住，从二楼的窗户爬出去，顺着排水管顺利到达地面，溜掉了。医院后来派人到他家去找他，但哪里抓得到他，一溜烟就跑不见了。

孙保尔从阎王爷那儿捡回半条命，但他在酒桌上总说自己得的不是那种病，是急性支气管炎，主要是煲醋的时候把支气管给熏坏了。反正现在好了，他又是一条好汉。为了迎接他王者归来，我们又再请他吃了几餐，但都没再见到寡妇出现。后来听说寡妇手抱鲜花出现在石屋门口，鲜花还是被孙保尔扔出窗外，而寡妇也被他吐口水，让她滚。

事情渐渐平静下来，2003年，很多人在这场灾难中死去，很多人值得我们记住，很多龌龊我们也不会遗忘。

但每次我提及向娟娟，孙保尔都会低下头。孙保尔的老娘听说了向娟娟的好，后来好像偷偷去找她道谢，但向娟娟沉默以对，不说什么。她以同样的沉默面对着孙保尔和我，我询问过她的打算，她只说她想回到医院，做一个普通的好护士。我以为她可能会离开东州，但没有，她只是去了另一家医院，不再和我们联系。

几年之后，我生日刚过，陪女友去做人流手术。早上八点多，小医院里没什么人，女友坐在走廊的长凳上等待，我在走廊里活动手脚，天气并不冷，但手脚有凉意。这时一个胖护士朝我走来，让我签名。我木然签了好几个名，还想翻页往下签，胖护士啪地把文件夹盖上，白了我一眼，当着我女友的面教训我："后面的不用签了……干活要注意安全，你们男人一时快活，弄出人命受伤的是女人！"我这才发现胖护士（她其实已经没有以前那么胖）是谁。向娟娟，是的，是她！我羞愧点头，尴尬笑着，心想快活的又不是只有男人。

她将我女友领进手术室。被向娟娟这么批评了一下，我觉得自己都不好意思继续在这里踱步。我找了最靠门的地方坐下去。过了一会儿，手术室的门开了，向娟娟推出一只螃蟹般的铁架床，前面两个U形的铁架子凌在半空，刚才我的女人一定就斜躺在床上，两条小腿被架到铁架上固定住……我打了一个寒战。经过我身边，向娟娟朝我诡异一笑，用下巴指了指铁架床最下层的一只盖着盖子的瓷盆：“要不要带回家去做纪念？……你们这些男人！”她眼中带着笑意，而我此时正处于道德的低谷之中，不敢正视她的眼睛，也不知说什么好，只能笑。向娟娟笑了：“去门口等着，她马上就出来，打了麻药，没那么快醒，去陪着吧！”

我的眼睛朝玻璃窗外望去，楼下空地上喷泉正热闹非凡地喷涌着，隔着厚厚的玻璃听不到半点声响，但我心里却不停在模拟喷泉哗哗的声音。

“发什么呆？”胖护士向娟娟转了一圈又回来了，“给你，早餐！”她递过来一个塑料袋子，打开，袋子里孤零零装着一只塑料饭盒。她又对我笑：

“吃吧吃吧，吃饱了就不会伤心。”

这句话那么熟悉，仿佛让我回到了半步村的李子树下，我将偷来的黄皮全给了她，告诉她，吃饱了就不会伤心。

“嘘——”向娟娟将食指放在嘴唇上，她的手指依然胖嘟嘟的，“别吵醒她，让她睡吧……我去做事了，回头再聊吧，我寄的贺年卡你都收到了吧？”

“收到了。”我回答的时候，她已经出去了，胖胖的身体荡开了门帘，就消失了。

“是老相好吧？”女友醒了，一脸鄙夷地看着我，“口味真重。还怕我醒来听到你们说话？我早醒了，就等着你犯错误。”

“我哪敢啊，任他风吹雨打这思想防线是牢不可破，你就放心好了，那只不过是一小学同学。”

“拉倒吧，你别低估女人的直觉。到底什么关系？”她伸手往下狠狠一抓，“不说我把你下面切掉，让你当太监去。”

12

回家之后我翻箱倒柜找贺年卡，没找到，却翻出世纪之交向娟娟在医专读书时写给我的信：邮票、信封、粉红色的信纸，以及那些手写的深深浅浅的字迹——这些被电子邮箱替代了的东西，现在并没有在记忆中被完全取代。我读着向娟娟当年俏皮的话，手竟然有点抖。我用力捏住信纸，手却抖得更厉害。这是怎么了？我深深吸了一口气。

记忆的沙漏总是令一些东西从这一侧缓缓倾倒到另一

侧，让你最后什么都找不到，就像那些信件大概也就这样被搁置和掩埋。在那样的年龄，春风吹过，一颗心总在寻找另一颗心，微弱而润湿的颤动是彼此的共同渴望。这样想有一种小男人的感伤，感伤流转，回到那个遥远的午后，我和向娟娟同桌，老师在讲台上讲思想政治，我们在桌上的楚河汉界中间做残酷的斗争——她的手若敢放过界，我就用圆规去戳她——这样的游戏一玩就玩了那么多年，而一别也经年。

我以为彼此渐渐淡忘，不会再见了。

可是，结婚多年之后的一个冬天，我在西宠的火车站厕所门口又偶遇向娟娟。这个乐观无比的胖女人向我走来，她丹田力十足地跟我聊起了我的近况，然后说自己还没有结婚，仿佛是在说自己还没有吃饭一样稀松平常。

“我刚回东州去，忙完我父亲的丧事。”

“哦，”我不知道说什么好，“多少？九十岁？”有这么老吗？我脑海里浮现出那天下午向四叔像螃蟹一样走路的样子，面目却有点记不清。我以前觉得脾气火爆的人一般短命，被结扎的男人会更早死掉，没想到他竟然活了这么老。记忆被一点点重新启动，向四叔，是的，有向四叔的杀猪刀，还有大榕树下溺水死去的孩子。那些下午，阳光充沛，时间仿佛总是剩余的，怎么挥霍都花不完。

不知道旁边谁的手机铃响，是汪峰的《春天里》：“如果有一天，我悄然离去。请把我埋在，在这春天里……”

她问我来西宠做什么，是不是来买食醋和板蓝根？提到食醋和板蓝根，我们就都笑了。我没有告诉她我是过来面试的，这些年工作一直不顺，都不知道自己适合做什么。她哈哈笑完，无所顾忌地跟我聊起刚才在厕所门板后面看到的一句话：每个人的故乡都在沦陷。

“不知是谁用铅笔写上去的，我边蹲厕所边想这句话，还想到了你，没想到出了厕所就遇到你。”

她穿着宽大的黑色大衣，一头蓬松微鬈的短发，黑色高跟鞋和黑色手提包，用十分阳光的语气将这个句子又念了一遍：“每个人的故乡都在沦陷……我觉得挺有道理的，你都蛮久没有回家了吧？”话题转入故乡的物事。

在提及她的父亲时，我心口有一道刀疤隐隐痛了一下，好像有什么东西在一直掉下去。我也察觉到她不想再提起向四叔，她问我：“你记不记得有一年春天，你，我，还有孙保尔，我们三个人，偷偷爬上一辆手扶拖拉机，绕着半步村玩了很久，那天我觉得自己快走到世界尽头了，你不知道，那是我最开心的一天。”我已经全然不记得手扶拖拉机的事情了，但内心依然一阵激动。

这种久违的激动却在与向娟娟道别的时候消失无踪。我们像所有老朋友一样挥手道别，临走她要了我的新地址，说如果顺路经过邮局，一定会给我寄贺年卡。她高跟鞋嘎达嘎达敲击着地面走远，我才转身进了厕所，站在尿盆前面，半天都没有尿出来。

夏雨斋

1

夏雨斋，一栋精致的双层小楼，在那棵高大的龙眼树的掩映下，它神秘、矜持、安静、冷漠，散发出一种银发贵妇人独有的气息。与周围的其他老房子不同，虽历经近百年风雨飘摇，它还是那么洋气端庄。二楼残破的阳台走廊，依然能看到考究典雅的绿色瓶子状栏杆；屋角用嵌瓷立着龙凤，都没了尾巴；镬耳墙又让这栋建筑显得壮实，像戴了一顶帽子一样儒雅。这样奇特的建筑在岭南侨乡十分多见，但只有这一栋叫夏雨斋。

它是唯一的夏雨斋，它将要被拆掉。是的，你没猜错，又是修路。高速公路必须从这里穿过去，才能绕过栖霞山的阻挡，顺利跨过月眉谷，往厦门的方向伸过去。其实夏雨斋早就摇摇欲坠，已经多年没有住人了。如果不是这次拆迁的事，我们家大概也没人会去惦记它。拆迁工程赔款当然很不合理，但我不希望跟新闻里一样，发生不愉快的冲突。工作人员已经来过三次，但我妈还是没有签字。他们对我说：“崔教授，您就帮我们好好劝一劝您母亲吧，我们把好话都说尽了。”

“不是钱的问题，”我妈第N次强调这句话，“这房子我在管，但这房不是我的。”

我知道她要说什么。无非是再次强调外曾祖母让我的外祖父一定要在意她遗书中画了着重号的那个句子：夏雨斋由我们家管理，但不属于我们所有，它必须交由远在暹罗的三老舅公处置。而那个三老舅公，我只在阁楼里见过他年轻时候的照片，长得眉清目秀，现在说不定早已经作古。

“要不我们去一趟泰国？”我妈坐在窗前，抬起头望着我说。

2

去泰国倒不是什么难事，两三个小时的飞机，比去北京还要近。但关键是，到泰国寻亲，这茫茫人海，该如何去找？再说泰国频频发生动乱游行，前些年还挺乱的。我妈倒是有办法，她说，夏雨斋楼上应该还有十几年前的书信和侨批，信上还有地址，可以根据地址去找。

她心意已决，开始询问出国的具体事宜。这个还没坐过飞机的老人，对其他问题并不关心，却非常关心飞机会不会从空中掉下来。我们都笑着说不会，比坐出租车还稳。

“去，好好把夏雨斋清理一下。”

她办理护照需要一个月时间，我有足够的时间来走近夏雨斋。在这样闷热的夏天，无所事事会让这个暑假显得更长。我回到半步村，乡亲们都叫我教授，只因为我在大学里教书，在他们眼中，在大学教书的全部都是教授，其实我在一个大专院校当助教，连讲师都没评上，就因为该死的论文。我不愿意到网络上去复制粘贴，也不愿意去写那些没有任何意义的文章，如果不是妻子一再催促，我才不愿意去评什么职称。

妻子说，听说那旧房子以前有很多古书，你留心看看。我笑着说值钱的东西早就被拿去卖了，没卖掉的也都被打砸毁掉了，房子没被烧掉已经算是万幸了，是挖不出什么宝贝的。

“不是让你去淘古董，我的意思是，看看有什么资料能写论文的，趁这暑假赶紧鼓捣一篇出来，花点钱拿去发表再说！”她看我满不在乎，便又说，“你别一脸不正经，你要评讲师，过几年再评副教授，没评上我准跟你离婚！”

妻子从小就在大学里长大，她爸是教授，她妈是教授，她身边的所有人都是教授，于是，她理所当然地觉得我必须是教授，退而求其次也得是个副教授。我每次都将她威胁说要跟我离婚解读为一种玩笑，直到有一天她真的要跟我离婚。不过那已经是很久以后的事情了，现在，在这个夏天，她依然是我的妻子，整天还能对我唠唠叨叨。

3

夏雨斋是我外曾祖父所建，为了迎娶我外曾祖母，他花了一年多的时间才将这栋小洋楼建成。一百年前的半步村，大户人家房子的格局，不是下山虎就是四点金，再好一点的是四马拖车，这些大院落都与我外曾祖父无关。如果不是因为家里穷，如果在村里能找到谋生的路，他就不用跟随他的父亲坐着红头船漂洋过海了。作为一个出外做买卖的后生人，他厌倦了这个村子，他看过了太多人情世故和世态炎凉，他丝毫不愿意回到这里。但他的父亲却让他必须回来。背井离乡的游子，每个人心里面却还是怀着祖宗的。

“你不回去，列祖列宗就没饭吃了。”他父亲要求他回家娶亲生子，延续香火，拜祭祖宗。这样一个功利的想法间接促成了夏雨斋这样一栋书楼的诞生。外曾祖父回到半步村，将老家破败的房子推倒重盖。原来的老房子地基本来就不大，于是只能往天空去要空间，这就决定了它不是宅院，而是两层的小楼。

我踩着吱呀作响的木梯，推开楼梯上方的木质井栏（木井栏上有锁孔，估计是防盗用的），爬上了二楼。很多门窗已经打不开了，令人高兴的是，西边的窗户居然能打开，窗外那棵老龙眼树青葱翠绿，着实喜人。阳光探射进来，满屋的尘灰乱舞。我早有准备，取出随身带上来的报纸，在门槛上铺好，小坐片刻。清风徐来，周遭都是低矮的老屋子，极目四望，可以看到远处巍峨的栖霞山。

这样慵懒的午后，我伸了一个懒腰，对自己说，崔教授，干活吧。我打开手电筒，开始翻箱倒柜，很快就找到保存在衣橱抽屉里的家书。除了被一副假牙吓了一跳以外，一切都在意料之中。泰国亲戚的地址很快就找到了，繁体字写着：四色吉府龟刊路。我一笑，应该是四色菊府吧。用报纸将家书一包，正准备下楼，却突然想起妻子的话，如果不带几本旧书回去，她大概又要喋喋不休。于是我又继续寻找，终于在一只黑色的大箱子里找到了一本民国老课本、半部《康熙字典》、一本没有封面的《幼学琼林》，还有几册《伤寒杂病论》，上面画满了图案。再往下翻，是一本画满了人脸的《麻衣神相》，这是教人如何看面相的书。我又一笑，就没再翻下去，心想这好几本"古书"，也足够应付我妻子的盘问。

就当我想关掉箱子盖的时候，却发现箱子盖里面好像有东西在晃动，伸手去摸，厚厚的方形物体，估计还是书。这书不放在箱子里，反倒藏在箱子盖的暗层之中，这倒激起我的好奇心。为了不弄坏里面的书，我不得不将箱子倒空，搬到门槛旁边的阳光下，小心翼翼，费了半天劲，才把里头的书掏出来。厚厚三大本，不是书，是线状的手稿。装订最为仔细的，是第一册，封皮用毛笔写着《夏雨斋诗稿》，略略一翻，都是一些古体诗，显然已誊抄多遍，上面却仍然有涂改的痕迹。这老祖宗还很喜欢用典，并用蝇头小楷为每首诗都作了注，颇为用心。我对古诗向来不感兴趣，便将诗稿搁到一边。另外两本倒是有点意思，封皮上写着《夏雨斋记》，上下两册，看起来既像日记，又像随笔，乍一看不知道写的是什么，前后对照看了几段，才知道是用方言写就的。开篇写道："壬戌年春，余奉父亲大人之命回唐山起厝娶亲，路经香港，恰逢大罢工，街上混乱，脚头坞（膝盖）被撞到乌青……”

这些白话文夹杂着方言词语，如果不用潮汕话翻译，简直无法知道他在说些什么。有时候我脾气古怪的外曾祖父，这个当时二十八岁的年轻人，甚至会在他的日记之中用铅笔或钢笔画上插图，用来表达当时情景中某些无法用语言来讲清楚的事情。偶尔还会在文章里出现一些泰文，比如地名，比如一些他无法翻译的物品的名称。这两本日记之中，书写工具的使用也非常混乱，多数用毛笔书写，但到后来，这位时髦的外曾祖父，居然也渐渐使用钢笔写字。当时国内还没有生产钢笔，所以他拿着进口钢笔写字，一定带着炫耀的味道。他显然不太习惯，有好几个字都将纸张戳破，墨水溅在纸上，弄得一塌糊涂。

4

我读了十来页，觉得有点意思，又觉得傻乎乎呆坐在年久失修的老房子里读一个老祖宗的日记，完全是在浪费时间。正当我准备将日记放回原处时，我又随手往后翻了几页，看了一眼，日记里一句话将我吓了一跳：“今日于忙乱之中掩埋尸体数十具，其中多已腐烂，皮肉浮肿，锄头触之则骨肉分离。遥想和尚之言，不觉跪地对天三拜。”

又再翻读了几页，竟然尽是触目惊心的情景，寥寥数页，已经掩埋了数百具尸体，而还有许多尸体在流水之中随流飘荡，无法打捞。我正想继续看下去，手机却响起来，妻子在电话里大呼救命，我吓了一跳，原来家里跑进了一只大老鼠，老妈养的那只小黄猫大概没见过这么大的老鼠，竟然惊慌逃跑了。妻子向来就怕老鼠蟑螂，在电话里大呼小叫。

我犹豫了一下，将所有书和信，连同那两本厚厚的日记都包进了旧报纸，一并带走。

我回到家里，我的妻子，这个戴着厚厚近视眼镜的瘦女人，她站在板凳上，手持捣衣棍，十分紧张地环视周围地面，好像害怕那只老鼠会突然爬上板凳去咬她的脚。我见她这样子十分滑稽，不禁哈哈大笑起来。她见到我，听到我的笑声，看了我一会儿，然后蹲在板凳上抱头哭泣起来。我被她的哭声弄得手足无措，只能走过去接过她的捣衣棍，抚着她的肩膀，说一些空洞的安慰的话。

“我不想在这村里再住下去了，这里我一个认识的人都没有，什么都没有！我实在不知道为什么每次放暑假，就要回到你的老家来受苦，你妈一个人在家很可怜，但也不要让我成为陪葬品，凭什么……凭什么我要成为你操蛋的乡土情怀的牺牲品……”

我的瘦女人嘴里蹦出了粗暴的句子，这显然跟她这个高中女教师的身份不符，但非如此不足以表达她此时的愤恨。这个从不说脏话的瘦女人突然说出了连她自己都陌生不自然的脏话，这让我的心情跌落到了低谷。我眼前仿佛有千百具浮尸漂过，胸闷得慌。

“啊——”妻子突然尖叫着站起来，她的手指着我的身后。

那只跟猫一样大的老鼠正肆无忌惮地吃着一块面包，偶尔还抬头看我，毫无退却的意思。仿佛在它眼里，它才是这地方真正的主人，而我，只不过是一个过客，一个不速之客，一个奇怪的陌生人。

我挥舞着捣衣棍朝它打去，没中。在妻子的尖叫声中，我已经将老鼠逼到了沙发底下。这只硕大的老鼠，着实让我很紧张，这时我穿着球裤拖鞋，我害怕它突然跑出来在我的小腿上咬一口。老鼠我见多了，但这么大的老鼠确实很少见。而现在，在我妻子眼里，我俨然是一个英雄。英雄此时是不能够表现出丝毫的懦弱的，即便我时常是一个懦弱的人。我让妻子退出去，把房门关上，将我和老鼠关在房里。我决心与它决一死战，却也不能让我的妻子看到我十分慌乱狼狈的一面。

连我自己都觉得自己打老鼠的动作十分滑稽夸张，很多动作显然非常小题大做，如果录下来一定是一组喜剧镜头。但这毕竟是一场实力悬殊的打斗，大老鼠目标比小老鼠大，所以还是挨了我两棒子，当场晕倒。我小心翼翼地将它装进垃圾袋，在袋口打了一个死结。我正准备提着它出去跟我妻子炫耀，却看到她正在窗户外看着我。

她显然看到了整个过程。我突然觉得脸一热，一种懊恼的情绪在内心生成。我将这种无处消解的情绪迁怒在老鼠身上。我知道它还没死，于是拿了一把火钳，钳住它的脖子，把它放在臭水沟里溺水，每隔两分钟让它浮出水面呼吸几次，就这样反复折磨，直到它不能动弹。

我老妈挎着一篮子青菜从巷口走来，问我："阿浩你在做什么？"

我答，没做什么。

我站起来，这个瞬间仿佛回到了三十年前的童年，我在臭水沟旁边溺死一只蝗虫，时空流转，时空又并存而未曾消失，仿佛刚才的一切只是一场梦游。

5

夜深人静的时候，我再次打开我外曾祖父惊心动魄的日记。我在电脑前重新梳理了一下，很快就理清了头绪：壬戌年是1922年，这一年8月2日有一场史上罕见台风，八到十二级的大风在潮汕地区整整盘旋了一天两夜，风暴所过之处，死伤无数。对这场骇人听闻的台风，史称“八二风灾”。

当晚我查阅书柜上的《潮州志》，赫然发现这样的记载：“下午三时风初起，傍晚愈急，九时许，风力益厉，震山撼岳，拔木发屋。加以海汐骤至，暴雨倾盆，平地水深丈余。沿海低下者且数丈，乡村多被卷入海涛中。已而飓风回南，庐舍倾塌者尤不可胜数。灾区淹及澄海、饶平、潮阳、揭阳、南澳、惠来、汕头等县市，田园湮没，堤围溃决，人畜漂流，船筏荡析，衣履系于树杪，轮船搁于山上。财生号被风吹上妈屿外之孔蓬山，山东号搁于礐石狗母涵山腰，潮汕小火轮二艘搁于潮阳后溪蝴蝶交山腰。受灾尤烈者，如澄海之外砂竟有全村人命财产化为乌有。计澄海死者二六九九六人，饶平近三千人，潮阳千余人，揭阳六百余人，汕头二千余人，统共三万四千五百余人，逾月而山陬海隅积秽犹未能清。”

到底死了多少人？我打开谷歌查资料。网络资料显示，潮汕地区大约有八万余人遇难。这个数字显然并不完全准确，也有人估计遇难人数超过十万。当时康有为等名流听闻了灾情，也在报纸上登出广告，义卖书法作品赈灾。而当时国内战乱频仍，政府救灾不力，更多还是依赖华侨及民间团体的救济和自救。

有了这样一个背景，我重新沿着外曾祖父的日记回到1922年的春天，接下来要发生的一切就显得十分富有柔软的弹性。1922年春天发生了几件事，都十分耐人寻味，我将这些事件归纳如下：

第一件事是拆老屋。拆除老屋腾出地基，另外购得隔壁一间破旧的猪圈，也一并拆除作为地基。在老屋地基的基础上建新屋，主要出于风水上的考虑。

第二件事是拆屋的进程一度中断了一个月，原因是在老房子的土墙里挖出两块花岗岩的石碑，上面刻有一些符咒一样的符号，形状怪异，大家都觉得不太吉祥，于是停工。我外曾祖父花了十多天的时间，将这两块石碑的四面都拓印下来，他对这些铭文十分好奇，一度以为他们是甲骨文或西夏文，但翻查了有关典籍，都不太像。

第三件事是那年夏天，江浙一带发生了大水灾（我通过谷歌查找了一下，六月确实有一场大水，淹没了很多地方），加上北方的战乱，陆续有一些难民经由福建往南走，半步村也接济了一些难民。

第四件事有必要多说几句，因为它在日记中的篇幅最长。当日两个和尚从北方来。半步村的人所谓的北方人，是指半步村以北的一切人。两个和尚，一老一少，说是来自黄山脚下的玉泉寺，他们声称能摸骨看相看风水，驱邪除魔保平安。我外曾祖父在日记中这么描述这两个人：老者白色长须已经变黄，小和尚头上已经长了寸发，衣衫褴褛，面容枯槁，扶杖而立，颤颤巍巍。当路边商店里好心的人们给他们俩端来两碗水的时候，他们两手颤抖，几乎连碗都拿不稳。天气炎热，两个和尚在村口的大榕树下面露宿倒也不碍事。碰巧我外曾祖父因为家里的老房子拆了准备重建，也正借住在榕树下一间竹子搭成的小房子里。那是一个亲戚用来存放农具及渔网的。就在和尚到来的当天晚上，半夜里老和尚来敲门，希望小和尚能住到竹屋里来。问其故，老和尚说小和尚是阴阳眼，能看到常人看不到的东西，在这池塘边不干净的东西太多，他有点受不了。小和尚站在老和尚背后，双手互抱藏在袖管之中，脸色苍白，瑟瑟发抖，他对外曾祖父说，池塘边一片婴儿啼哭的嘤嘤之声，还有许多小孩在池塘边徘徊戏水，阴气太重，再不避开他怕自己会大病一场。外曾祖父心中暗自称奇，这池塘，恰好是半步村人处理流产儿童的地方。凡有流产或夭折的小孩，一般都会放到这榕树下的池塘之中。这里刚好是大池塘活水进出的地方，碧河之水通过河堤的暗渠，便从这里穿过，人们相信水流能将污秽的东西带走。而这两个外来的和尚，如何准确知道这个，难道真有鬼神之说？于是他将两个和尚都请进了竹屋，竹屋太小，那一夜，两个和尚只能席地而卧。但老和尚说，他们已经有一个月没在室内睡觉，一个月来，小和尚第一次睡得这么好。

次日清晨，外曾祖父邀请两位和尚一同到建屋的工地去看看，两位和尚绕着被拆得七零八落的老房子转了一圈又一圈，两人又私下耳语了一番才朗声对我外曾祖父说，公子，你这房子建不成，建议还是一个月之后再建，最好能带着族人逃离此地，半月之后再回来。

那一天工地上既有拆房子的工人，也有建房子的工人，他们都是村里最有名的工匠，他们对和尚的话非常反感，以为和尚是在质疑他们的手艺，纷纷围过来理论。两个和尚显得十分不安，他们对这些大汗淋漓的汉子们感到恐惧，但和尚的口舌显然也不太伶俐，他们十分艰难地解释刚才的话，却又吞吞吐吐，似乎有什么忌讳不可直言。但当他们说出“半步村将大难临头”这句话的时候，村民已经将他们团团围住，外曾祖父怎么也插不上话。最终，和尚因为妖言惑众引发众怒，被推搡着押到大榕树下。有人叫嚷着要烧死这两个妖僧，于是和尚被绳索捆成两个粽子，被吊到树上。他们太瘦也太轻，一阵夏风吹过去，他们竟然打起转来。

“会刮大风——”小和尚喊道。

但围观的人们已经笑起来——“风吹得你们打旋，你们就说会刮风，半步村见过的大风还少吗？”——太阳此时已经升高，气温也开始升高，人们纷纷从田地里回来，许多人围在凉风习习的榕树下，边擦汗边看热闹。“烧死他们！”人们起哄道。

大暑刚过，我的老祖宗不止一次在日记里描写那个夏天的炎热，热得出奇，热得令人窒息。而此时，距离八二风灾的到来，只有不到一个星期的时间。

6

同样的夏天，闷热，多汗，空气里塞满了蝉的叫声和无边的空虚。暑气渐渐消退的时候，我会到夏雨斋溜达一下。我对时空那头的1922年的关注，让我一次次重临这个地方，后来，我这个不爱做家务的男人，居然也带着扫帚和抹布，开始打扫夏雨斋。

妻子对我的行为表示不解，她说："你没事吧？"这个问句背后的意思，既有对我不务正业的无奈，也有一丝无法言喻的嘲讽。我只能说我最近对古建筑感兴趣，还跟她讲了我最近的研究成果：什么是硬山顶、悬山顶、歇山顶，我都能说得头头是道。为啥研究这些？那理由是十分充分的——古老的屋顶正在消失，被没有任何修饰的天台所替代。以瓦片为代表的文明正在消失，所以要趁现在暑假回到老家的机会，好好研究一下本土文化，挖掘其中的精髓。

我的理由堂而皇之，无懈可击。这样的对话不是第一次出现，而如从前一样，妻子眼睛里的光芒因为我的狡辩而暗淡下去，那是一种深深的绝望。她回到窗前的桌子旁边，坐在椅子上备课，但我分明听到她抽泣的声音。我不知道怎么办，她需要的那些东西，我似乎一直都给不了。结婚四年，就如同念了四年大学，她一刻也没有停止对我的改造重塑，而我是一个永远无法毕业的学生。对她一脸"哀其不幸怒其不争"的表情，我从一开始的愧疚到如今的厌恶，并不是一句话能说清楚的。别人都羡慕我找了一个中学女老师当妻子，非常幸福，假期也统一，但没有人知道每天都要面对班主任的痛苦。她对我寄予深深的厚望，让我开始后悔自己为什么不是一个坏男人。夫妻关系是一个零和游戏，能量此消彼长，所以做一个坏男人有太多的优势，至少可以心安理得地“勇敢做自己”。

我妈眼睛尖得很，她早就察觉我跟妻子之间的矛盾，但她总以一种过来人的口气对我讲述她和我老爸之间曾经出现的矛盾，以一种旁敲侧击的方式教育我要忍让。“我们那时候，东西坏了就修，你们年轻人，东西坏了就换，这是要不得的！”她语重心长，将所有的矛盾处理为小事。而她眼中的大事，是我妻子的肚子，为何迟迟不见动静。我无意间发现她在倒垃圾的时候会特别拨弄一下我们房间的垃圾袋，后来我才知道那是在检查我们有没有性生活。有一次她发现了一只用过的安全套，非常不高兴，她的意思是要赶紧造人，而不应该再避孕。我无法跟她解释，我们都还没有准备好要小孩。“要小孩还需要什么心理准备？”她的眉头皱起来，如果在小时候，这就意味着我必将挨揍。她希望我们早点生孩子，不能太迟：“早点生，如果是女孩，我们就再要一个！”我跟她说计划生育，只能生一个。她也懂，当年没少吃计划生育的苦，还被抓去强制堕胎，但她嘴里还是喃喃地说，最好能再生一个。只是声音变得很小，似乎只是在对她自己说。

她虔诚地到寺庙里去许愿和祈祷，希望能得到一个孙子。为此，她一改以往锱铢必较的性格，不惜重金买来所谓的灵符烧水要我喝，我不喝，告诉她被骗钱了。但她坚持一定要这么做，最后我耍了一个小把戏将那碗脏兮兮的水偷偷倒掉，她以为我喝下去了，才安心地走开。

7

而我心中最为关切的是，两个和尚究竟被烧死没有？

我曾一度怀疑，日记之中对这两个和尚的描写，会不会是老祖宗的即兴创作？两个和尚的胡言乱语，真的就可以招致杀身之祸？大家真的会这么冲动吗？我搜索脑海中有关的记忆，一个词汇从暗淡的记忆之中蹦出来——“外省仔”。“外省仔”是对一切外来人口的称呼，这里头包含的不仅仅是轻视，还有排斥。在我小时候，这个浑然天成的村庄开始有外来人口涌入，他们开始以乞丐的形象到来，和本土乞丐不同，外地乞丐的花样明显更多，吹拉弹唱什么都有，最流行的曲目是《九月九的酒》：“又是九月九，重阳夜，难聚首，思乡的人儿，漂流在外头，又是九月九，愁更愁，情更忧，回家的打算，始终在心头……”后来“外省仔”不再是乞丐，他们越来越多，渐渐成为打工仔的另一个代名词，慢慢融入半步村生活的许多角落。半步村的人们一面惊叹于他们的吃苦耐劳，而另一面又对这种吃苦耐劳表现出不屑一顾，他们和“脏、乱、臭、体力好、不怕吃苦、价格低廉”等联系在一起。对“外省仔”的排斥一直没有停息过，即使我们知道他们很聪明，即使他们能做出比我们更白的豆腐、更好吃的面包。在很长的一段时间里面，半步村的自我封闭表现在顽强的心理意志上。

而仅仅在二三十年以前，这个村庄划分贫富贵贱的，却不仅仅是本村人的艰苦奋斗、吃苦耐劳，而更在于谁家有“华侨”。我们似乎忘记了，当年扬帆出海谋生的华侨，对于他乡的人来说，就是第一代“外省仔”，备受歧视和欺凌。没有人会将这两者联系起来。

那个时候，我的外祖父，那个喜欢在夏雨斋的阳台上养四盆玫瑰的老人，可以昂首挺胸走在大街上，可以非常慈悲地施舍乞丐，便是由于夏雨斋总是会接到暹罗寄来的侨批。人们说我的外祖父是一个“笔下有黄金”的人，意思是，只要他动笔写信，诉说家中的困难，千山之外的地方，就会给他寄来一笔钱。

半步村的人们对于侨批的期待，也和骑绿色单车走街串巷的邮差联系在一起。喜欢捉弄人的年轻人，有时候会骑着单车到夏雨斋楼下，像邮差那样铃铃铃敲响车铃，我的外祖父听到铃声，大叫一声“来了——”，他从阁楼上小跑下来，脚步声里都透着喜悦；待到出门发现被人捉弄，就用他手中的小拐杖敲着门前的地板大笑或者大骂。有一次家里光景艰难，苦等侨批不来，又遭到戏弄，外祖父一通大骂之后，竟然进屋去暗自流泪。

8

和尚在榕树下被挂到当天下午，狂热的村民真的捡来柴火，准备把他们烧死。两个可怜的和尚被挂在树上，苦苦哭泣求饶。这个情景，让我不禁想起小时候有一次村口的菜市场跑进来一条大白狗，它显然迷路了，在菜市场寻找食物。那天刚好下过大雨，大白狗的皮毛都变成一簇一簇的，被污泥粘在一起。卖猪肉的摊主向四叔，开始还丢给它一块骨头，但当天夜里向四叔就按照“见者有份”的原则，给我们家送来一截狗腿肉。

“丢了几块骨头，它可能饿坏了，就赖着不走，傍晚还没人来找狗，我们用麻袋一套，杀了。”

狗被吃了，大家都夸肉新鲜。

而现在，两团肉正被挂在大榕树上。盖上日记，我仿佛看到他们正在我眼前晃动。他们的晃动大约持续到下午三点，村长来了，他让几个年轻人马上去解绳索，把两个和尚放下来；又吩咐人倒来两碗水，他放下他的黑木拐杖，颤巍巍地端着两只瓷碗送到和尚的嘴唇边。村长看起来比他的年龄大，须发皆白更让他仿佛真的老得不行了，其实他才刚过六十岁。他站起来告诉众人，后天就是六月初六，不可造次，惊动了鬼神，不太吉利。他说话很慢，但大家都听进去了，纷纷散去。

半步村的六月初六，这是除了中元节“普渡”之外最为隆重的鬼节，这一天，如果谁家有人去世未满周年，会选择在这一天进行拜祭，仪式颇为隆重：要用米粉蒸制七块两三寸宽、七八寸长的“桥板”和几个“桥墩”，在桌子上砌成一座桥，也就是阴间的“奈何桥”。六月初六天气非常炎热，传说阴曹地府的鬼魂会到阳间来挑西瓜回去避暑，所以这一天活人不吃西瓜，见到西瓜也避之唯恐不及，夜晚更会早早关门睡觉，谁都不想沾到晦气。因为传说有人被鬼看上，就会被雇去挑西瓜，第二天醒来腰酸背痛，口袋里装满了烧成灰的纸钱。

被绑在树上挂了好几个时辰，两个和尚全身都快散架了，他们只能继续跟我外曾祖父挤住在榕树下那间竹屋里头休养。那是小和尚最为恐惧难熬的几天，他几乎夜夜失眠，口中轻声念着阿弥陀佛，第二天说到屋后池塘边洗脚的“东西”越来越多，而我外曾祖父除了声声蛙鸣之外，并没有听到其他声响。六月初六那天晚上，我外曾祖父料定这个有阴阳眼的小和尚会分外难受，于是给他准备了两个棉花团，让他塞耳朵。但是那天晚上，小和尚却神清气爽，既没有蜷缩成一团，也没有跟往常一样瑟瑟发抖，竟然推门而出，在榕树下乘凉。老和尚也非常诧异，跟了出去。黑暗之中，只见小和尚抬头望向天际，天边有一颗不知名的星星，异常明亮。小和尚说，“他们”都走了，因为这个地方即将刮大风，会死很多人，到时“鬼满为患”，所以他们争论了一个晚上，决定提前离开。

“我知道没有人会相信我的话，你的房子真的建不成，还是先离开这里吧。”小和尚在黑暗之中坐着，他形神枯槁，有一种不被理解的孤独。他脸上的神情忧伤而肃穆，良久竟嘤嘤哭出声来。他们商量了一下，说天亮之后他们就启程离开此地。我外曾祖父对他们的话半信半疑，但他依然表示，如果村落有难，他也无法独活，应该留下来帮助其他人。这几句话说得慷慨激昂，赢得了和尚的喝彩。越聊越投机，我外曾祖父来了兴致，他回到竹屋之中，从床底下取出没舍得喝的好酒，取了三只蓝花瓷碗，在树下跟和尚畅饮起来。此时一勾弯月斜挂天际，我外曾祖父取出一沓纸来，告诉两个和尚，他建屋子的时候挖出了宝贝，两块石碑，他将上面看不懂的经文拓印下来。外曾祖父对和尚说，他刚好多拓印了一份，就送给两个游方僧人，希望有机会遇到高人能将其中的咒语或经文译出，送回村北的木宜寺中保存，也算是一件功德之事。老和尚接过拓本，在灯下打开细看，皱着眉头左右端详，只看懂了石碑开头的三个大字：分身术。我外曾祖父并不相信他的话，他并不认为这是什么法术，更觉得应该是大悲咒之类的祈福咒语。

和尚走后的第四天下午，那场已经被历史淡忘的风灾开始到来，大风盘踞在澄海附近长达三十多个小时，两夜一日的时间里，人畜伤亡无数。我透过残存的只言片语，隐约能读懂那一段时间里这偏安一隅的人们的恐惧。大风像是一场没有尽头的长跑，占据了他们生命中的某个时刻，仿佛整个世界就要结束。那些居住在老房子里头的穷人成为风中摇曳的蜡烛，他们的屋顶被掀开，暴雨直接倾注进他们的被窝，狂风直接将他们的锅碗瓢盆卷上天际。无数善良的人们在家中祈求观音菩萨和妈祖的保佑，保佑风灾快快过去；风灾过去之后，他们又祈求在风中走散的亲人能找到回家的路，祈求失踪的人们突然能在某个角落发出呼喊。

9

当天夜里我上网搜索半步村的出土石碑，并没有一块是从夏雨斋出土的。外曾祖父日记中提及的那两块石碑，如果没有猜错，应该是被重新埋进了夏雨斋的地基之中。外曾祖父日记中说和尚认为石碑记载了“分身术”，我倒觉得有几分道理。半步村有许多巫师声名显赫，他们不但能为本村的人们解决各种无法解释的疑难问题，还经常外出游历，很多巫师在附近市镇都有固定的信众。

中午吃饭的时候，我有意无意和我妈聊起当地的巫术，还专门提及“分身术”。对于分身术，我老妈倒不是第一次听说，她说以前有人说矮弟姥就会分身术。这位号称“黑镜婆婆”的巫婆，绰号矮弟姥；也有人说她丈夫就叫矮弟，姥就是老婆的意思。这个总是戴着黑框眼镜的老妇人，据说她能徒手驯服暴怒的水牛；传言她还能将人一分为三，分成分属不同年龄阶段的三个人。每个讲述神奇故事的人都说他曾亲眼见过，但估计应该没有人真看见过。

我妈显然对这些神神鬼鬼的东西见怪不怪，并不想谈这个，她说早上收到一件快递，应该是护照到了，问我什么时候去泰国。我这才猛然惊觉，自己在半步村已经住了将近一个月了。这一个月中，我似乎每天都陶醉在自己的世界里，应该说陶醉在我外曾祖父的世界里。我外曾祖父曾经多次提及分身术，他的念念不忘与我的念念不忘很快重叠在一起。后来他干脆用一个“×”来代指分身术，这个动作表明，他对分身术的认识开始上升到机密的级别。在阅读那本混乱的日记的过程中，我一度怀疑我的外曾祖父有严重的臆想症。他系统地分析了分身术的运作原理，认为一个人可以分成老年、中年、青年三个人生阶段，三个不同的时空可以平行并存。我相信他手上正在阅读从泰国或马来西亚等东南亚国家带回来的巫术书籍，这些书对他产生了非常不好的影响。他甚至认为只要分身术得到推广，他所处的国家的各种纷争也将迎刃而解，因为一支三万人的部队可以变成九万人，三十万人的军队就可以成为百万之师。

我上网搜索分身术的相关材料，无意间看到有一个魔术师表演青蛙分身术的网络视频。他居然能够将一只青蛙分成一只大青蛙、一只小青蛙和一个蝌蚪。虽然蝌蚪和青蛙很快就死了，但这让我大吃一惊。我的搜索进一步深入，这已经远远超出我的专业范围，也完全不是为了写那该死的论文。我开始搜集关于平行宇宙和量子力学的相关理论，开始理解类似多维空间这样难解的问题，并试图摸清一些说不清楚的规律。几天之后，我又有了意外的收获：在某个大型论坛里面，有一个帖子中写了楼主的同事（一个教辅资料的推销员）曾经来到半步村，在停顿客栈里头学会了分身术，并用这种法术将一个女人分成三个而行淫秽之事。这个帖子除了让我欲火焚身之外，还点明了一个道理，那就是分身术并非存在于什么古老的咒语之中，而是变成致幻药物的另一个生意来源。也就是说，是不是这个推销员自己嗑药，然后觉得跟他上床的人都可以分成几个，纯属幻觉。这样一个帖子，无法假设也无法证伪，它让我常常感到恍惚：什么是时间？什么是空间？他们是否连续？还是有看不见的断裂?

帖子里提到的停顿客栈，我似乎有点印象，小时候曾经见过，但后来好像被一把火烧掉了，也不知道有没有重建。我询问我妈关于停顿客栈的事，她摆摆手不置一词，却骂我最近总问一些奇怪的问题。每个半步村人心中都有一个玄冥世界，他们通过特定的道具（比如两块椭圆形的小木块）来预测未来的凶吉，表达内心的悲喜，祈求神灵的庇护和内心的安宁。我理解她的意思：这些神鬼之说，宁可敬而远之，“切莫自以为是”。她又追问去泰国的事情，我随口说机票已经订好了，但其实我正准备着手去订，但还完全没展开。她倒是紧张起来，说订机票也不跟她先说，她什么都没准备好。但其实她半个月前就已经收拾了一袋行李，还经常挑挑拣拣放几张老照片进去，过几天觉得不妥，又将老照片取了出来。就在这犹犹豫豫取进取出之间，多少干净而酸楚的记忆在她内心流过。

10

妻子知道我要带我妈去泰国，那是以前我们结婚那阵子讨论去度蜜月的地方，后来没去成，便将计划降级为海南三亚，但因为大家都忙，婚假缩短，所以又改成厦门鼓浪屿。生活好像就这样，不断在妥协，不断在迁就，不断在降低我们的期望值。她也知道我一直在阅读两本厚厚的日记，但她并不知道我在夏雨斋的阳台上发呆时究竟在想什么。在这一个月的时间里，她写完了三本备课本和几本教辅练习题。我知道她在尽量让自己忙碌起来，她必须不停往时间里头填充各种可做可不做的事件，才能让日子继续运转下去。

我尝试着给家里带回来一只小猫和两只小兔子，希望我的妻子能喜欢，但事实证明她并不喜欢猫，也不喜欢兔子。我记得我刚认识她的时候，她很喜欢各种小动物，当时我发信息告诉她，我在半步村的河堤上散步，看到一池漂亮的荷花，很美。她说她喜欢美丽的花草，也想养一条小狗，她还将我的那条短信收藏了很久。我很高兴，认为自己遇见了一个善于发现美的女子。在我眼中，一个女孩如果能发现美，就说明她聪明又善良，而这两者基本就是衡量一个女人是否容易相处的最重要的指标。

在外人看来，我们一个是大学老师，一个是中学老师，出双入对，应该和谐而恩爱。但在这一片祥和之中，大概也只有我们才知道危机所在。有那么几次，在深夜，她背向我侧卧着，用因哭泣而变得含混的声音对我说："崔浩，要不我们离婚吧，趁现在还没有孩子。”

我沉默以对。在这样一个关口，我不知道接下来会发生什么，我也不知道什么样的决定是对的，我发现很多人也和我一样，对于婚姻的厌倦找不到理由，而保持婚姻的理由仅仅因为对于换一个结婚对象就会变得更好完全没有信心。既然换一个人也会如此，不会更好，那为什么不凑合着过下去呢?

我的妻子骄横、偏执而隐忍。和半步村其他的女性一样，她在别人面前永远会扮演一个好妻子的角色；她有时还会下厨露两手；我想做爱的时候，她会躺着配合我，但她从来不肯叫出声来。她忍着，即使是在最需要释放自己的时刻，她也忍着，只把手伸向我的后背，狠狠地掐痛我。

所以，她没有什么不好，也应该说没有什么缺点。她演得很好，她只是希望我能更好。她像一个封闭的圆形，她希望我能变成一个更大的圆形把她圈在中间成为同心圆。但我一直是一条不规则的曲线，我并不能满足她对于一个男人的想象。我大概早就将自己这个角色演坏了吧：“大专院校助教，一直是助教，这简直让人无法忍受！”

有时候我也会想，不能总让她觉得我需要改造，有时候是不是也应该让她认为自己应该在我身上寻找优点、发现美呢？是她没找到足以驯服她的男人，还是她会永不知足？如果她嫁给奥巴马，会不会嫌弃他太黑需要变得更白呢？——这样的问题自然有助于缓解我内心的压力，但并无助于我们关系的改善。

所以在我邀请她一起跟我和我妈去泰国时，她拒绝了。然后她说：“我劝你别去，你会后悔的。”顿了顿又说：“泰国有什么好玩的！”我将之理解为她不喜欢泰国，而不知道她此时正怀着我的孩子。而就在我登上去泰国的飞机的第二天，她并没有如约回到娘家，而是走进东州最好的医院，准备去堕胎。在去医院的的士上，她将手机里关于我的照片，一张一张删掉了。

11

飞机降落在素万那普机场，我妈才深深呼出一口气。三个小时前飞机起飞的瞬间，她突然抓紧了我的手，这让我有点难堪，也有点难过（那只手握起来是多么陌生而生硬，我已经多年没有碰过，虽然长大后我碰了不少陌生女孩子柔软的手）。飞机终于平稳了，我妈看到了漂亮的云海，她非常激动，探头到窗口一直看着。过了很久，她看累了，她说，怎么除了云还是云，上面什么都没有。我笑而不答。是的，蓝天白云，这里很美，但所有的美都意味着单调，只有丑才来得千奇百怪。

我的英语很蹩脚，口语更差，但幸好网上有一些非常详细的攻略，按照攻略上面的指示，我很快就找到了机场底层最角落里的机场员工餐厅，这里头的东西果然便宜又好吃。我妈说，这么新鲜的水果，你应该把你老婆也带上的，书倒是应该少带点。

我背着外曾祖父的日记出来，这样无论我走到哪里，都如身处夏雨斋，可以继续跟随我外曾祖父的脚步，回到20世纪初。台风退去之后，又接连下了三天的大雨，碧河之水漫过了河堤，空气里弥漫着腐烂的味道。这种乱糟糟的感觉我经常在火车站里感受到，但在曼谷火车站，你不会有这样的感觉。虽然说是首都火车站，但火车站其实很小，大厅正中挂着泰王的巨幅照片，各种肤色的人们在靠背椅上休息等车。我买了两张从曼谷到四色菊府的火车票，票价651铢。

趁在火车站溜达的空隙，买了一张泰国的手机卡，上网速度非常快，打电话也便宜，于是给妻子打了一个电话，通了，但没人接，发了一条微信告诉她新号码，便上了火车。这时我突然想，可以试着用侨批家书上面的地址到谷歌搜索试试，果然，不但找到了具体的位置，还有一个主页，上面有一个电话号码。电话拨过去，一个年轻人的声音用泰语在说话，我用潮汕话回应。那边停了半晌才用生硬的潮汕话回答说："会听，不会讲。"询问三舅公，说已经死了；我妈登时就落泪了。又问还有谁在，说三老妗去拜佛，中午才回来。就这样算是联系上了，省去了许多不必要的麻烦。

火车继续往前开着，仿佛将要打开一个世纪遥远的时空之锁。一路向东，火车整整开了十三个小时，窗外无一例外是田野，以及突然长在田野中的树。

四色菊府的火车站比曼谷更小，就是一排平房和两条铁轨。整个四色菊府比我想象中的小得多，它更符合"城镇"这个词的本义，像城市的小镇，没有高楼大厦，慢节奏，人们生活朴素自然，拜佛祈福，看蓝天白云。和尚就是和尚，不用有丝毫怀疑，赤足行乞百家饭，给人们带来祝福，谦恭严肃，十分敬业。

七十多岁的老妗是个虔诚的佛教信徒，她开着一辆福克斯慢悠悠来火车站接我们。她戴着老花镜，车座位调到最前，鼻子都快顶到方向盘了。她十分祥和，牵着我妈的手边走边聊。那些关于潮汕话能畅行泰国的传说在老年人身上还能存在，而在年轻一代泰国华裔身上已经绝迹。老妗的子孙众多，子女一代尚能听懂一点潮汕话，能说一两个简单的词汇；而孙子孙女那一辈，完全听不懂潮汕话了。我和这些年轻的亲戚交流，只能用潮汕话加上英语再加上手势辅助，才仅仅能表达最粗浅的意思。但他们总是哈哈地笑着，非常爽朗，并不像国内的年轻人，很多都是心事重重的样子。

因为有祖辈的打拼，他们在当地已经有了殷实的经济基础，可以看出，年轻一代已经完全适应泰国文化，不再有异乡人的感觉，对于血脉上的事情，年轻人也不如祖辈那么关心。对于他们来说，他们理所当然已经成为泰国人，而对于故土的想象十分有限。我想向他们介绍夏雨斋，但忽然觉得似乎已经没有必要了。我妈置身于陌生的亲戚之中，感觉更像是一颗沉重的秤砣。她开口征询老妗关于夏雨斋拆除的事，老人家停了停说，该怎么处理应该由我妈来决定，她不应该拿主意。然后话题又回到桌子上的炸鱼，她让我妈多吃点，但老人家自己吃素。

12

老妗带我们参观他们的新房子和老房子，都是五六层的楼房，里面堆放着各种货物。我对这样庞大的家业并不感兴趣，却留意到这几栋房子跟周围的房子有一些不同的地方，而这种不同却似曾相识，隐约在哪里见过。及至下楼去，在外面端详的时候我才恍然大悟——阳台！这些楼房的阳台无一例外地安装了同一种栏杆，那就是夏雨斋那些绿色瓶子状栏杆！仿佛有一些东西被打通了一样：这样的栏杆同时在四色菊府和夏雨斋出现，而同样区别于周围房子的栏杆装饰。这样的栏杆是不是有一个名称呢？

答案当然只能求助于那两本厚厚的日记本。夜深人静的时候，我打开日记，直接跳读到建房子的片段，一个词汇蹦了出来："绿釉宝瓶柱栏杆。"我顿时觉得这样的栏杆妙不可言，它与那些逐渐消失的屋顶一起，在记忆中复活。百年之中人事变迁，白云苍狗多少轮回，倒是这些房子成为最好的记忆棒，它在沿袭某一种风格的同时，也间接地保留了某个人的喜恶和情感。记忆忽然被打开，我隐约记起童年时候，曾目睹外曾祖母用抹布细细拭擦这些绿栏杆的情景，这位因长年病痛困扰而日夜期待死去的老人，总是在这样的时刻黯然落泪。小时候我并不喜欢这位爱哭的老人，也无法理解她看着下午的阳光渐渐在对面的屋顶消失时的忧伤。有时候我们总是希望生活能像小说或电影那样，只有那么一条或几条主线，然后前后呼应一直到故事终了，但生活偏偏不是这样，它就是一栋夏雨斋书楼，栏杆和屋顶负责了不同的忧伤，每个局部牵系着完全不等量的暗线，即使它们同样沉重。

我以我老妈和我妻子为例，她们合不来，同样沉重，也负责了不同的快乐和忧伤。她们就仿佛是我的屋顶和栏杆，将时光往前推移百年，我不知道我亲爱的外曾祖父是如何处理不同国度之间不同亲人的感情的，难道他真的练成了分身术了吗？一分为二，一个在半步村，一个在四色菊府？若真如此，那倒真是暗含了神奇的寓意。我对自己这样胡思乱想而产生的怪想法感到吃惊，但同时也觉得，大概时空那头我的老祖宗应该也曾在心里闪动过这样的渴望，不然他不至于要在日记里用符号“×”去替代分身术这三个字。那么，不妨假设外曾祖父能够分身，我再带着这样一种假设去翻阅日记，竟有了一些意外的收获——在第二本日记的中间位置，某一日，只写了一句话：“〇〇来过，送来译本，惊喜。午后同往木宜寺。”我怎么看，都觉得这两个圆圈的代号，很像两颗和尚的光头。如果和尚真的回来找他，并送来碑文的翻译文字，那么，日记中弥漫着离别的焦虑，也许会得到解决。

另一个问题是，当我的外曾祖父决定重新出发，回到暹罗时，他为什么要将两本日记藏在箱箧之中，留给并不识字的外曾祖母？他们到木宜寺中，究竟谈了些什么？因为从木宜寺回来之后，次日的日记只写着两个字：绝望。

13

第二天一早，老妗提着油条和豆浆来敲门。她高估了我的食量，又买了一些叫不出名字的小吃，有的好吃，有的并不好吃。这个时候，我妈突然聊起她不识字的外婆，为了那个我妈从来没见过面的外公守寡一辈子，她总抱怨自己活得太长，天灾人祸没有一样落下，都经受了，像一个密闭的瓶子，都封装起来了。老妗很安静地听完我妈的描述，才开口分享了自己的故事，讲她的家公（也就是我妈的外公，我的外曾祖父），来到暹罗并没有像家乡的人想象的那么容易，创业艰辛，“他也想回去，但回不去了，你们那打仗了”；其次是她的家婆，在她口中叫“番婆”，她说番婆脾气不好，外曾祖父死后，她把持了全家的财政大权，日子很难过，“我都被打过好几回”。

这早餐吃得太沉重。我吃完就独自出来溜达，留两个老人在屋里聊天。我再次拨打妻子的电话，这次电话接通了，但没有人说话，过了一会儿，我突然听到一个打喷嚏的声音，声音奇大，是个男人！然后电话就被挂掉了。我再拨，又被挂掉。第三次拨，提示关机。此后数日，妻子的电话就一直关机。我感到心烦意乱，但没有将这件事告诉我妈，怕她担心。

我突然想起临走时妻子哭着跟我说最好别去。“我劝你别去，你会后悔的。”这句话又一次在我耳边回响。“你会后悔的——”我感觉糟糕到了极点。她的电话怎么会在一个男人那里？为什么接通了又不说话？为什么要关机？

我打电话到我丈母娘家，问妻子有没有回去，得到的答案是没有。然后丈母娘问，你这是在哪呀？吵架了？你老婆在哪你都不知道？我回答说带我妈来泰国。“你暑假撇下老婆带你妈去泰国？”我丈母娘很不高兴。我不得不解释半天，最后在非常不愉快的气氛中结束了通话。

我又打了几个朋友的电话，都说不知道；然后，他们也都知道我在假期撇下妻子带着老妈来泰国。我的朋友就会说：“你小子对付老婆有一套啊！要是我老婆，那还不得翻了天啦！”我妻子的朋友会说：“好啊你，娶你妈算了！老婆都不要了？”

总之这是糟糕的一天。我恨不得马上学会分身术，一个留在四色菊府，一个赶紧飞回去看看究竟是怎么回事。以前在路上开车，遇到有人开车不规矩，违规超车，把车开得张牙舞爪，我就会骂说：“这么急？赶回去抓奸啊？”现在我大概不会这么说，因为我觉得有一种可能，我回国要做的事就是抓奸。她在我这边从来不叫床，或许她跟奸夫就能毫无压力地叫喊出来——电影里不是都这么演的吗？

又一转念：或者更坏，失踪……不会是被绑架要赎金吧？转而又对自己一开始的“抓奸”想法感到羞愧。每当我躺下的时候，一些似曾相识的画面就像电影一样在我脑海中盘旋。在睡梦中，那只被我溺死的老鼠仿佛又回来了，它恶狠狠地在我的小腿上咬了一口。醒来时，我发现自己的小腿正挂在台灯上，幸好没把台灯踹下来。

14

所以泰国之旅我是不快乐的。跟我一样，我的外曾祖父在泰国也是不快乐的，老妗说他一直想回到半步村去；同样在泰国，老妗处心积虑想要家族兴旺，她也是不快乐的，她拜佛，她有一种宁静的不快乐；我妈和我妻子都是不快乐的，一种不堪重负的不快乐。不快乐仿佛是一种家族疾病，在根脉之中游走。

相反，这一帮讲泰国话的华夏子孙，围绕着我们，却一直很开心，他们毫无规矩地大声说笑，笑起来咔咔咔，很响。他们在草地上铺上草席，放上炭炉和火锅，很高兴地叫喊着。老妗的儿女，四五十岁年纪的人了，看上去跟我这个三十几岁的人也差不多，甚至比我更年轻，因为他们能跟他们十几岁的孩子混在一起，仿佛也是一个个小孩子。他们谈论着日剧和韩剧，然后问我：中国有什么好看的电视剧吗？我一时答不上来。“我很少看电视。”我说。他们用一款叫LINE的社交工具，问我用什么？是不是Facebook？我说不是，我用微信，脸书我们都用不了。他们又手脚并用，问我有没有小孩？能生几个？“是不是只能生一个？”得到肯定答复以后，他们脸上都挂着同情的表情。“那要是不小心怀上了呢？”我沉默不语，他们似乎也不快乐起来。

“真惨！”他们用泰语对他们的孩子说，“要是在他那边，你们都不会存在。”

是啊，就在三天前，我的妻子正走在去医院的路上，她想去将肚子里的孩子拿掉。对于许多人来说，这真的是一个很小的手术，不用很久，孩子就会被排出来，或者被钳出来。我的妻子交了费，护士十分熟练地递给她一张纸：“签字！”我的妻子拿起笔，眼泪簌簌就往下落。她后来跟我说，如果不是这个带有仪式感的“签字”，我们的孩子可能早就被装进垃圾袋了。但是拿起笔的瞬间，她觉得她拿起的不是笔，而是刀，她用另一只手捂住了小腹。作为一个女人，她正在经历一生之中最为艰难而悲哀的时刻，她不是在保护她的孩子，而是要扼杀掉他来到这个世界的权利。护士对于这样的情况看得多了，所以护士十分机械地说，想清楚再来签字，签字之后就没得后悔。

这是永远想不清楚的。所以我的妻子精神恍惚地往回走。这个女中学老师，走在白雾茫茫的街道上，她身后的医院离她越来越远。“我也不知道走了多远，突然一辆面包车停在我旁边，车窗的玻璃都是黑的，然后车上冲下来三个人，推着我往车上去。这样的情景我在网上看过新闻，我觉得自己应该是遇到劫匪，我在他们捂住我的嘴之前本能喊了一句‘我怀孕了别碰我’，那几个人中的一个愣了一下，就大声说‘算了，抢她的包，不抓孕妇，我老婆过几天要生了’，然后他们抢了我的包就跑上车，包里有我的手机和钱包，什么都在里面，所以你说一直打电话都没通，手机都在贼那儿。我一下子不知道能去哪，刚好附近就是陈小路家，我到她家去，迷迷糊糊病了好几天，都是陈小路在照顾我。”在我回到她身边时，她这样对我描述事情的经过。我问她报案没有，她说没有，全国每天这样的事情太多了，没被伤着就算了，报案也未必能抓到。况且，她因过度的惊吓也病倒了，根本来不及去报案。

“那时我突然觉得你如果在身边还是好的，”妻子把头靠在我怀里，“我独自受不了这些，我受不了！”她呜呜哭了起来。这个石头一样僵硬的女人，终于肯表露她的软弱。女人的软弱，就是她最锋利的武器，我觉得自己的心完全被她的眼泪洞穿，就快碎了。“别评什么教授了，只要你对我们好就好。”她妥协了。她从有了孩子那一刻开始，构成她悲伤的质地并没有改变，但形式完全不同了：这种悲伤的形式慢慢跟我妈趋于一致，她们之间的战争也就更加剑拔弩张了。只可惜我当时并没有及时体察到这样一种变化，跟许多男人一样，我简单地认为怀孕的女人变得更加温柔了，殊不知她们在孕育美好新生命的同时，也孕育了一种与这个世界对抗所必需的坚决，用来保护自己的一切不被侵犯。

15

告别的时候，老妗说，多苦厄就会多福报，以前华侨都害怕回去，乡里亲戚都是穷鬼，现在好了，都好起来了，你们看，华侨并非都是富人，更不是神，都是穷苦人出身啊。老妗这话也是有感而发，在她人生最重要的那几十年当中，总是见到家里不断往唐山老家寄钱，那边不是打死人，就是饿死人，有时候钱寄出去，都不知道能不能收到。我从小也只见到村里人收到侨批的兴奋，却从来没从泰国的角度来观察这件事，毕竟我没有学会分身术。泰币的汇率就是一条神奇的命运线，及至今天，人民币已经比泰币值钱太多，用老妗的话说，寄钱过去都不顶用，还是人民币好使。

在万米高空，白云铺路，飞机仿佛凝固不动，只有阳光分外刺眼。我妈没有来时那么兴奋，她似乎很累了，紧紧靠在椅背上，呼呼大睡。这个写在侨批上的神秘国度，几代人的血脉和纠葛，生离死别的故事，斑斑泪痕中的家书，梦中惊醒而斯人已逝，老人临死的遗愿，全都在这云端里飘散。老妗说她数年前其实来过北京，也去过广州和汕头，但不敢回老家。她也说不清楚为什么没回去，大概是没有准备好吧。我妈当时还喃喃回应：“应该回来的，应该回来的。”老妗说有心脏病的三老舅，也就是她的丈夫，临死前几个月，还挣扎着到机场去，要回唐山，后来被家人硬拖回家。日寇侵华之前，我的外曾祖父让三老舅回到村里学习中文，认守寡的外曾祖母做娘亲。外曾祖母在这个十几岁的男孩身上灌注了自己几乎全部的爱，1942年饥荒之年，外曾祖母变卖所有家当都换不来多少米粮，她自己喝米汤，将带着米粒的粥给三老舅喝。三老舅得了天花险些丧命，她在床头守了七天七夜；三老舅醒来时，只看到她默默在床头垂泪。

苦难年月的恩情无法用语言去描述，苦难加深了亲情的纯度，不识字的外曾祖母，无数次在梦中叫喊着三老舅的名字。醒来时，她走到阳台上，抚摸着这绿釉宝瓶柱栏杆，她一直认为他们父子俩都喜欢这样款式的栏杆。但在外曾祖父的日记中，他却说外曾祖母看到这样的栏杆就眼前一亮，于是他决定在夏雨斋最显眼的地方装上一排这样的栏杆。不识字的外曾祖母可能至死都不知道这样的栏杆是为她而存在，一直都是。

苦难深重的家族记忆，压得那代人喘不过气来。而这些是终究要消失的——夏雨斋就要被拆掉了。我希望能在地里挖出那两块刻着奇怪碑文的石碑，但什么都没有。它们仿佛只在外曾祖父的日记里出现了一下，然后就凭空消失了。我打电话给我研究地方志的朋友，他也怀疑日记里的描述有可能是我外曾祖父的即兴创作，是虚构杜撰的。然后他跟我说他最近在看一些书，有关于乾隆三十三年，也就是1768年中国发生的妖术大恐慌，建议我也可以读一读。他长叹一声，问我："书看得越多越乱，你说当年风靡全国的妖术，究竟是有还是没有？会不会有一些真相是被遮蔽的？"但谁能够说清楚那些所谓的真相呢？就连我外曾祖父亲历的一场风灾，我们都无法确定死伤的人数。我们对于时光的描述是没有细节的，这就是我为什么会认真阅读那两本厚厚的日记的原因。只有在我外曾祖父的日记里，他会详细地描写救灾的情况，会详细地记录一个传教士带着两个修女来到这里，在那棵大榕树下挂了一只篮子，在篮子下方挂了一块木牌，上面用中文写着："请将婴儿放在这里。"那只空篮子一直在风中打转，人们还是习惯性地将刚出生的畸形婴儿丢进榕树下的池塘里溺亡。只有水里才是安全的，碧河之水会将这些不应该被记住的记忆细节全部冲走。

拆迁之前有个工人问我还有什么要保留的没有，我说没有，但很快又改口说，希望他们给我留一根宝瓶柱栏杆，我喜欢这种陶瓷栏杆，想留一根做纪念。那只花瓶状的陶瓷栏杆被我搬到家里去了，但我却一直不知道将它放在哪里更合适。它一直被放在阳台的角落里，跟几只来不及扔掉的啤酒瓶摆在一起。离开夏雨斋，这段栏杆就什么也不是，它成为家里多余的部分，最后还是我将它丢进了垃圾桶，它就是在掉进垃圾桶里的那个瞬间破碎的，哐当一声，仿佛都安宁了。

念彼观音力

1

“昨天早上我去菜市场买菜，看到一条鲤鱼从水槽里跳了出来，重重摔在地上，左右翻腾着，我正想过去把它捡起来，卖鱼的却说，别捡，让它在地上蹦跶一会儿，蹦不动再捡回来，它就老实了。”

她说话，眼睛看着后视镜。崔浩不知道怎么接话，所以他就没有接。

崔浩将车窗关紧，风扇调大。

她接着说：“想着有人说鲤鱼跃龙门，就是说人怎么也得有梦想，你说对吧，但万一你生来是菜市场的那条鱼，总以为跳出去就是大海，谁知道纵身一跃却落在地板上，那怎么办呢？还不如留在水槽里呢。”

崔浩笑了一下，双手在方向盘上变换了一下位置。车子进入匝道，画了一个弧，上了高速，半步村在后面慢慢远退，变小，成为一个不能动弹的名词。对于一个离开半步村多年的人来说，故乡不过是一串包浆的珠子，牵挂摩挲，却早已经看不出最初的模样。崔浩每次回来都是匆匆一瞥，家里只剩下几亩阳桃园子，都是亲戚帮着照看。这一次回来过年，算是待的时间比较长的了，因为年前把工作辞掉了，一下子多出了一个长长的假期来。

她又说："在你们这些读书人面前谈这些，会不会被你们笑？你一定是在心里笑我！"

"快别这么说，"有一种聊天模式叫晒不幸，崔浩赶紧说道，"嫂子你这么说，我想到了我离婚，还有从原来的学校辞职，这些事都像是拔牙，拔出来就不能再种回去，所以啊，即使在地板上蹦跶蹦跶，也没办法了，你看我现在就是蹦跶着了。"他舔了一下嘴唇。最近说话少，偶尔说几个句子，都险些咬着舌头。离婚也不算太大的坏事。要命的是陷入中年的沉重里，意兴阑珊，对什么都提不起兴趣。整个春节他每天几乎都宅在家里写毛笔字，恍惚间都成退休村干部的模样了。

"我知道你之前离了婚，但还不知道你辞职，村里人都不知道吧？"

“是啊，我老妈拦着不让说，觉得没面子。之前我只是讲师，大家都叫我崔教授，现在不在高校工作了，这头衔也就保不住了，我老妈还怎么在村里一波亲戚家里的中学生面前保持权威和神秘感，每逢高考时候，她都非得打电话咨询各种备考填志愿的事情，你说现在高考一年变一个样，每次把我弄得都得去问百度，各种尴尬……”

她沉默了一阵，才说：“好在你现在回来得少，你们的老房子夏雨斋都拆了，你就更少回老家了，所以能蹭你的顺风车，真是踩了狗屎运。”

“你上了车，我倒成了狗屎了。”

“哎呀，我不是那个意思……”两人笑。

车窗上忽然洒下几滴雨，一朵云飘过去，忽然又晴了。南方的天空总是这么忙碌。好吧，总算走在离乡的路上。他已经不太习惯老家的一切。家里人都说他这是城市病，住惯了城市高楼关门闭户的日子，现在一整个假期都躲在二楼，只有吃饭时候才到楼下来。

“那么……接下来有什么打算？”过年嘛，父母都在催问。父母催问的时候眼睛都没有看他的脸，总是看着门槛或者屋檐之类无关紧要的东西。

“先去云南转转吧。”他随口说。

“云南？云南是哪里？”老妈只知道半步村之外的地方都是北方，觉得出了东州市全都是外省的地界，他们对云南是哪里，根本就没有概念。

他朝电视柜下面药箱的方向指了指：“云南白药的那个云南，也不是太远，打算开车回西宠，再坐火车慢慢过去……去干啥？去看看有没有药材生意或者客栈民居生意，到时再看吧。”他不得不撒了个谎，要说是去散散心，发发呆，他们多半不信。

“你说你要去云南？”鹦鹉嫂子问。“鹦鹉”是她老公的名字，表哥走路总是弯着腰，外号就叫鹦鹉。

“我说过吗？”崔浩搜索着刚才的谈话，好像没提到云南呀，他只是刚好在村口，刚好就这样遇到了鹦鹉表哥的老婆，说是搭个顺风车。是他叫住她的，问嫂子你要去哪里。她背着一个书包，上面是彩色的卡通图案，应该是女儿用过的旧书包，一个人低头走在村道上。他在她旁边停下来，放下车窗，把她吓得脸色煞白。

“嫂子你要去哪里？”他又问了一遍。

“你要干……干啥？”她还没缓过来，慢慢才露出一个笑脸，“你要回西宠，那好！顺便载我一程，你看这破地方，公共汽车不通，出租车更不会来，我还想走到国道看看有没有大巴。”

“你去哪？”

“老娘生病，回一趟娘家。”

崔浩开始后悔刚才停车的举动。他大概脑袋进水，以为只是将她带出半步村，放在国道边上的车站就可以；没想到她得知他要回西宠，居然兴致勃勃地要跟着他一路到西宠，然后再转车回娘家。这个远房表哥的老婆，就这样入侵汽车的空间，她稳稳占据了副驾驶座，眼望前方，仿佛这个座位原来就是她的。这让崔浩感到沮丧，又不好发作。崔浩用食指敲击着方向盘，盘算着漫漫长路，该怎么样跟这个半熟不熟的嫂子说些什么。就在这个时候，鹦鹉嫂子不说话了，崔浩第一次感到车厢里有这么多空气。

崔浩干咳了一声，说：“你刚才说到菜市场的鱼，我倒是想起有个哲学家讲的一个故事……”

“说来听听！”她迫不及待插了一句。

“说是有一个人老觉得自己是一粒稻谷，结果就被抓进精神病院，接受治疗，病终于治好了，他也不再觉得自己是一粒稻谷，清楚自己是人类。于是办理出院，但到了门口他又缩回来了，他被一只母鸡吓得直哆嗦。他对医生说，我已经非常清楚自己是一个人，但门口的母鸡它知道吗？它不会吃了我吧？”

崔浩哈哈笑了一下，鹦鹉嫂子却问：“然后呢？”

“没有然后，这是一个哲理故事，跟你说的菜市场的鱼有点类似。”

“哦，哈哈。”她应付地笑了一声，声音里充满了尴尬。

崔浩突然觉得很累。为什么要这么累呢？他决定选择沉默。这个时候鹦鹉嫂子突然悠悠叹了一口气，说：“你们有文化的人，会相信鬼神和菩萨吗？你说，人死了如果下地狱，阎王爷如果要把我变成一条鱼，或者变成一粒稻谷，你说我能不能跟他讲讲道理，让他别罚我？”

崔浩摇摇头：“这个不知道。”

“就知道你会说不知道，你又没见过鬼。”

“你见过？”

“我见过。”她答得干脆，这斩钉截铁不容置疑的语气，让崔浩又不知道怎么接话。

她打了个哈欠说，既然已经上了高速，她就睡一会儿。她还真说睡就睡，右手肘靠着车玻璃，头靠上去，很快就进入睡眠状态。

“农村妇女。”崔浩脑海里闪过这四个字，同时也闪过对这种念头的忏悔：不应该瞧不起她，说睡就睡对许多所谓的知识分子来说简直就是奢望，大学里有太多老同事都是失眠症患者，能睡个好觉就是最大的奖赏。去年就有人因为一个星期没睡而跳楼自杀。这些年来，他也奇怪于自己总是如此，一边总有歪念头，一边又总为歪念头不停进行自我审判。车在疾驰，这是车上静默者的游戏吧。大概每个人，可能是一条鱼，也可能是一颗稻谷，或者同时是鱼和稻谷。

她呼出一口气，调整姿势，外套挪向一边，露出里面粉红色的衬衫，扣子没扣好，她居然没有戴胸罩。崔浩禁不住多看了两眼，一股热力从腹部升起，整个人忽然精神了。他从内心批判这样一种心理状态，但自己的身体又如此诚实地苏醒了。嫂子大概三十好几了，有小肚腩，腰也粗了，但挺拔的鼻梁还是让她拥有非常好看的侧脸。这个侧脸唤醒了他的记忆，十多年前嫂子刚来到半步村的情景浮现在脑海里。那时候大概也是过年，鹦鹉表哥打工回来，带回来了一个漂亮媳妇。村子里都在谈论她作为城里人的白皙皮肤和自以为大方的做作，前者多少有点女人的嫉恨，后者就比如过年发红包。在碧河镇，村子里过年的红包其实是非常有学问的，这是对亲情网络中亲疏远近的权衡：你给我多少，我给你多少，大概就能取得平衡，这都是非常考验当家的女人的。在你来我往的互相表达中，多年来碧河地区的过年红包起步价一直在涨，从五十块一路涨到一百块。但结果，鹦鹉嫂子每个孩子都给了一个红包，大家喜出望外，结果回家打开一看，每个红包只有五块钱，一时间这件事炸开了锅。因为交换回去的红包可都是五十块、一百块："难怪这个女人姓曲，我看她姓取还差不多！"愤愤不平之后，有些人开始造谣说曲嫂子住过孤儿院，还在城里坐台做过小姐，是做那个的。

曲嫂子却依然我行我素，第二年春节，还是拿五块钱红包招呼大家，大家不接招，她就说半步村风俗不好，红包就是心意，太多钱大家都有压力，大有移风易俗的意思，弄得大家跟他们夫妻俩说话都变得十分客气。鹦鹉表哥夫妇从大城市回来，钱没有带回来，倒是带回来了大城市的骄傲。他们看一切都不顺眼，喜欢发表意见，这里骂一骂，那里批一批，总有发不完的牢骚。从乡镇的破烂公交车、下雨必堵的下水道，到无所不在的垃圾堆，在他们看来通通都应该刷新重来。如果能有一键重装系统的功能，他们一定毫不犹豫换掉这个村。而最需要改革的，是村里逢年过节的拜神，简直就是封建迷信活动嘛！这些话偶尔说说也就行了，说多了就不识趣了。“你厉害你来搞咯！”但很明显，鹦鹉夫妇脾气挺大，却都没什么本事。回乡之后，他们从发廊做起，一路经历卖花、卖自行车，最后才开始卖猪肉。鹦鹉表哥愿意放下身段拿起屠刀，也是因为家里确实穷得揭不开锅了，曲嫂子又刚生下他们的第一个孩子，家里天一亮就柴米油盐酱醋茶，样样都要花钱。终于在亲戚的劝说下，人高马大的鹦鹉表哥穿上了蓝布围裙，站在猪肉砧板后面，带着屈服的羞涩，对大家笑。这一笑果然亲和多了，大家仿佛都舒了一口气，觉得这样奇怪而不着调的一家子总算变成自己人了。像一块凝固的猪油开始在锅里化开了，鹦鹉表哥开始跟大家开玩笑，讲黄段子，调侃别人的媳妇，男人们也开始能跟他玩开了。在半步村，男人们所谓玩开了，无非是打牌搓麻将，自此鹦鹉表哥的猪肉摊通宵达旦，灯火通明。

鹦鹉表哥开始只是玩两手，但大家慢慢就知道了他赌博的天分。确实，他总能扭转颓势，每天赌博赚的钱，不比猪肉摊少。曲嫂子安顿完孩子睡下，开始偷偷抹眼泪，但她把话都咽下去。她明白，能咽下话的女人，才符合半步村对女人的审美要求。谁都不喜欢一个夸夸其谈的女人，任何场合，表达意见都必须示弱，必须克制，只有这样，你在这个村子才能生存得更好。这是她从城市里回来之后学到的最大的生存之道。所以不记得从哪一天开始，她接过婆婆手里的篮子，开始也挎着竹篮带着果肉祭品去拜神。

卖猪肉还是太累了，要起早摸黑，满手是油。在牌局里头尝到甜头的鹦鹉表哥，开始想着改行做点其他营生。半步村很多人做养殖，日子过得都不错，养猪、养鹅、养鸡、养牛蛙……养殖不用每天都做买卖，是按批次赚钱的。但鸡鸭鹅这些动物都太烦了，饿了就叫。

“有没有什么动物是你不去找它，它也能活得好好的不会来烦你的？”鹦鹉表哥问老婆。

“鱼。”

鱼在水里，隔着水，不长毛，不叫——这一切都非常符合要求。所以鹦鹉表哥开了一家水族馆。外面看起来是水族馆，里头其实就是一个小赌场，曲嫂子在店里帮忙卖烟，卖饮料，记录筹码，水缸里的鱼左闻闻右碰碰，看起来倒像是装饰。在村里人看来，水族馆绝对不是村子的装饰，而是一个笑话。村里到处都是鱼塘，大概没有谁会觉得需要弄个玻璃箱子来养几条金鱼。所以鹦鹉表哥的水族馆赌场在一年之后也就输掉了，他这才想起了他的鱼，带着曲嫂子租了个池塘养锦鲤。崔浩散步时倒是去过他的锦鲤鱼塘，离村落大概一里地，竹林环绕，挺安静的。锦鲤不是皖鱼、鲈鱼、桂花鱼，锦鲤是与众不同的，锦鲤是用来观赏的，不是用来吃的。崔浩理解鹦鹉表哥的意思，即使鹦鹉表哥认为所有人都不明白他的意思。

他要一种区分，要出众，即使这样的出众显得像个升级版的笑话。

2

一辆车突然从旁边的车道呼啸而过，崔浩双手紧紧握住方向盘，一股海浪一样的气流涌了过来，整辆车仿佛漂浮起来，崔浩不由得踩了一下刹车。旁边熟睡的鹦鹉嫂子惊叫一声，脚一蹬，头在车窗上撞了一下。

“嫂子，没事吧？”崔浩一边稳住车，匀速前行，一边问。

鹦鹉嫂子揉了揉额头："哎哟，没事，我模模糊糊还以为那辆大货车压过来了呢！"

"这是到哪里了？"鹦鹉嫂子深呼吸了一下，顺便打了个哈欠。她一挺胸，胸膛呼之欲出。她自己大概也注意到了什么，拉了拉外套，身子往后靠，坐直了。但安全带倒是把胸部的轮廓勒得更凹凸有致。

"还远着，嫂子不再睡一会儿？"

"你也不用叫我嫂子，就叫我曲曼吧，我们年龄估计也差不了一两岁，我总觉得比你还小。"

崔浩一笑，带着一丝不易察觉的羞涩。他对自己身体的另一种诚实感到惊讶和不安。这样一个农村妇女，自己怎么会有想法呢？他注意到胯下已经旗帜飘扬，幸好人类都穿了裤子。

车里安静了下来，还是曲曼开始说话："说到年龄，真的过得蛮快，记得当时刚来半步村的时候，什么也不懂，也不知道天上有这么多的神仙，我只知道观音菩萨。"半步村的神仙之多，崔浩到现在也数不过来，除了天公、天后、妈祖这些叫得出来的神仙之外，居然连街头巷尾一块石头也被唤作"石敢当"，初一十五都有人去烧香拜祭，对着石头说着自己的心事和愿望。

“在半步村，一个女人，如果不会拜神，那就不是合格的女人。”曲曼说这句话的时候，有一丝感伤，“这都是命吧。”她说许多东西都是阴差阳错，当时她爷爷要将她嫁给一个瘸子，就嫁在西宠，但她不肯，离家出走，就遇见鹦鹉表哥，才有了后面的故事。

“悲剧故事。”她补充说。如果没有鹦鹉表哥，现在她应该是一家鞋厂的女老板。

崔浩问，瘸子家是开鞋厂的？鹦鹉嫂子曲曼也很爽快，说，现在想想，那个瘸子也不难看，总对她笑。但瘸子就是瘸子，少女时代谁不都是看脸，不懂事。她父母早年离异，十五岁时父亲就去世了，母亲改嫁后就再没联系，家里都是爷爷说了算。几十年前，爷爷被批斗，在台上弯着腰，脖子上用铁丝挂着沙包，血顺着铁丝往下滴，批斗会开了几个小时，爷爷觉得自己挺不过午后。瘸子的父亲是爷爷的学生，这时候冲过来对着爷爷就是一个耳光，把爷爷打翻在地，一顿臭骂，要爷爷跪着接受批斗。小骂大帮忙，爷爷跪着，沙袋落地，勒进脖子的铁丝也松了，命算是保住了。

自此两家成了世交，高二那年，瘸子的父亲来提亲，爷爷做事强势，非得让曲曼定亲嫁给瘸子。曲曼成绩也不好，几番冲突之后选择了翻窗逃走，现在想来，像极了电视剧里的情节。爷爷一直是个傲慢的人，她走了，他也不追不寻，只等着她来认错。“没错，他就是封建！”曲曼离家出走，走了另一条路。

“那爷爷呢？”

“死了，留给我一箱子信，毛笔写的，信封上没有地址，只有我的名字。”曲曼说这句话的时候，仿佛是一尊石像，没有表情，也没有温度。

崔浩伸手打开音乐，许巍的声音在唱：“我坐在我的房间，翻看着你的相片，又让我想到了大理，阳光总那么灿烂，天空是如此湛蓝，永远翠绿的苍山，我爱蓝色的洱海，散落着点点白帆……”

曲曼笑了一下：“你看，车里都是关于云南的音乐，你很喜欢云南啊？”

“也谈不上喜欢吧，最近那边还打人呢，还总是听到导游坑人的新闻，但这种事哪里都有可能发生，至少云南的天真的是蓝色的，不像这里。”崔浩望着前方灰蒙蒙的天色，感觉胯下早已经偃旗息鼓。车在高速上穿行，前后都没有什么车，一片空旷，这条高速公路好像可以一直通向天边，或者某个天涯尽头。崔浩内心浮动着一点小情绪，但他说不出那是什么，身边坐着一个妇女。“妇女”是什么意思呢？讲不清楚，反正不再是少女。记得以前觉得这些生过孩子的女人都老得不行，但年岁渐长，似乎频道都放宽了，这些大概就是“熟女”，像成熟的葡萄那样，比较甜，不会酸。

“打人没什么啦，以前半步村也经常打架的，也死过人，死人其实也是非常正常的事情……哦，就最近，有个老人烧死了，反正卧病在床，两个儿子都各忙各的，他自己做饭忘记关煤气炉，大概后来就烧起来了，整个房子都烧塌了，只能找到几块骨头……”

“啧啧，真惨。”崔浩说。

“可不是，还有人说，老人经常在夜里哭，也不一定是不小心，可能是自己放火的。”

“放火烧死自己？”崔浩在想象那个场景，闻到烧焦的味道，浓烟滚滚，老人卧床就是不起来救火，“也可能是生病起不来吧？”

“谁知道呢！反正村里嘛，各种意外都有，每年都会死那么几个人吧。”

"是啊，不然也不用那么多神仙，整天需要你们去拜了。"

"我还是觉得只有观音菩萨在救苦救难，观音能知道一切苦。而且拜观音，一般就在盘子里摆个苹果什么的就可以啦，她都是吃素的，一炷清香，不像村里有些神仙，狗肉都能拿来拜祭。"

"有拜狗肉的吗？哪路神仙？不会是吕洞宾吧？"

"那一年，我记得很清楚，有一条狗，白色的，非常漂亮的白狗，跑到我们猪肉摊前面，大概就迷路了，我喂了一块骨头给它，它吃完了，看着我，然后走了。可是跑不远，它又回来，在不远处看着我。我再给它一块骨头。它是真饿了，后来，你知道吗，它真的靠近我，我居然可以摸它，它对我摇尾巴，用脸来蹭我的小腿，痒痒的感觉。但就在这时，你表哥，他用网兜就把它罩住了，然后，他们就把它给煮了！煮成狗肉，还拿去祭神！我整整哭了两天，现在想起来还……"她竟然抹了一下眼泪。

崔浩赶紧帮她扯了一张纸巾。

她边擦着泪，边咯咯笑了起来，努力缓解这种尴尬："你看我，你是不是觉得我这种非常可笑？死了爷爷没有哭，死了一条狗却哭起来。”

崔浩不知道怎么接话好，所以他就没有说话。

“爷爷以前说，人是会变的，我没听懂，现在懂了。你表哥以前不会这样的，在城里的时候，他热爱小动物，养鸟，养金鱼，还种多肉。但他竟然杀狗，那时候，我真的太气愤了，现在想起来，也气愤。”

“到服务区了，要不我们停车休息一下？”

3

服务区里，他们去买水果，卖水果的把他们当成夫妻，有些尴尬，但他们都懒得解释。除了水果，曲曼还买了两罐啤酒，大铁罐，拎上车。

“好多年没喝啤酒了，我们穷，我一直都很省，但我其实很喜欢喝啤酒，反正你开车喝不了，我自己喝。”说话间，她喝了大半罐。

啤酒喝下去，她很快就脸红了。她拍拍自己的脸蛋，笑着说话，声音也变大了：“以前，我们在深圳打工，你表哥高兴的时候，会让我也喝半杯，我有点酒精过敏，但我喜欢喝啤酒。他人真的不坏，以前真的还挺好的……”

“这话什么意思？你们平时处得不好吗？”

曲曼怔了一下，仿佛回过神来：“我刚才说什么呢？你是不是以为我们离婚了？不是的！……但你难道不知道，他经常打我？你回来得少，整个村子都知道他经常打我啊。”说这话的时候，她显得十分轻松，仿佛是遥远的事，完全没有刚才谈杀狗时那么激动。

“打女人的男人，我瞧不起！”崔浩不知道哪里来的男子汉气概，仿佛被隔空点燃。

“他不但打我，他连他母亲都打，只要赌输，回家就打人，孩子也打。所以现在孩子经常跟她奶奶住，放学不愿意回家。”

曲曼掀起衣服，让崔浩看腰和小腿，确实都是触目惊心的痕迹。她完全没有意识到她在向一个男人展示她的身体。她居然还是有腰的，不会很粗，这让崔浩感到惊讶。

“那你为什么不报警？”

“报警？”曲曼摇摇头，“你不懂。”

她又喝了一大口：“不聊这个了。谈谈你离婚以后自己怎么解决问题的吧？”

“什么问题？”话说出口，崔浩突然就明白她说什么，猝不及防，没想到自己居然会脸红。

“看看你，脸比我没喝酒还红。”曲曼有点兴奋，开始谈论这两年有了微信之后，村里多少男人戴了绿帽。说话间夹杂着笑声。

有那么一个瞬间，她话语间隐约的信号让崔浩以为接下来马上会有故事发生。

“车震”。他脑海里蹦出这个词，电视里的，狭小的空间，摇晃的车厢，咬住的嘴唇，渗出肌肤的汗珠……

在离婚以前，崔浩有那么两回试图把妻子按倒在车后座浪漫一把，但两回都被拒绝了。一次是在海边，车开到沙滩上，夜幕降临，星野四合，裤子都脱了下来了，但妻子还是挣扎着起来，大喊快透不过气来了，开窗开窗！第二次是在暑假，回到半步村，车停在空旷田野的小道上，前戏都做完了，但妻子总说外面有人偷看，不肯脱衣服。

离婚以后，崔浩突然发现身边连个备选的性伴侣都没有，心空了，身体也空了。曲曼这个不速之客，突然来到他的车里，他在心里盘算着，其实自己跟鹦鹉表哥也不算太熟，这个嫂子只是平时遇到打声招呼。所以如果有什么越轨的事，应该也不算什么吧？他在为自己开脱的同时，又一转念：如果在车里脱光了嫂子的衣服，就是乱伦了。动了这样的念头，已然是罪过的。崔浩微笑着，内心却烽烟四起。

他想起对曲曼印象最深的一次，是在他们的婚礼上，按照习俗哄着鹦鹉表哥喝完酒，就要开始闹洞房。一圈小伙伴都在讨论曲曼的皮肤，来自城市的白皙与光泽，他们都想乘机摸一把。“最好能摸一把……崔浩你就帮我们把风。”正是血气方刚时候，崔浩在脑海里已经模仿了一百遍该怎么上手，但他没有动，所以也不知道后来怎么样了。和嫂子始终隔着什么，这中间需要揣度，需要猜谜语，需要斟酌损益……

然而什么都没有发生，很多事情稍纵即逝，连一丝犹豫的痕迹都没有留下。一场暴雨让车速慢了下来，也让话题回到了这糟糕的天气。“去他妈的天气！”崔浩他只能这样随口骂天气，他不明白刚才暧昧的话题是怎么样还未开始旋即结束的，四周突然安静下来。雨水从天上倒下来，闪着黄灯的车子在缓慢移动，就仿佛是大海中的一叶孤舟。而暴雨中还有一场没有完成的性事，即使这只是崔浩的理解，它或许是一场气势庞大的性事，但没有了。思绪浮动，崔浩在考虑如果这个时候停车做爱，他是否真的有勇气吻下去。但曲曼显然并没有考虑这些，她的啤酒已经喝完了，眼睁睁看着前面的雨幕，挡风玻璃上有忙碌挥动的雨刷。

曲曼开始哭泣。按她的解释，喝完酒，她就想哭，这是自然而然之事。她以前身边的朋友们都知道她这一点，会在她喝完酒的时候原谅她的放纵。“我去参加爷爷的葬礼，其实也不是葬礼，就是烧了埋了，我都觉得他是在骗我，觉得他没死，就在某个角落看着我出丑苦恼。活着的时候，他常常拿他的死来要挟我，什么不嫁人他死不瞑目之类的陈词滥调，他在他嘴巴里死了太多次，让人都麻木了。”爷爷去世之后，她去看过医生，吃过一段时间抗抑郁的药。从那一刻开始，她就已经没有朋友。她抽泣着说，有时候会想，她仿佛是被绑架来的，被爱情之类的概念绑架了。那时候满脑子是不切实际的幻想，还以为找到了一个能对自己好的男人，其他一切都是可以让步的。但到头来，落得这样的下场，看大雨下得这么大，她感觉自己整个人都要爆炸了。崔浩说，要爆炸，也别在车里爆炸，会把车子炸飞。崔浩说，他现在没有老婆，也没有工作，就只剩下这辆破车了。

“啊——”曲曼抱着头在车里大叫了一声，把崔浩吓了一跳。

“我们还是下高速吧，找个地方暂时避避雨吧，这样的大雨开高速太危险了。”崔浩轻声建议道，他心里的另一个声音却在说，他真的不是有意要安排去开房什么的，但一些预设的画面还是掠过脑际。

“我这是在干啥呢？”开车下高速的时候，他在心里问自己。

4

在一个海边小镇的宾馆里，他们过了一夜。镇上也没有什么像样的宾馆。这是一间双床房，两盏床头灯都是坏的，在两张床中间的墙壁上另外安装了节能灯泡。谜语一样的灯光并没有把整个房间填满。墙上挂着一个破电视，只有一个台，崔浩打开电视，正在播一条新闻，说有个人乘氢气球打松塔，被风刮走了，至今三天了依然下落不明。没什么好看的，崔浩关掉电视。窗外是车来车往的高速公路，窗户上方一台破空调呼呼地吹着，偶尔会发出咯咯的声响。关了灯，高速公路上的汽车灯光不时照进房间，搞得像舞会一样闪烁。崔浩干脆把窗帘给拉上了。雨早就停了，他们没有人想赶路。两个幽灵，各怀心事。

自从进了房间，曲曼就变得安静，不怎么说话。跟车上肆无忌惮询问崔浩如何解决生理问题的样子相比，她似乎换了一个人，神情十分沮丧。她问崔浩微信里有没有半步村的朋友，崔浩说不多，但也有。她把手机拿过去，专门找了半步村的人翻了翻朋友圈。崔浩这才注意到她似乎没带手机。她说她早上走得太匆忙了，手机放在鞋柜上，没有带。崔浩笑她，说她一定是想借他的手机查岗，看看鹦鹉表哥在干什么。她没有接话，也没有笑，只是好像嘟囔了一句什么自责的话，然后倒头就睡。抱着她自己的被子，睡觉前她拿出纸巾擤鼻子，声音很响，似乎还在抹眼泪。

崔浩将之理解为内心矛盾，也猜想她并不是十分开放的女人。

“你说村里现在很乱，你有过吗？”崔浩试图将话题引回到前面暧昧的语境。

没料到曲曼开门见山：“我今天来月经，所以跟你住一间房也无妨，你别多想，想干啥自己到厕所解决去。我累了，想睡一会儿，醒了之后，我想你帮我个忙。”

她缩进被窝里，没多久，就发出很响的呼噜声。

农村妇女！崔浩内心重新浮现这个词。她怎么这么能睡！他突然想，他今天这样算是什么事？如果被熟人碰到，叔嫂共处一室，这消息传到半步村去，还不死翘翘了。两人在大雨中跑来开房，但氛围有点诡异，他不知道该如何开始这个故事。现在已经不像以前，约个小女生开房，大家都心知肚明，各取所需罢了。大概是人越活越小心，总是追问意义。更关键是，进了房间之后裤裆里一直软塌塌，就没有奋勇向前的动力。他将被子盖在身上，手往裤裆里一掏，没出息的东西蜷缩在里头。拨弄了两下，内心居然没有任何波澜。窗外有屋檐上的雨滴打在窗外雨棚上的滴答声，一下下很结实。他想起水手和椰子树，还有布达拉宫的夕阳，没多久，也模模糊糊就这样睡着了。

他再次醒来时，外面天色已经很亮了，只是还有点阴沉，真不知道自己睡了多久。逆着窗口的光，可看到曲曼坐在椅子上涂口红，她长发披肩，身子绷得很直。她换了一身紫色的裙子，裙摆大得有点夸张。

“这衣服好看吗？”她问，“像不像要去结婚？”

“我说出来不知道你会不会笑话我幼稚，不过我现在心里想到一个词。”

“什么词？别告诉我是狗屁爱情之类的。”

“不是的，我想到，私奔。”崔浩呵呵笑了两声，这个玩笑开得有些苍白，曲曼也没有配合他跟着笑。

“崔浩你还不起来？”这似乎是两人一路上到现在，她第一次直接称呼他的名字。

他一跃而起，直接冲进厕所。早就尿急，只是忍着而已。尿完之后，他临时决定冲一下澡。打开水龙头，热水喷在身上，热气蒸腾，一股雄浑的情欲又将他托举起来，借着水流和蒸汽，他在想象中完成了自我的释放。

“崔浩，你好了没有，我有话跟你说。”隔着厕所的门，他还是听清了她的话。

他深吸了一口气，应了一声。洪水已经回到澎湃的大海，一切归于平息，他感觉自己在被重新组装，或者重新被拆解，总之，整个人都松弛了下来。

“什么事？”他站在厕所门口，用浴巾擦着头发。浴巾里有一股消毒水的味道，隐隐透露着腥味。

“也没什么……只是，我突然明白我爷爷，他跪在台上脖子上都是鲜血，我突然明白他在想什么。”曲曼本来盯着他，但突然又退缩了，转头望向窗外。窗外什么都没有，白茫茫的迷雾在浮动。崔浩这才注意到她今天似乎有些异常，她浓妆艳抹，把自己打扮得非常漂亮。“私奔”，他脑海中又闪过这个词，全然没注意到她的哀伤。

她伸手在桌上扯了三张纸巾，擤鼻涕，这才瓮声瓮气地说：“也没什么，可能你要送我回半步村……”

又说：“你也可以送我去车站，我自己坐车回，但我想，你还是送我回去吧。”

又说：“我本来想，找个风景好点的地方，穿着我最漂亮的衣服，我就去死……”说到死，她的眼泪又涌了出来。

崔浩的浴巾缓缓地放下来，感觉到她不是在开玩笑。他想找鞋子穿，但脚是湿的。他突然明白她为什么一路上都在讲她爷爷，讲她小时候。忽然，她说了别样的话题。

“他不是人，赌输了钱，就把我卖了，三个男人进来强奸我。他在外屋听着，抽他的烟。昨天在池塘边干活，他又找我商量，问我可不可以再被搞一次，我成什么了！还问我被搞的时候是不是很开心？你说他是不是变态？他说他喜欢看我被别人搞，他在外屋也很爽，还能还赌债。说话的时候他低头蹲在池塘边弄鱼料，我抡起洗衣板，一把就将他打翻在池塘里。他栽倒在里头，一动也不动，我很害怕，就跑出来了，刚好，路上就遇到你。”

崔浩感觉脑袋里有个炸弹爆炸了，嗡嗡响着。他扶着墙走过去，在床上坐下来。

“你是说，你杀了人？”

她捂住脸呜呜哭了起来，脸上的化妆品全乱成一团，面目瞬间变得狰狞。

“我在想什么呢？”一个女人上了自己的车，她是在逃生，或者真如她所说，是想寻死。而自己浑然不觉，只想使用她身上的某些器官。

“该死！”崔浩暗暗骂了自己一声。

5

“我们必须捋一捋。”崔浩终于用浴巾擦干了脚，穿好了衣服和鞋子。他必须理清楚，不然这样两人算什么？奸夫淫妇杀人潜逃？这不成了西门庆带着潘金莲逃跑了，“你行行好，你不能把我卷进去。”曲曼让他放心，她说她要死也不会拉个人垫背：“你都离婚了，还没了工作。”崔浩内心闪过一丝被同情的温暖。

“你的洗衣板重吗？”

“重。”

“打中哪里？”

"后脑勺。"

"池塘里有水？"

"有水，不深。"

"倒下时他有喊吗？会动吗？"

"不声不响，也不会动。"

"那你怎么知道他死了没？"

"我害怕，扔下洗衣板就跑回家了。现在想，即使没打死，估计也会被淹死。"

"旁边没人？"

"没人，锦鲤池塘很少有人来。"

崔浩注意到床头柜上有一个红色的台式电话，那种葡萄酒的红色。她一定留意到他在看电话机，于是他赶紧问她，那现在你怎么打算？

她张开嘴，似乎很艰难才说出话来。她眼里都是空的，眼泪在眼眶里打转，没说话的时候嘴角会突然变形。但她还是说话了："回去看看孩子，然后去派出所自首。你能不能，给孩子奶奶打个电话，看看她在不在家，我想跟孩子说说话。"

崔浩弯腰从包里找出手机，递给她。她接过来，手在抖。她递回来，报了一串号码，让崔浩帮她拨。电话嘟了第一声，她又呜咽了，抽了一把纸巾擦眼泪。

“喂！”那声音像踩在晒干的花生壳上，是鹦鹉表哥的母亲，“喂！怎么没人说话呢？是不是阿曼啊？快回来吧，鹦鹉他在找你……”

啪！手机被她一把打落在地上，挂断了。

她的眼睛像两个黑洞，充满了恐惧，惊慌失措；她环顾四周，似乎在某个角落有另一双眼睛正在盯着她。

“你别怕，反正要面对，他会原谅你的。”

“不可能！”她的脚缩到椅子上，紧紧抱着膝盖，“要不我还是去死，死了我就可以下去跟他道个歉，菩萨保佑让我遇着他，告诉他我真的不是故意的。”

崔浩把手机捡起来。

“别打！”她声音都发抖，“你带我走，去哪都行，云南！我给你做牛做马，你想怎么对我都行！”她瘫坐到了地上，长裙不像是穿在她身上，倒像是捆绑着她。

崔浩的手停在半空。他看着她的脸，她涂抹成一摊的劣质口红。他看着她的手，“杀过人”的手，他突然感到不寒而颤，一阵哆嗦。

“你别慌！你要相信崔教授！”突然把“教授”这个名

号端出来，他脱口而出，连自己也感到意外。他从来都不是教授，过去不是，未来也不会是。只有现在，他需要冒充一会儿，用一个词汇将自己像个气球一样吹胀起来。他站起来，走到窗边，找到了鹦鹉表哥的手机号码（居然还存着！），拨过去，接通了，一个男人的声音接了电话，信号不好，说了两句才听出来是养鹅的强仔，强仔喂了几声，又叫了几声崔浩（手机里显示了姓名），这时信号稳定了，才告诉他，鹦鹉表哥睡着了，医生刚来过，正在给他打点滴。

“他不小心摔到池塘里，可能是中风了，现在只记得他当年刚回村子时候的事情，后面的事情全忘记了。他老婆也不在，没联系上；你表哥就是离不开老婆，被人照顾惯了，如果他老婆在家，他也不会摔成这样。哦，他还很虚弱，醒来时一直在找他老婆，说让他老婆别去拜神了，观音菩萨什么都不会保佑。”

他没有死！

她安静下来，神情木然。她突然不知道自己应该怎么办，仿佛那些她一直挣脱的，突然之间全部回来了。她站起身，走进洗手间。他听到她尿尿的声音，他听见她打开水龙头的声音，她在洗脸，他都听着，虽然厕所里没有刀片之类的东西，但他还是仔细地听着。她在洗澡，边洗澡边号啕大哭，水声掩盖不了她的哭声。她大概是头靠着墙壁，或者蹲在地上哭。她是在庆幸没有杀死他，还是为一桩失败的谋杀而伤心？

崔浩突然感到难过，他抽了一张纸巾，抹了一下湿润的眼角。但他没有什么眼泪，另一个层面的难过是没有哭声的。荒芜的人生在他面前打开了另一副面目，绝望与虚无，有时候不仅仅是一个词汇，只是一个恐惧会连接着另一个恐惧。有时候他恨自己没有这样的勇气，如果这样的机会再来一次，给自己换一个频道，过另一种生活，清风明月无人管，浪迹江湖度此生。

厕所的门打开了，一股热雾冲了出来，模糊了衣柜上的镜子。曲曼走出来，她只穿着内裤和胸罩，身材比想象中匀称，小腹上有一道剖宫产留下的刀痕。她用浴巾擦着湿漉漉的头发，她的头发又长又密，她似乎也没打算把它直接吹干。她肆无忌惮地打理自己的头发，像一只刚从池塘里出来的狮头鹅一样弄干自己，穿衣服，叠衣服，一言不发，而崔浩的存在已经不太重要。

6

退了房出来，外面从云层里漏下来几束阳光，白茫茫如在梦里。旅馆门口刚好有一家沙县小吃，崔浩提议进去吃早餐。说吃早餐已经不太准确，因为时间大约已经接近中午。曲曼说她不吃，崔浩还是要了两份面条。面条端到曲曼面前，她最终还是吃起来，狼吞虎咽，最后连面汤都喝光了。

她擦了擦嘴，看着崔浩："我不想再过那种浑身发抖的生活了，我已经死过一次了……我死也不回去。"

崔浩目睹了一份面条改变了一个人。吃了那碗面条之后，崔浩才发现曲曼背着光坐着，但背后都是光芒。

"那你打算怎么样？"

"我想去剪头发。"

在小镇的一家发廊里，她给自己剪了个短发。她说她以前是长发，后来鹦鹉表哥经常揪她的头发，打她，拖着她的头发。后来有一回，她干脆就剪了一个光头，这个光头直接征服了鹦鹉表哥，他求饶，答应不揪头发，让她还是把漂亮的长发蓄起来。但他还是打她，只是不揪头发。

"你带我去西宠，我想去鞋厂打工，也不瞒你，就是瘸子跟人合资开的鞋厂，但瘸子永远不会知道我在他厂里的，你放心，我也不会让你找到我。你，还有你们半步村的所有人，你们就当我死了。"

黑镜分身术

第一季：黑镜分身术

1

我们都倾向于相信矮弟姥是不死的。即使在她死去好几年以后，我的朋友都不止一次宣称在村子的某些角落仿佛望见了她，但谁都没有再见到她了，连同她的黑镜分身术。

半步村向来盛产巫婆，她们代表了各种不同的神明，分管各种仪式，比如婚丧有别，仪式程序也由不同的巫婆负责。要结婚，得去问观音娘，她满面喜气，会帮你掐算好良辰吉日，画好符咒，配好红花仙草（即石榴花和菝草），交代好新娘进门的各种诗词口诀。而如果是阴宅问鬼之事，则一般找盲婆婆，她能很好地解释一切异象，告诉你前因后果，比如你家中住着几个鬼，分别有什么来历，何处沾惹了它们，又如何夹带回家，应该用什么方法破解，乃至焚香的次序，桃木剑的摆放方位，无不十分详尽有效。

但只有矮弟姥是全能的神。她在柚园东北角靠近茅厕的那间阴暗的屋子里住着。每逢农历初一十五，她的哑巴儿子——哑叔在门口收钱，有所求的人交了钱，掀开帘子走进去，在一片黑暗中用或激昂或低沉的语气叙述着发生在自己身上的悲喜，然后带着矮弟姥的破解之法欢天喜地离开黑屋子。

2

我爷爷以前的房子和她相邻，只隔着一棵被雷劈过的老榕树。我爷爷当过兵，捕过鱼，卖过牛腩汤，外表彬彬有礼，内心十分傲慢。他难得对另一个老人表现出敬畏，这不仅因为矮弟姥每次都能准确说出各种奇怪的植物的名字（有时我怀疑她也是随口瞎说），还因为她十分灵验的咒语。我爷爷常常被当年战场上的鬼魂所苦，时常会觉得双脚被什么东西抓住，动弹不得，但每次矮弟姥从门口进来，屋内弥漫着煤油灯散发出的那股刺鼻气味，她端坐在椅子上，念念有词，片刻之后，我爷爷的双脚就能缓过劲来，渐渐复苏。

根据我爷爷的描述，矮弟姥代表着四皇爷（至今我都不知道这是什么样一位神灵），能手鞭邪神，脚踩恶鬼，无所畏惧。也就是说，平时的矮弟姥是个女的，一旦她神灵附体，她的声音开始变粗，喉音很重，不知所云，双眼似闭非闭地藏在她鼻梁上那架黑色圆形镜片的眼镜后面。然后她的头慢慢低下去，直至从眼镜的上缘露出她圆鼓鼓的眼睛，直勾勾地看着我们，这时，她开始说话，出口成章，全是对仗的诗句。

据说矮弟姥并不识字，人们无从知道她口中句句押韵的诗句从何而来。我爷爷说，矮弟姥之所以如此厉害，皆因她当年死过一次。特殊时期刚开始，她地主出身的丈夫矮弟吞金而死，人们迁怒于矮弟姥（“黄金交出来！”），将她拉到碧河边上去枪毙，一枪打倒。第二天，矮弟姥居然满脸是血从河边走回家。这一枪没有打死她，反而成就了她，让她这样一个地主婆顺理成章成为碧河一带声名显赫的巫婆。

那个年代大伙都穷，巫婆还不足以成为一个谋生的职业，矮弟姥还必须和儿子一起下地种番薯，日子非常艰难。有一阵子番薯收成不好，她还跟着船帮的且帮主出海捕鱼，但不久船帮就散伙，矮弟姥索性在外面跑了一圈才回来，有人说她去了峨眉山，有人说她去了武当山，但也有人说她其实哪儿也没去，就躲在附近的木宜寺里修行。总之，回来之后，矮弟姥就成了我们村最厉害的巫婆。

3

我八岁那年生了大病，浑浑噩噩在床上发着高烧。赤脚医生来过，羚羊角煮水，味道极苦的中草药以及各种颜色的药粉都吃过一遍，体温仍然不见下降。我眼中的世界一片白雾茫茫，只见屋梁上挂着的那个竹篮子无端在空中旋转。这是我的幻觉，但它就像梦境一样真实。矮弟姥在我爷爷虔诚的邀请之下来到我们家里，她口称神灵法号，焚香三拜，才在我身边坐下，伸手揭开我身上厚厚的棉被，将我的上衣脱下，让我像死鱼一样翻转身体，赤裸着上身趴在床上。她让我爷爷端来一盆温水，取出随身的玉佩，一边用温水打湿我的背部，一边用玉器刮擦我后背脊椎骨的两侧。一直到我背上像有两条热辣辣的火蛇在游动，在互相撕咬，矮弟姥的双手才慢慢停息下来。

“生姜煮水，喝两碗。”她就这样对我爷爷说。从她的口气里，我爷爷明白问题已经不大，激动得泪都快掉下来了，他口中一直在说着我早死的父母，以及我自出生以来所经受的种种不幸。我在床上呼呼大睡一觉，第二天醒来果然高烧退去，活了下来。我爷爷说这场高烧差不多把我烧傻了，起床时居然一口气吃了三大碗粥，于是叫我傻正。村里人都对我爷爷说，傻正好几次大难不死，以前溺水有人把他捞起来，前年没被牛踩死，现在发烧没死，必有后福，你就等着享福吧。

4

此后大概一年时间，我按爷爷的吩咐，在深夜给邻居矮弟姥送茶。这是我爷爷每天必喝的夜茶，但他总是将第一泡茶，冲在一个白色的瓷杯里，让我小心翼翼送到矮弟姥家，顺便将昨夜的那个白瓷杯取回。两个白色瓷杯就这样轮换着，小巷静谧，没有月光的晚上黑暗那么纯粹，只听得到风吹榕树发出簌簌的落叶之声。我在黑暗之中手端茶杯，摸索前进，好几次被溢出的热茶烫痛手指，却不敢丢掉茶杯。这一年之中我摔坏了三个白色瓷杯，爱惜瓷器的爷爷没有像以往一样骂我，而是十分平静地让我到灶台上再取一个杯子，又倒了一杯热茶送去。

“她救了你的命。”每次我表现出不耐烦，我爷爷总是这么说。

矮弟姥从来不拒绝别人的谢意。“来了啊——辛苦你啊孩子——”她每晚都是这两句话，没有更多的台词。她总是用食指的第二指节敲敲木桌子，让我将茶杯放在桌子上。其实她不说话也可以，她不敲桌子也可以，但她总是这么重复着，仿佛这样的言语动作在每一个晚上都是新的。

她有时会将茶杯端起来，象征性地用抖动的嘴唇呷上一口，眼睛里什么都没有；有时候则一动不动盘膝端坐床头，双眼紧闭；有时候还喃喃自语，仿佛同时在和很多个自己说话。只有一次，她让我过去，一手轻轻拉过我的小手看我的手相，另一只手抚摸着我的头顶。也许是由于害怕，我的头盖骨有一种酥麻的感觉，仿佛就要被融化了。她夸了我一通，说我聪明，然后让我注意十二岁时候的劫难。那时我觉得怎么可能有什么劫难，一点都预料不到我十二岁会死了爷爷。

“一个人死了，他不是真的死了，他会在另一个世界活着；一个人不完美，他也不是真的不完美，在另一个世界里，他依然是完美的。”这是我听她对我说过的最长的话。

5

如果不是哑叔的死，村里永远没有人知道什么是黑镜分身术。这种介乎生与死之间的神奇巫术，向来只存在于月眉谷木宜寺相关的一些传说里。也有人说曾经在年久失修的停顿客栈中见过分身术，但终究没有人亲眼看过，或者说，不会有这么多人同时亲眼见证了这样一个历史时刻。

哑叔在我印象中，是个瘦高个儿。后来也有人说他其实并没有那么高，只是当时我太小而已。他总是穿着一件浅蓝色的衬衫，卷着衣袖却并不扣上纽扣，露出里面的白色背心和褐色皮带。至于裤子，经常歪歪扭扭，沾满了泥土。我们并不知道哑叔多大年纪，但他总是满脸胡茬，让人感觉他已经五六十岁了。他没有结婚，有人说他可能不喜欢女人。但他又聋又哑，性格古怪，便又让人感觉他不可能有女人喜欢。逢年过节，哑叔就会在矮弟姥门口摆一张小桌子负责收钱。而平常的日子，那张小桌子上就放着一个红色塑料桶，有所求的人总会自觉往里头放进香火钱，多少随意，不给也行，从来没有人过问。

哑叔死了。死的时候像一只青蛙到处乱跳，大家都说中邪了，也有人说矮弟姥惹麻烦了，殃及子孙。村里的说法是，凡是惊动鬼神之人，多少得付出点代价，要么残废，要么早夭，要么断子绝孙。

那天哑叔到地里栽种番薯苗，天气热，他到水坑里去喝水。水坑里流淌的清泉，看起来十分亲切；而哑叔的动作，也跟他做过千百次的那样：弯腰、掬水、低头喝水。但这次不同的是，他肚子痛，且奇痛无比。哑叔弯着腰回家，刚到家门口他差不多就成了一只蛤蟆，四脚着地，肚子却拱了起来。哑叔嘴巴里只发出吱吱呀呀令人惊怖不安的声音，但却不知道是什么意思。

矮弟姥在儿子的背上接连贴了三道灵符，又喂了自制的草药，却都无法改变儿子变成死青蛙的命运。只见哑叔的脸慢慢变成青绿色，眼睛外凸，冷汗直冒，大口喘气。矮弟姥慌了，她用颤抖的手点燃了三炷香，烧了一道符放在水里，手捏剑诀，口含三口清水喷在哑叔身上。人们很少见到矮弟姥家门口有这么大动静，门口榕树下高高低低围了不少人，大家都不敢出声。一番折腾之后，大家没有看到哑叔如预料中那样站起来，只见他蔫下去，脸色慢慢变得苍白，忽然他抬头，对着自己的母亲摇了摇头，又摇了摇头。

“找上门了！找上门了！找上门了……”她喃喃地说，把门帘拉上了。

6

究竟是什么找上门了，矮弟姥没有说。她将奄奄一息的哑叔抱进黑屋子里去，屋里的煤油灯亮了起来，人们都发出一声叹息，爱看热闹的人陆续离去，只有住在附近的一些人还在窗口、阳台或大树下远远观望。

就是那天下午，很多人看到三个哑叔从漆黑的屋子里跑出来，排着队扑死在门口。屋内传出矮弟姥抽泣的声音。我爷爷壮着胆子掀开帘子，只见屋内一灯如豆，屋子中央放着一把折叠椅和一面大镜子。矮弟姥瘫坐在地板上，背靠着乌黑的大床，呜呜地哭着。

门口躺着三个哑叔！脸朝下，但体型衣饰都一样。

矮弟姥想将濒死的哑叔一分为三来挽救他的性命，这样的做法显然被证明是失效的。就像一个萝卜，如果有一个地方是坏的，我们可以把这个地方削掉，其他地方还是可以吃的。而此时重病的哑叔，他的寿命已经无法一分为三。

“分身术！”人群中有人窃窃私语，这个词像鬼魅一样传遍了半步村。

分身术是最后的一股大风，将哑叔的魂魄吹散了。当天夜里，我爷爷将三个哑叔运到栖霞山上掩埋。我跟在他后面推车子，他说，三个哑叔年龄不同，一个年轻一些，一个年老一些，只有一个与刚去世的哑叔年龄相仿。我爷爷清楚矮弟姥的心思，大概她很想救活其中一个，但终究无力回天。

过了头七的那天早上，天色微明，矮弟姥敲开了我爷爷的门。我爷爷开门时睡眼惺忪，歪着脖子看着这个丧子之人，像是在等待她的指令。矮弟姥没有说话，她穿着以往的那件蓝色衣衫，纽扣斜斜扣在右肩上。在彼此沉默的这段时间里，我爷爷渐渐清醒，他看到她背着行囊，拄着拐杖，看情形是准备远行。矮弟姥开口说话，她先是感谢爷爷多年来对她的帮助，接着说了一些好人平安之类的话，最后才交给他三张符咒，吩咐在我十二岁的时候将三张符咒一起贴在门上。

四周又静默下来，矮弟姥站了一会儿，准备转身离开，我爷爷才叫住她："要不，你把孩子带走，传些道行？"我爷爷回望了我一眼，眼中充满忧伤和犹豫。

"老了，带不动。"矮弟姥头也不回地走了，这一走就是十年。

7

这十年中刮过三次大风，碧河的水有两次漫过了堤岸，雷劈倒了村口那棵大榕树，高速公路穿村而过，毁掉了郑家的祖坟，半步村开始有了一些不剪头发的发廊，破爷的木材厂着了大火，木宜寺的千手观音塔楼倒塌了下来……这些都没有留给我多么深刻的印象，唯有那场雨。那场大雨像天漏般倾注，把爷爷家二楼的屋顶淋塌了。人没有被砸到，唯一的损失是矮弟姥留下的那三道符咒，被大雨打湿泡软成为一团纸饼。

爷爷花了一个下午的时间试图重新拼贴那三道符咒，但它们已经面目模糊。这让我爷爷在很长一段时间里失魂落魄。那几个月半步村小学在重建，我和爷爷路过工地，看管工地的老头是爷爷的老战友，我们被叫进竹棚去喝一杯茶。我们从竹棚告别出来的时候，没有早一步没有迟一步，正好一个巨大的升降梯砸了下来，将竹棚砸个稀烂。看工地的老头死了，我的脚从此也瘸了。爷爷虽只是被一支竹篙打中了腰，伤得没我重，但他目睹老战友被砸成肉酱，又勾起了许多战场上的回忆。爷爷大病了一场，在病中，他总被鬼魂所纠缠而大喊大叫，几天之后就说不出话来，终究在我十二岁那年的冬天去世了。

村里的老人院出面与施工方交涉，施工方到我家里来看了两次，见我孤苦无依，被钢筋洞穿的右腿肿胀未消。眼看我书是读不成了，便让人将半步村小学旁边原来的那猪圈改造了一下，弄成一间店面。但这么小的店面能做什么呢？大家都出主意，但都说不好。我只能风餐露宿，捡些垃圾废品维持生计，所以那里成为一个废品收购站；两年之后，我又将爷爷的牛腩汤锅搬进去，自此以卖牛腩汤为生。

十年。十年时间真的太久了，这期间有两个女孩子常常光顾我的牛腩汤店。其中一个有阵子痴迷文身，还在我屁股上练习刺青，一口气刺了三只半猫头鹰，照镜子看黑乎乎一片。但她们终于还是离开半步村到城里去，她们都说我好，但谁都不愿意嫁给我。

8

矮弟姥重新出现在半步村的那个黄昏，下了一点小雨。牛腩汤店已经开张四五年，我已经正式成为一个掌勺人，不再需要亲友们轮流关照。除了左脸被汤锅烫伤的大片伤疤太难看之外，这个熬牛腩汤的工作还是非常惬意的。大概因为人矮脸丑腿瘸的缘故，大家都叫我“矮脚猫”，后来我干脆就将“矮脚牛腩汤”作为店名，弄了一块铁皮，用红色的油漆喷上店名并挂了出来。

矮弟姥的伞在屋檐下被铁皮招牌上滴下来的雨水打得啪啪作响。她依旧戴着那副眼镜，身上的衣服换了款式，不再是民国风格的蓝布衫。她笑吟吟地看着我，露出一口整齐的假牙。我惊讶得说不出话来，十分职业地邀请她进门来喝牛腩汤。“我吃素，谢谢！”她的话依然很少，更多是笑。她要我帮她煮一碗素面，坐在最靠门槛的椅子上眯着眼睛吃起来。她的雨伞就靠在门边，在干燥的地面上留下了一小摊水迹。

“我快死了，回来看看你。”她脸色红润，看上去还可以活很久。

她花了三天的时间打扫那间黑暗的屋子，将后面的窗户打开（原来这屋子有窗户！），将天窗的玻璃擦亮。她在墙上装上一面大镜子，形状奇特，整个屋子顷刻之间亮堂不少。

9

柚园里已经没有什么人居住了，村里人都搬迁到碧河对岸新屋区去了，老屋区基本没人。但矮弟姥回到柚园，消息还是很快传遍了全村。在农耕时代，巫婆是天然的明星，而在现在，人们只关心她这十年干了什么。果然，不知道谁打探来的小道消息，说矮弟姥在城里不叫矮弟姥，而叫“黑镜婆婆”，因为她戴着眼镜？因为她各种镜子道具？不得而知。但可以确定的是，黑镜婆婆是很多达官贵人的座上宾。据说她救了很多人的命，但她从不收钱，却用一个本子将所救之人的生辰八字记录起来，说是“记命”。“欠我一条命，以后要还。”大家都笑了，将这话当成玩笑。她也笑，很淡然地笑着。

“你要娶老婆。”

“没钱，丑，瘸，没人要。”

“钱会有的，老婆也会有的。”

矮弟姥让我在她屋子的中央挖一个宽半米、长两米、深一米的土坑，还在坑里铺上了稻草。我以为她要使用魔法在坑里变出满坑的钱来，但没有，那个坑看起来像个棺材，她用木板将坑盖住了，还贴了符咒，在符咒上放了三枚铜钱。

“过几天就有人送钱来，你带个麻袋来装钱。”她笑着给自己泡了一杯茶，呷一口，“还是你爷爷泡的茶好喝，我都喝了那么多年，一直记得那味道。他是个怪人，那么多年也不娶亲。”

10

过了几天，安静的黄昏，橘黄色的光线让人感觉好像喝醉了一样。这时，一辆黑色汽车开进了柚园。所谓开进来，其实也只能停在大院门口，门槛太高，过不来。汽车的窗户也是黑色的，看不清里面的人。车门打开，走下来一个穿蓝制服的司机，他小跑着打开后座的门：一条修长的腿伸下来，高跟鞋，然后是头，黑墨镜，黑帽子，帽檐很低，整个人终于出来了（从背影可料定是美女）。她在约定的时间，走进矮弟姥的家。窗帘很快被拉上。从帽檐下面只能看到嘴巴，樱桃小嘴，开口说："怎么还有男人？"黑墨镜对着我。"我的助手。"矮弟姥很低沉地说。美女就不敢吱声。她自己找了一把长凳子坐下之后，竟然啜泣了起来。

"您一定要帮帮我，"她声音甜美，"就当我欠您一条命。"

"这次我要钱。"

女人愣了一下。事先的规矩被打破。"钱……钱有！有！"她打了一个电话，蓝衣司机提着一个箱子就进来了，伸手进来放在门帘后面，便恭恭敬敬离开了。矮弟姥示意我去拿箱子，在我耳边说，你有钱娶老婆了，千万别出声。

屋子里静默下来，天窗上面透下来的光柱刚好打在门神的图案上面，狰狞可怖。

"可以了吗？"女人央求道。

"脱吧。"

女人又转头对着我。

“这瘸子是哑巴，说不了。”矮弟姥说。

女人颤抖着脱下帽子，摘下墨镜。微弱的灯光之下，她的脸比门神还恐怖，歪斜塌陷的鼻梁，糜烂的眼皮，简直惨不忍睹。

“韩国的美容骗子把我害了，黑镜婆婆您一定要救我，我知道您有办法，您要什么我都给！”

“用你七成命，换回十八岁。可愿意？”

女人一怔，矮弟姥又解释道，让你回到十八岁，但你要缩短三分之二的寿命，可愿意付出这样的代价？比如本来你能活三十年，但现在，你就只能活十年。

“十年……能不能多一点……”

“看造化，看你终究能活多长，三分之一……如果心中犹豫，那你请回吧。傻正，把钱还给林小姐！”

“不！怎么样我都愿意，这样活着比死了还痛苦，影迷们要看到我现在这样子……”

矮弟姥缓缓点了点头：“你现在几岁？年龄？”

“我的年龄是秘密，”女人很快意识到自己说错了，“我二十……三十三岁。”

矮弟姥喃喃自语："三十三减去十八等于十五，三十三加十五等于四十八，三个年龄是十八、三十三和四十八。"

"十八岁。"女人的眼里放出了光彩。

11

这是我第一次目睹分身术的操作过程。没有绚烂的烟花，没有蒸腾的烟雾，黑暗空旷的屋子中央摆放着那把折叠椅，墙壁上的镜子蒙着黑布，镜子前面的桌子上放着一盏煤油灯。女人依言面壁而立，喝了符水，焚香，并跟着矮弟姥一起念着所有人都听不懂的经文。准备停当之后，矮弟姥却说，现在只能等待——必须等到月光从天窗照进来，照到椅子上，法事才可以正式开始。在此之前，她刚好有时间和女人聊天，聊她发迹的明星历程，聊她那些负心的男人，聊她未来的演艺事业。这个丑女人在黑暗的掩护之下，语气逐渐松弛，她心中有许多的想法，希望回到十八岁然后重新开始。

"让那些臭男人看看我十八岁的样子！"

今夜的满月特别听话，没过多久就真的将皎洁的光芒灌注进来，像白银柱子立在黑屋子的中央，照在那把椅子上。矮弟姥将自己的黑框眼镜给女人戴上，再让女人坐到那把古老的椅子上，空气里弥漫着紧张的气息。矮弟姥揭开镜子的黑布，房间里仿佛亮了一些。透过黑框眼镜，在墙上的黑框镜子之中，女人看到了一盏油灯还有她自己。矮弟姥说，看着那盏灯，直到镜子之中什么都没有了，就开始站起来。在矮弟姥喃喃的咒语声中，她站起来，看到镜中人还坐在那里。矮弟姥又喊了一句："出！"只见一个面相奇丑的妇人也茫然站了起来。

这时，矮弟姥将镜子的黑幕布放下来，喊了一声："合！"三个人应声倒地。矮弟姥走过去，将女人鼻梁上的眼镜摘下来，戴回自己脸上。

12

十八岁的女人醒来的时候，我已经按照矮弟姥的吩咐，将另外两个人放进了之前挖好的土坑里，盖上了木板。十八岁的女人，青春的从容慵懒还停留在她完美无瑕的脸庞上。

"她们在哪里，让我再看一看她们。"

矮弟姥摇摇头："不能见，不能有三个人同时出现在这世上的阳光里，不然就乱了。自此之后，你也不能再照镜子，镜子里没有你。"

女人离开了，她看起来没有想象中开心。她离开后，我赶紧去打开木板查看土坑里那两个人，但没有人。矮弟姥再次露出她的白色假牙并说，地狱和人间是两个世界，平行交叉又循环，三个人都不是我变出来的，他们只是我从其他世界拉过来，在某个通道中共享了时间。

第二天中午午睡时我鬼压床，梦见有人开门进来杀我，却动弹不得。这个梦在莫吉出现在我家里的时候得到了验证，我确实也是动弹不得。不过逃犯莫吉前来柚园刺杀矮弟姥和我，那已经是两个月后的事了。初冬天气，冷得非常潦草，风无端地吹来吹去。我常常发呆，想念已逝的亲人，有时很欢乐，有时很孤独。

矮弟姥猜说杀死我们应该是那位女明星的主意，但莫吉辩驳说这是明星公司的主意，跟女人无关。聊这个的时候，我们俩正被他倒挂在屋梁上，像两条风干的咸鱼。

“杀了我们，你马上又得被抓到监狱里，很快也被灭口，监狱比地狱好不了多少。”矮弟姥的假牙掉到地上，说话含糊不清，但句句在理。

逃犯莫吉没有说话，他手里捏着刀。

“我可以帮你易容，别人认不出你来，你可以过全新的生活。”

逃犯莫吉没有说话，他手里还是捏着刀。

“我可以变出一个年轻的你，一个年老的你，一个现在的你，你可以选择那个年轻的人去活着，过十年二十年快活日子，就跟转身一样容易。”

莫吉终于说话了：“我不想要年轻的自己，我想要年老的那个。年轻时候我不喜欢自己。”

生意成交了，这个身材高大皮肤黝黑的汉子居然听信了矮弟姥的话，像一个虔诚的学徒一样看着我们，眼睛里充满了迷惑和惊恐。好人莫吉把我们放了下来，他还帮矮弟姥拾起假牙，用清水洗干净才递给她。

分身术又一次出现在这片忙忙碌碌不知所谓的时空里。很快，三个莫吉从灯光和月光交汇的地方走出来，扑倒在地上。我提议趁此机会杀掉逃犯莫吉：“他是逃犯，死在哪里都没人追查。”但矮弟姥阻止了我，她说从来只有别人欠她命，她不会欠别人命。她说莫吉这么容易就相信她，那么莫吉一定是个好人。“要不很蠢，要不很好，估计是个很蠢的好人。”她伸出手指到嘴巴里去调整假牙。在无数次的分身之中，她仿佛看清楚了事情的次序，所以，她又一次说，她就快要死了。

杀手不能杀掉，还得帮他活下去。于是像往常一样，我正想将其他两个拖进土坑里，但却被矮弟姥阻止了：“要使用年老那个身体，年轻的那个就不能消失；年轻的消失了，老年和中年就跟着会消失，这是时间的次序。”

“那怎么办？”

“我来替他们消失，消失了的东西也就不会死了。”她说她下辈子要做一块石头，她还说了一些关于重量和平衡的话。我没听懂，或者说她没打算让我听懂。

三个莫吉茫然地从地上爬起来，他们一个接着一个走出门之后，向三个不同的方向各自散去，什么话都没说。

他们走后，矮弟姥就躺进了土坑里。她将那盏煤油灯带进土坑里，而将她那副黑框眼镜留给我：“透过它，你会知道所有幸福和痛苦都是等量平行的。”她让我带着那箱钱和记命的本子到东州市区去卖牛腩汤，千万别再回半步村了。

我刚摇摆着走出她的屋子，屋子就轰然倒塌了。这个情景与当年我和爷爷走出竹棚何其相似。矮弟姥消失了，她带走了一个隐秘的时代。但我们一直觉得矮弟姥没有死，她只是从土坑里遁走到另一个世界，秋风吹起的时候，她应该会回来，拄着拐杖或雨伞，只是没有人会认出她。

第二季：灯影分身术

1

夏天快结束的时候，我的好朋友施阳才回到育才图书公司。那一天的空调照例开着，玻璃门动了一下，施阳进来了。这个倒霉的教材推销员，他将好几个星期以前背走的那些印刷粗糙的教辅资料和世界名著，原封不动又背了回来。他十分自然地走回他的座位（办公室东北角最靠近垃圾桶的那张办公桌）。这时他才发现那把旋转椅上坐着一个年轻人。施阳还没有意识到自己已经被公司开除了，他很大方地朝那个慌忙让座的年轻人摆摆手说，没事，你继续忙着吧，我先去跟大家打声招呼。

被玻璃屏风隔断的一张张办公桌因为施阳的归来而重新打通了经络，压抑的办公室里响起了久违的笑声。施阳给我们带回来一个消息：半步村小学关门了，许多农村小学都关门了，孩子少了，孩子们到城镇去上学了，想抢占农村小学图书市场的做法行不通。其实这个落后的信息我们每个人都知道，但大家还是十分配合地装作大吃一惊，赞同他的业务判断力。施阳正想和我们说说半步村分身术的事，但领导刚好在这个时候进来，他将施阳叫进他的办公室，很直接就告诉他被解雇的事，让他到财务那里领走那点被克扣得所剩无几的工资。

施阳离开了，关于他灯影分身术的传言，都是后来的事。离开公司后的那段时间，他过得很不好，来找我借过两次钱。他换过好几份工作，包括帮医院洗刷输液瓶、到一家狗肉火锅店的厨房帮忙杀狗、当过两家火葬场的清灰工，都不是什么正经的活计，但养活自己也没问题。问题是他正和一个女孩子在交往，约会、吃饭、看电影都需要钱，所以他来找我，在我的客厅喝了两壶茶，才开口提到钱。

"就借一点，我尽快还。"他这么说，我当然要借他。可他第二次又这么说，我只能借他所提数目的一半，从此以后就再没见到他的影子了。

2

开口借钱之前，施阳对我说过很多话，很多我都忘了，现在想起来，中心意思大概是他倦怠了，想找个人结婚。他说的这个人就是关满。关满我们也都认识，她以前在我们公司做过一个月财务就辞职不干了。大家都猜测她辞职的原因是因为另一个女同事，有人说她是同性恋或性冷淡。关满短发，清瘦，爱穿白衬衫，袖子挽得老高，要不是胸口傲人的双峰，大家都会把她当男孩。

施阳说，他是在关满心情不好找人喝酒的时候将她搞定的。“搞定”的具体意思是上床，也就是说关满既不是性冷淡，也不是同性恋；但施阳又说，他总担心在床上得到就会在床上失去，所以正在努力。他说这话的时候，我不由得看向他的裤裆。他似乎明白我在怀疑什么，又补充说，他那方面很正常，他正在努力其他方面。说着他从口袋里掏出一个玻璃瓶子，里面装着淡青色的粉末。我正想打开瓶子闻一闻，但他一把抓回去，小心翼翼放进口袋里，神秘兮兮地说：

“这是半步村且帮主送我的礼物，他几十年前出海，带回一把淡青色的椅子，放在木宜寺中。不久前千手观音佛像倒下把椅子砸碎了，这是其中一小块。我救了他的命，把他从枯井里背到停顿客栈，所以他送了我这瓶药。”

当我问及这玩意儿可以做什么时，他讳莫如深，跟我说了一个陌生的词汇：分身术。他说在半步村木宜寺，本来有三个和尚，老和尚悟木，中年和尚悟林，小和尚悟森，但他们是同一个人分身出来的，线性的命运被拆分成三个线段，三个人分别选择了人生的不同阶段去生活。

然后呢？

然后他们又变回一个人，就是且帮主。“三个水龙头同时打开，寿命就变得很短。”但对于人生冷淡倦怠的人来说，要活那么长干什么呢？

3

所以，关满毅然接受了分身术的试验，她将一小撮药粉分三次吃下去。那天晚上，施阳终于得到了他想要的，三个关满与他共度一夜，他终于同时占有了一个女人的一生。第二天醒来以后，合成一体的关满蹲在墙角抽烟哭泣。她哭泣并不是因为伤心，而是人生如同一个揭穿了的魔术一样了然之后的另一种空虚。

他们分手了。施阳捏着那瓶淡青色的粉末一言不发。自此之后，施阳仿佛是一个兜售迷幻药的色鬼，他用手机里的软件找到附近愿意一起过夜的女孩，混熟之后就开始玩以一变三的疯狂游戏。其实说她们是女孩不太准确，因为他发现再老的女人也有年轻的时候，再年轻的女人也有老了的时候，所以他的食谱广泛，口味越来越不讲究，形成了一个固定的团队。其中不乏寂寞的富婆，她们给了施阳想要的性和钱，而坐在一旁观看年轻的自己翻云覆雨，常常看得泪流满面。

这样一个游戏总有玩腻的时候，新鲜成了另一种倦怠。再加上无论如何节省，玻璃瓶里的淡绿色药粉也所剩无几了。施阳决定搬家，他想找一处江南古镇，摆个小摊，过另一种生活。他将东西重新整理打包之后，躺在床上迷迷糊糊入睡。他梦见大海，还有半步村的且帮主，他正驾驶着一艘大船，开进一处飘荡着三片乌云的海域。醒来的时候他发现并没有三片乌云，床前站着三个人。

逃犯莫吉将他围起来。逃犯莫吉现在是三个人，拿着三把明晃晃的刀。他们说：

"先生，你得帮帮我，我想合成一个人。"

4

按照莫吉办事的规矩，施阳被倒挂起来。出租屋里没有横梁，也没有树杈，所以施阳被挂在电风扇上。电风扇很古旧，平时转动起来总发出吱呀吱呀的声音，仿佛随时都可以飞下来用三片扇叶轻松削掉谁的脑袋。现在这把破风扇挂上一个人，它竟然还能吱呀吱呀缓慢转动起来。全身的血液倒流到头部，施阳感觉自己的眼睛都快凸出来了，他跟随着风扇的速度匀速地旋转，眼前循环播放着三个莫吉倒转过来的脸。

“你应该去找那个帮你分身的人！”施阳说完就咳嗽起来，他头晕眼花，理智告诉他一定要在死去之前说服眼前这个人。不，这三个人。

“她死了。”少年莫吉说。

“那个巫婆的房子倒塌，她被压死在里面。”中年莫吉说。

“我不知道还有谁会这种巫术，离开半步村之后，我从一名妓女那儿听说了您显赫的声名。”老年莫吉显得很有礼貌。

施阳强调被他分身的人都是一觉醒来就变成一个人，从来没有试过恒久的分身术，他也委实不会什么巫术咒语。但很快他就没有办法说句子了，他只能说词语，因为逃犯莫吉将一张泡湿的纸巾贴在他的鼻子上，他只能用口呼吸。

逃犯莫吉将第二张纸放进脸盆的清水之中，又十分优雅地将纸巾拎了起来。纸巾在滴水，水滴越来越少，但施阳的呼吸却越来越急。

“试试！我愿意……试试！帮你！我帮……我能……”

莫吉还是将那张湿纸巾贴到他的嘴巴上，三十秒之后他才将施阳手上的绳子割断，施阳用手将纸巾扯开，贪婪地呼吸。莫吉不慌不忙，将他脚上的绳子割断，施阳扑通倒栽在床上。

“谢谢！”施阳跪在床上放声大哭，一把鼻涕一把泪，“谢谢！我险些死了！刚才我以为我活不成了！”

“你知道，我从来都没有想过要杀掉你，只是我喜欢按我的方式来，这样交流起来会比较直接高效。”

5

交流是必要的，莫吉开始讲述巫婆的分身术。她所用的道具很简单：月光、镜子、一盏煤油灯、一把椅子、一副黑框眼镜。“没有什么灵魂机器？巨型发电机？”只有符咒一张，燃尽投入水碗之中，清水口服。念咒诵经，月光透过天窗照到木椅上，端坐，看一灯如豆照出好多影子，也看镜子中的自己如何被月光笼罩，直至镜子中那个人突然消失了，站起来，就能看到镜中人还坐在原地。然后……没有然后……就一头栽倒睡着了，醒来时已经是十八岁、三十八岁和五十八岁。

“她还说什么没有？”

“巫术开始之前要等待月光移动照到椅子上。她说我们身边有很多个世界，只是我们看不到，听不到，感觉不到，其实在时间之中重重叠叠有无数个自己，开门关门都有一个自己走进和走出，必须在死亡的那一刻才恍然大悟。”

“我刚才快死了，确实就像自己要飞起来一样。”

“所以，你要将我们合而为一，你看，我现在就是飞出来的。”

“分开了不是蛮好的吗？各过各的生活，齐活。”

“不跟你扯这些！你看，我们的喉结正在慢慢消失。”三个莫吉同时仰起了头，果然喉结都变平了，难怪三个黑男人声音都很尖。中年莫吉扯了一下他的络腮胡子，那些用胶水粘上去的胡子就全掉下来了。

老年莫吉说：“看吧，一分为三，我们慢慢变得不是男人，大概是怕我们分别都生一个孩子出来吧！”他指了指自己的裤裆说，再不变回来，那玩意儿就要消失不见了，现在每天短一点，快成太监了。

莫吉很严肃，但施阳不禁笑出声来。伴随着笑声竟然响起一阵敲门声，门外一个女人的声音在叫："阿施，别笑那么猥琐，整栋楼都听到了，快开门！"

6

来的是关满。关满带来了施阳最爱吃的竹笋面，她让施阳吃面，说有事跟他讲。施阳确实也饿了，狼吞虎咽吃了起来："说吧，我吃完你也刚好说完，就可以走了。"

"干吗？才分手就巴不得我赶紧走，难道家里有其他女人？你收拾东西呢，想跟谁私奔？"关满白了他一眼说，"那就直奔主题吧，我换工作了，跟了一个大老板，做他秘书。反正我也想通了，跟谁过都是过，还不如过得好一点，但是人啊，总是有那么多不满足，我跟他提起你的药粉，他很感兴趣，今天他生日，我想让他今晚高兴一下，你给一点药粉给我，行不？你慢点，小心噎着……你抹什么眼泪……跟你要一点药粉，不至于要抹眼泪吧？"

"你走吧，药粉不能给你，给了你也出不了这门，你走吧。"

"给一点，就三指甲缝的量，行不？"

施阳没有回答，另一个声音回答她："不行！"中年莫吉在关满背后，把门反锁了。老年莫吉和少年莫吉也从厕所里闪出来。

“行啊！”关满站了起来，“哈哈，我以为只有我的想法变了，没想到你变得更快，竟然还玩起男人来了，爱好越来越广泛了！”

三个莫吉同时亮出了手里明晃晃的刀，尖刀将关满脸上嘲讽的笑容全给逼了回去。

施阳长叹一声：“你放过她吧，她什么都不知道……你这傻丫头，我不是让你赶紧走吗！他迟早会杀掉我们的，他一定会灭口的。”

“那个给你药粉的人也在半步村？他死了没有？”莫吉问。

7

在出租屋里待了两天，逃犯莫吉还是决定让施阳带路去半步村找且帮主。他们分成两组，中年莫吉和关满扮夫妻，老年莫吉少年莫吉和施阳扮成一家人，以掩人耳目。出门的时候中年莫吉突然把施阳一把扯回屋里，对着墙上挂的一幅草书书法吼：“说说，上面写着啥字，我都琢磨了几天，每看一眼就纳闷这样乱涂乱画写的是啥？”

“这是一个中学校长送的书法，上面写的是：举杯邀明月，对影成三人。”

“对影成三人？”中年莫吉喃喃念了两遍，伸出毛茸茸的大手，一把将画轴扯下来，揉成一团扔在地上，不解恨还上去踩上两脚，“被那巫婆骗了！以后不准在我面前说‘三’字！”说着他气鼓鼓带着关满走在前面。

中年莫吉这孩子气的行为倒是把施阳逗乐了，他故意高声问：“我说莫吉们，要是千山万水回到半步村还是合并不了，咋办？”中年莫吉回过头来，双眼如炬瞪着施阳，片刻之后才掉过头去继续前行。赶到汽车站已经时近晌午，中年莫吉让关满去买了五张车票。一看时间还早，车没来，于是先找一家小店吃饭。

吃饭的时候中年莫吉忽然问施阳：“你杀过人吗？”

“我杀过狗。”施阳说。

见中年莫吉的脸色一沉，施阳赶紧解释说：“我曾经在一家狗肉火锅店打工，杀过狗。怎么？杀人我不敢，杀狗还行。”

“杀人和杀狗其实一样，没什么技术含量。你今天说得对，要是合并不起来……”中年莫吉停了一下，目光落在少年莫吉身上，“那就执行B计划，让他……”他用筷子指着少年莫吉，“让他……把我和那老头煮熟了吃掉！”听到这话少年莫吉的脸色登时变得煞白，他眨了眨眼打了一个冷战，把碗筷放下不吃了。

这很像一个笑话，但没有人笑。施阳后悔刚才谈论那样的话题，中年莫吉这刚烈的性子要急了大概真的会吃人。关满轻声对施阳说，他走起路来真像电视里的牛魔王。“牛魔王吃人吗？”

8

这大概是夏天最后一场台风，午饭之前天热得像个焚尸炉；午饭吃完，大雨就下来了。水做的斜线东一阵西一阵，落在小饭店的塑料雨棚上，力道很大，跟刀砍一样。少年莫吉就是在这个时候借着上厕所的机会从后门跑进雨幕的。“都怪你！说什么吃人的事，把那孩子吓跑了！”寻不着少年，老年莫吉满肚子牢骚。但中年莫吉什么都没说，他询问了老板娘几个问题，便带着老年莫吉冲进了雨幕。

“那我们怎么办？”关满茫然问。

“逃啊！”

“逃去哪儿？”她一掏口袋，五张车票还在，“对！到半步村去！他们以为我们跑回家，一定没想到我们还按原计划前进。”

风雨中，汽车在盘旋的山路上行驶，就像行走在风口浪尖上的一叶孤舟。极度疲惫的关满靠在施阳的肩膀上，呼呼睡去，鼻息均匀，一种久违的感觉在施阳心中蒸腾。在无数女人的身体分合狂欢之中，在欲望极致细若琴弦的颤抖之时，他所感觉到如萤火虫般微明剔透的空虚，也许正是由于缺少了这样一个充满信任的依靠。或者说，他一直都被安稳和癫狂交替折磨着，在不确定中追寻一种确定，在凝固之中又追寻着奇迹。

施阳用手肘碰了碰关满的手臂：“喂，要不，我们进村去，就住那里，别再出来了？”

关满的回答如针芒让我的好朋友施阳心中七彩的气泡无声无息地破灭了。她说：“那村里蚊子一定特多，你多给我弄点药粉，我回去好给老板有个交代，你自己爱住多久就住多久，跟你在一起尽是倒霉事。”

在那么一个瞬间，施阳认为他心中时时惦念的关满，与此刻话中带刺的关满正处于不同时空。

9

“你们来求生，我却在等死！”且帮主隔着停顿客栈七号房间的门对他们说，“那个来放火的少年到了没有？哦，还没到时候，他快来了，他快来了。”

施阳吃了一惊，这个胖嘟嘟的且帮主，一定在身体无数次的拆分之中清晰地预见了未来。他一遍遍地告诉自己：“我是固体的。”却依然一不小心就习惯性脱臼一般又走出来一个分身。屋内一灯如豆，却人影散乱，他必须满屋子找到他的分身，然后像穿袜子一样重新将他们穿在身上。

停顿客栈的老板金满楼请施阳回到楼下小坐，他说：“你们这些分身乏术的人，竟还能回到这山谷里来，年轻人，好好喝杯甜酒吧！”他给施阳倒了一杯酒，摇了摇头说：“帮主疯了，他说有人要来烧掉我的客栈，让我快跑。”他又摇了摇头：“我不走，要烧的话，就连同我一起烧死。”关满问他知不知道一把可以做成粉末的淡青色椅子，金满楼笑了，露出他金灿灿的大板牙：“都被帮主吃掉了，他吃掉了一把椅子。你们都想吃椅子，你们都生病了。”

脸色苍白的少年莫吉来到半步村时，已经是四天后的事了。他是从东州市区步行进山来的，山路漫漫，这个铁块一样的少年走得跟风一样快。施阳在看他身后有没有跟着谁，他十分果断地告诉他："他们不会来了，或者已经来了。"施阳就不敢再追问下去。他走了那么远的路，开始并没有打算来放一把火将且帮主烧掉的，但他吃完一碗竹笋面之后却这么做了。大火刚好烧掉了七号房间里面的所有东西，但很快就被金满楼放置在七号房间楼上那七个大水缸里的水给浇灭了。大家都知道是他放的火，于是顺理成章报了案，这个干净的少年就成了一个少年犯，十五年之后还会是一个逃犯。被带走之前他对施阳说，他打开门时屋内灯影摇曳，且帮主已经微笑着自己燃烧了起来，仿佛一盒焦急等待的火柴遇见了一丝火花，一支火柴着火了，接着全部火柴着火了，都迫不及待地完成了各自的命运。

第三季：平行分身术

1

巫婆矮弟姥死后，我从半步村搬到东州市区居住，继续卖我的牛腩汤。跟随我一起的，有一个箱子，一个本子和一副圆形黑眼镜。如果你听说过半步村的巫婆矮弟姥，你就知道箱子里装的是钱，钱当然是巫婆矮弟姥留给我的，有多少？不知道，因为我并不打算打开它；本子上记录了一些人的名字、一些符号和数字，像是一个账本；还有那副眼镜，看起来很酷，但据说戴上它，在午夜时分就能看到鬼，我胆子小，不敢戴。

接下来我故事的重点，并不是钱，也不是眼镜，而是我用一个月的时间娶了一个哑巴老婆。这件事如果发生在王子身上，大家都觉得很浪漫；但如果发生在我——一个跛脚的傻子身上，很多人会觉得难以置信。初来乍到一切不熟，我先在东州市区溜达了两天，漫无目的地转悠。那天大雨过后，我穿过一条老街，看到一间小店，开着一扇门和一扇窗。从门口可以看到里头挂着很多衣服、鞋帽、手提包，从没有玻璃遮挡的大窗户可以看到有一个女孩子在里头画画，抬头一看，有一块斑驳的木匾挂在上面，写着：雪竹公主手绘。

我走进店里去，女孩一动不动，也不抬头，她的目光专注于她的笔尖。她的画笔沾着颜料，正在一个白色的手提袋上画龙猫。她的竹青色裙子被收拢起来夹在膝盖中间，并拢的膝盖上放着画板，那个手提袋就摆在画板上。我对她的专注会心一笑，继而转头看这间小店。小店很小，一个转身就可以看完，但用心细视就会发现所有的衣帽上都有一幅清新的小画，画着迎风而立的少女或者胖嘟嘟的叮当猫，线条干净，落落大方。我蹲在她旁边看她画画，她的侧脸很美。没想到这小城老街的姑娘，看起来居然比乡村姑娘还要清澈。我准备离开小店时，她抬头礼节性地对我笑笑，更美，美得像一条蛇，一直钻到我心里去了。我一时间心烦意乱，不知所措。我小时候看过几本言情小说，但我皱着眉头回想了一下，没有一本书里头描述过现在的感觉。

我走出手绘店，一眼就看到对面有一间关门的店铺。一个念头在我心中生成。几天之后，附近的居民就都知道，在手绘店的对面开了一间矮脚牛腩汤店，开店的是一个跛子，样子腼腆，人称傻正。傻正这个名字朗朗上口，叫的人都笑了，我也笑脸迎客，加上我十多年的牛腩汤手艺，很快就为这条小巷增添了一些人气。一些人会选择从小巷这边绕过去，多走几步路便可以顺手带走一份十分美味的牛腩汤回家。不到半个月，我慢慢就和周围几条街的人混熟了，彼此可以轻松地开着玩笑。我也毫不隐晦我的目的，我向每一个人打听手绘店这位姑娘的情况。人们开始总是一愣，然后点头哈哈笑了。

“你这跛子，看上对面的哑巴了？”

“她是个哑巴？”我内心倒是一阵高兴——这下好了！大家都是天残地缺，也没有什么配得上配不上的问题！我心中的石头落地了，感觉离成功又近了一步。然而跟一个哑巴相处，会不会是一件困难的事？好多年没见过哑巴了，这让我想起死去多年的哑叔。哑叔那么憨厚，经验告诉我哑巴都是好人。

“但听说她在隔壁城市有一个恋人……”我心里一冷，脸色大变，街坊们哈哈大笑起来，“你们瞧，这脸挂上霜了……逗你的！好好追吧，我们都看好你！你迟早成为十二指街最会煮牛腩汤的情圣！”

我还没有展开追求就开始造势，哑巴姑娘谭琳一定听到了风声，她傍晚关店门的时候，总是用眼角很紧张地往我这边瞄。在出门回家的时候，她总是低着头，踏着碎步，却不敢再朝我这边瞄。

我的顾客里头只有一个人反对这桩婚事，他叫梁伯，他要大家叫他梁哥，说他没那么老，但大家看他头上花白的短发，就都还叫他梁伯，叫起来比梁哥顺口。梁伯负责附近十条街的清洁卫生，每天一大早就推着垃圾车哒哒哒碾过石板路收垃圾，他干活不紧不慢，总得搞到晚上才回去。有时候收工比较早，他就待在我店里抽烟聊天吃东西，一直到我关店才回去。按他的说法，老伴死得早，回去孤灯对影连个鬼来聊天都没有，太孤单。

梁伯爱喝牛腩汤，经常在我门口的柱子旁边的长凳上靠坐着，嗦嗦嗦就吃完一碗牛腩汤，每次都一定要我再给他添一点汤："太咸了，加点汤。"其实他就是想多喝一口汤而已，我也乐意成全他，多往他碗里倒两块牛蹄筋。

下雨天，大街是不用扫的了，生意也冷清，店里就我和梁伯两个人。梁伯把头靠在那根木柱子上，对着天空说："傻正啊，别说梁哥没劝你，对面那美人你要不到，你没那命，别搭上一生的好运气啊。"

"您老的意思是我没那好运气，娶不到美女做老婆？"

"你还是不懂，她不是哑巴，只是有点不正常，"梁伯的手指在脑门的位置绕了两个圆圈，眼睛瞪得斗大，接着说，"她会说话，只是不跟我们说话，我有一次就见到她倒立着在跟一块石礅说话，就这样，两手撑地，长发都垂到地面上；还有一次我倒完垃圾回家，在巷子里就见到她像是被什么东西追着打，但巷子里空空的什么都没有，你们年轻人不懂，老一辈的人说这叫鬼上身，反正就不太吉利，你最好别靠太近。这么漂亮的女人，如果大家不是觉得诡异，早就被人娶回家了。”

梁伯的一席话把我说得兴奋不已，内心充满了好奇，但又有一点害怕。因为我当时还没有戴过那一副黑框眼镜，对于矮弟姥留下来的分身术理论还不怎么理解，更不懂得平行时空中每个人和他自己有着什么样的错位，又如何在某个通道共享不同的时空，所以觉得这个老头危言耸听，可能是他一时眼花没看清楚便加入自己十分迷信的猜测。

我正想多问一句什么，谭琳刚好关了手绘店，撑着伞十分从容地从店门前走过，她的白裙子在雨中更如一朵百合花，我看得眼睛都发直，连梁伯的叹息声都顾不上了。梁伯断定我已经走火入魔，也没什么好说的，便举着黑伞走进雨幕回家去了。

2

如果按照正常的时间顺序，我必须找个机会亲近谭琳，还要向她送花，从一朵玫瑰到九十九朵玫瑰，我必须经历种种考验，最后谭琳才允许我跟她做朋友，从普通朋友到有好感的朋友再到真正的男朋友，少说也得半年时间。

但不是的，故事不是这样发展的，说起来我要感谢那场台风。那可能是那年夏天最后一场台风了吧，只知道这场台风向东州刮过来，然后就和往年一样，没有打中东州，都按照惯例吹向西宠。所以照例是闷热过后的倾盆大雨，大雨时下时停，下了好几阵，在临近中午的时候下了一阵暴雨，整个天空好像翻过来。雨水并没有把我的牛腩店冲走，却带来了莫吉。

巫婆矮弟姥在去世之前做的最后一场法事，就是将凶悍的逃犯莫吉一分为三，将一个莫吉均匀变成少年莫吉、中年莫吉和老年莫吉。在那个大雨滂沱的午后，中年莫吉和老年莫吉没有任何征兆就跑到我的店里来，他们探头探脑看了半天最后才看到我。看到我之后他们愣了三秒，我想逃跑，但已经来不及了——“这不就是巫婆旁边那个瘸子吗？”——他们如获至宝，很快像捕捞到一条带鱼一样将我倒挂在牛腩店里屋的横梁上。被绑着双脚倒挂在横梁上，这是多么熟悉而痛苦的感觉，我的脸很快就涨得通红，血液倒灌感觉快透不过气来。

“我帮你把脚绑紧点，多挂一会儿，两条腿拉整齐，你大概就不会瘸腿了！”逃犯莫吉在做这件事的时候轻车熟路，我不得不承认他如果愿意到工厂里去，一定是个好工匠。“啪！”绑好之后，他还在我屁股上拍了一巴掌：“哎哟，屁股上还有文身？猫头鹰？”

“还是这样倒挂人，你们一点都没有进步！”

中年莫吉没再理我，他将老年莫吉扶到墙边的沙发上坐好。老年莫吉刚才跑步过来，已经累得像一条伸舌头的狗，嘴里老说着“不行了不行了身体不行了”之类含糊不清的话。

“你把少年莫吉藏到哪里去了？”

我告诉他我只对女人感兴趣，藏一个小孩？我暂时没有恋童癖。

“他走丢了，”老年莫吉边喘气边说，“但他不可能会走丢的，我们三个人，本来就是一个人，我们知道他来到你这里，藏在某个地方。”

“你们一定弄错了，从早上到现在我一直在这里捣蒜泥，没有什么生意，也没有什么客人到店里来。”

“不可能弄错的，一个人怎么可能弄丢他自己。”中年莫吉脾气一直不好，他好像随时都想对我动粗，严刑拷打。

老年莫吉说：“他躲在一个箱子里。”他半眯着眼睛感觉道。

中年莫吉说："我到外面去看看，好像在那个方向，你看着这个傻子，不能再让他跑了，他是巫婆的助手，多少应该会一点法术。"没等我辩解我不会法术，他已经大踏步往外走。我突然感觉到非常糟糕，他走过去的方向，正是谭琳的手绘店。

果然，过来不久，我心中的女神谭琳，就被中年莫吉拖进来。莫吉一手抓着她一头秀发，谭琳就这样弯着腰像一条上钩的鱼被拉了进来。这个可怜的哑巴姑娘嘴巴里发出不规则的声音，却说不出一句连贯的话。莫吉在他屁股后面又摸出一条绳子来，不顾我的反对，他将谭琳也倒挂了起来。就这样，我心中的公主也没有意外地被倒挂在横梁上，她的长发如黑色的瀑布冲向大地，长裙翻过来倒垂在腰上，露出白皙修长的双腿。我承认这个时刻想入非非是一种犯罪，但我无法控制自已，胯下猥琐的窘态一览无遗。

两个莫吉见状都哈哈大笑起来："小傻子，你倒是挺下流的，看见人家姑娘的玉腿就开始升旗了？说吧，把小莫吉藏在哪里，反正这附近也没人，就只有你们俩。你们说吧，省得我们还要去搜——要是傻子说出来，我就把这姑娘的衣服扒掉让你兴奋个够；如果姑娘先说出来，我就把这傻子给阉了。”

“她是个哑巴姑娘！”他们想让一个哑巴说话，我怕我迟早得被他们阉了，“附近的人都知道她是个哑巴，她什么都说不出来的。”

“那看来得先把你给阉了。”中年莫吉笑嘻嘻，手里捏着一把明晃晃的尖刀。

“你才是哑巴！我只是不想说话而已。”谭琳突然开口说话，把我吓了一跳，心中暗道看来梁伯是对的。她能开口说话，而我一无所知，那我就会更快被阉掉。

然而这个被倒挂过来的谭琳不哭也不闹，她说：“你不能阉了他。”她说完脸蛋都羞红了，只不过这种羞红被掩藏在倒挂的脸色涨红之中，只有我才能看得出来。我登时明白了谭琳的意思，这个孤独而单纯的姑娘，她似乎一直在等我走过去送她玫瑰，而一天天过去，我一直没有。我是个胆小鬼。

一阵清风吹来，店门口煤炉上的牛腩汤刚好这时候烧开了，一股牛腩汤的香味从外面飘进来。老年莫吉吞了一口口水，说今天中午因为少年莫吉溜掉了，午饭也没吃饱，这么一折腾累得要命，得先弄一碗牛腩汤来压压惊。说着兀自走到外面，拿起瓷碗就开始盛汤，还问中年莫吉要不要。中年莫吉也跟了出去，两人乒乒乓乓打翻了两个茶杯，开始在外面吃着牛腩汤。

他们走开了，我问谭琳的第一个问题是，人是不是她藏起来的。这小妞果然单纯，她答我为什么要告诉你。我便笑了，接着问，她能开口说话为什么大家叫她哑巴。这回她没有回答我怎么知道，而是说："我说的他们都不信，说我乌鸦嘴，就干脆不开口。"我十分惊讶，心想一个人装哑巴为什么能装得这么像，瞒过了整条街的人，这得有多深的城府啊。谭琳见我皱眉头，以为我害怕，笑着问我："你胆子就真的那么小？你那个矮弟姥婆婆就说你胆子特小，让我耐心一点。没事的，你不觉得现在这个情景，以前好像什么时候发生过吗？"

她说的那种似曾相识的感觉我明白，就是你在做一件事的时候总感觉这个场景似乎什么时候发生过。但我还是苦笑着告诉她："这以前真的发生过，那时候巫婆矮弟姥还没有死，我和她也是这样被倒挂在屋梁上，这是莫吉作案的风格——把人倒挂起来，有的人就这样被挂晕了，有的人就被放血，割开血管，在我们下方放上一个水桶，能盛半桶。"

我本来想吓唬她一下，但谭琳并不怕，她说我要是看到她看到的一切，就不会觉得怕了。

“咦对，你怎么知道矮弟姥？你认识她？”

她噘着嘴不想说，我催促了一遍，她才说：“所以人们都说我从小就是阴阳眼啊，你看，矮弟姥和我姐姐这时候就蹲在天花板上聊天呢！”

我的眼睛向外面的天花板和里面的屋顶张望，什么都没看到，忽然想到这丫头可能是在吓我，就像我刚才吓她一样，便骂道：

“死丫头，别胡说！他真的是个杀人犯，你别不信！”我决定转移一下话题，“你就一个人看店？不孤独吗？”

“两个人啊……我说你又不信了吧，我和我姐姐一起看店，只是你看不见她……他们马上要来了，他们等一下有一个人过门槛得摔一跤，你看着，别不信……”

果然，两个莫吉走进来的时候，老年莫吉摔了一个四脚朝天。他从地上爬起来，嘴里还嚼着一块牛腩，也不管谭琳在笑话他，便和中年莫吉一起爬上隔层去了。这间店铺分前后两个部分，前面做生意，后面是房间，中间有一扇门相通。小房间用几根横梁搭了一个隔层，我铺了席子，平时睡在上面。他们先后从木梯爬上去，边爬边喊：“小莫吉，我看到你了，出来吧！”

小莫吉并没有被带下来，被带下来的是一个箱子。箱子被打开，吸引莫吉眼球的并不是满箱的钱，也不是那个破本子，而是那副眼镜。

“就是它！”一个莫吉对另一个莫吉说，“我们就是戴着这眼镜一个人变成三个人的，弄得现在老子还男不男女不女的，你这瘸子，赶紧把我们变回来！”

中年莫吉有点气急败坏，他将一把明晃晃的刀搁在我两条大腿中间，表示随时都可以将我从中间破开一分为二。我赶紧告诉他，即使要合成一个人，那也得找到他的第三个分身，那个被他吓跑不知去向的少年莫吉。再说了，巫婆矮弟姥已经死去多年，如果操作不当，少胳膊少腿，或者跟我一样变成一个瘸子，那岂不坏事？

还没等我说完，中年莫吉和老年莫吉便一起冲出门外，不多时，少年莫吉便被抓了回来。

3

少年莫吉躲在一面镜子里。

那面试衣镜我见过，它原先就挂在谭琳的雪竹公主手绘店正对门的墙壁上，很多客人会把各式各样的手绘包搭在肩上对着这面镜子看看是否合适。

少年莫吉在大雨之中跑到这条街，他闪身进了手绘店，对谭琳说："姐姐救我！"就这样他一直躲在手绘店隔层上的箱子里。他隔着雨幕听对面牛腩店里的声响，但什么也没听到。过了很久，他忍不住下楼来，蹑手蹑脚打算往外跑，却发现两个莫吉已经闻到他的气息，正从牛腩店里冲过来，慌张之中少年莫吉掉头往手绘店里躲，不料一头撞进镜子里出不来了。

这些被分身的人，都无法在镜子之中看见自己，却可以消失在镜子里。

所以这面镜子被带进牛腩店，中年莫吉抱着镜子对我说："瘸子，现在人齐了，赶紧帮我们合在一起！"老年莫吉翻看着那个破本子："这里头有没有记录什么方法？"

"我知道怎么做，但你得帮我们解开绳子！"谭琳说，她回头看看我，"没事的，矮弟姥在天花板上看着我们呢！"

我们终于被解开绳子放了下来，被挂得太久，我头昏脑涨，扶着墙才勉强站了起来。谭琳也站着，但直立的谭琳是另一个谭琳，忧惧布满她的脸，她张口咿呀几声，却什么都说不出来。很快，谭琳沿着墙边弯下腰去，她两手撑地，靠在墙边倒立着。

“不用怕，刚才是我姐姐。我必须倒立着，我站直了就不是我，就会成为我姐姐，她是哑巴，就没法跟你们说话。”

她让我戴上那副眼镜。我戴上了，在我眼前是一个倒立悬空的世界，矮弟姥和另一个谭琳果然正头朝下屁股对着天花板坐着。矮弟姥朝我摆摆手，她手里有三个绳索，绳索的另一头牵着莫吉的三个分身。从她的角度看来，三个莫吉正像三个倒立的风筝飞在天上。然后我看到另一个我，也在我的上空，头顶对着头顶，看着我憨笑。一个平行的世界呈现在我的眼前，我忽然想起矮弟姥临死之前对我说的话，她说：“戴上它，你会知道所有的幸福和痛苦都是等量平行的。”

我听不到他们说话。但谭琳显然听得到，她让我取来一面小镜子，这一次我看清楚了，我只需要将小镜子对着大镜子，轻轻一拉，少年莫吉就从镜子那一头被拎了过来。中年莫吉正想伸出手去揪少年莫吉的耳朵，但被谭琳吆喝住了，谭琳说，老老实实站好，才能用镜子将三个分身都收集在一个镜子里，然后才能从平行的世界里将那个人给拖回来。“不是我说的，是矮弟姥婆婆说的。”她最后这样强调，增加了她这番理论的权威性。

逃犯莫吉按照老中青站成一排，他们分别占有了一个人完全不同的三个人生阶段。作为三个被虚拟的人，他们像是三个空空的酒瓶，等待着被回收再造。倒立的谭琳要我取来那个笔记本，她口中念念有词，说要将账本上的这一笔灵魂交易一笔勾销，然后果真就将其中的一张撕了下来。三个莫吉望着那个破笔记本，这个时候他们内心都掠过一丝恐慌。那张写满奇怪符号的白纸被撕下来的瞬间，他们居然感觉到一丝疼痛，只是不知道痛在哪里。

倒立的谭琳有一丝巫婆的味道，她的声音仿佛是从大地深处发出来的，果断而有力。她让我点一盏灯放在地板上，再让我将小镜子举起来，举到老年莫吉的头顶上。在煤油灯熟悉的苦味里，老年莫吉就这样成为镜子里那个跟他头顶对着头顶的人，凭空消失了。镜子慢慢移动到中年莫吉的头顶上，代表着逃犯莫吉性格中凶残一面的镜像，同样在摇曳的灯光中被吸进了镜子里，成为一个头朝下站在天花板上的人。老年莫吉和中年莫吉这个时候像服装店里两件重叠在同一个衣架上的两件衣服，他们的影子服帖地重叠在一起，仅仅需要少年莫吉的影子，这样一个人就能完整地倒立在镜子里。

少年莫吉有一丝紧张地等待着。在对面隔层箱子里躲着的时候，他甚至想通过伤害自己的方式来让中年和老年的自己停止对自己的搜捕，但举起剪刀时他发现他竟然连划伤自己皮肤的勇气都没有。这个一脸稚气的少年，他开始讨厌他自己，但却又不得不和他自己以及自己的未来和平相处。

现在，这只可以修复自己的小镜子已经慢慢向他的头顶移动，他的呼吸开始急促起来。但就在这个时候，门口响起了一个熟悉的声音："傻正，不在家？躲在里头干什么，给我来一碗牛腩！"来的正是梁伯。梁伯的声音让我一怔，但就在这个停顿的时候，少年莫吉一跃而起，将我手中的镜子夺了过去，同时低头吹灭了地上的煤油灯，我眼前登时一片漆黑。少年莫吉抓着小镜子往外跑，整个世界也跟着他往外跑去。他一头将毫无防备的梁伯撞翻在地，一眨眼工夫，这个野蛮的孩子就消失在雨幕之中。数日之后，我在电视上看到他在半步村烧掉了停顿客栈的两个房间被抓起来。如果没猜错，那只收藏着他中年和老年镜像的镜子大概也在大火中消失了。

而现在，我要做的是将在地上捂着肚子的梁伯扶起来。他一把扯下了我的黑框眼镜："今天中元节本来就容易闹鬼，你还戴着黑眼镜干吗，不吉利！刚才是谁家的野孩子……你们俩在……"他看到哑巴谭琳从我的屋里羞红着脸低头走出来，仿佛猜到自己来得不是时候，"真不好意思……我不知道你们这么快就……你们聊，我不吃了，先走了！"

他不理会我的客气挽留，披着雨衣就走了。

谭琳站在我的面前，她犹豫了一下还是留了下来，没有直接回到她的店里。她抬头看了我一眼，看到我正在看着她，又低下了头。她退回屋子里，将地上的箱子、本子和我手里的眼镜一起收拾好，将煤油灯放回了灶台，然后举着自己的试衣镜准备搬回店里。但镜子太大，她挪动起来有点吃力。所以由我帮她扛过去，她跟在后面，我摆好镜子的时候，她低头向我鞠了一躬。我在她鞠躬的这个瞬间，一把将她抱住倒转过来。当她头朝下的时候，那个活泼开朗的谭琳就出现了。我问她一个身体居住着两个人的感觉如何，她说就像两个人开着一部车，她现在坐在副驾驶座，有时觉得车快了，有时觉得车慢了，但都操控不了。

她问我喜欢哪一个她，我当然回答两个都喜欢。她说爱她哪里，我说爱她那双无邪的大眼睛——她的眼睛真美，像两条游动的金鱼。我说我是一个跛子，本来就是一个不对称的人，身上有着不对称的生长速度。经过这一遭，我更相信一个人身上存在着重叠的时间。谭琳说，她担心婚姻这样一种生活形式会阻挡一个人追求新奇的脚步，而我为了哄她高兴，声称我在她身上已经发现了一个全新的世界。我抱着倒立的谭琳在手绘店里转圈跳舞，丝毫没有留意到去而复返的梁伯带着六七个街坊邻居，正站在我的牛腩店里，隔着雨幕看我抱着谭琳像只蜜蜂那样一颠一颠地说着情话。

4

经此一事，我们的婚事算是铁板钉钉的了。谭琳带我去见她的父亲。她的父亲是一个瞎子，脖子没有力气支撑头部的重量，只能将那颗肥胖的头颅暂时安放在右边的肩膀上。所以我走进她家里的时候，远远就看到一个歪着摆放的大椰子。她父亲对我笑，问了父母姓名及家庭情况以后就没有更多的话，只说好：“好好好！这样好！”他自始至终都这么说，最后说：“我是个瞎子，只希望我女儿别变成瞎子就好。”这句话意味深长，我理解的大意是希望他女儿谭琳别看走眼看错人，所以我信誓旦旦加以保证。“我有钱。”我告诉我的老丈人，我准备用矮弟姥留给我的钱去买一套房子，那钱是她留给我娶老婆的，这算专款专用，不会用错地方。她父亲颤抖着移动了一下他手中的拐杖，说房子不用太大，房子越大想要的就越多，够住就好。但这句话我也没听进去，因为那时我正看中碧河边上一套临河的大房子，我把箱子里的钱数了一下，购房之后刚好略有剩余，可用于装修和结婚旅行。

幸福在按部就班地进行。我们到泰国的海边度完蜜月回来，皮肤都晒黑了，心里却充满了阳光。因为我完全领会了倒挂会成为另一个人的美妙之处——这相当于我一次就娶了两个老婆。但回来之后谭琳就一直忧心忡忡，一周之后，她的父亲就坐在马桶上走了。悲伤也被葬礼按部就班的程序稀释了，谭琳哭不出来，我也哭不出来。直到安顿完一切之后，谭琳回到家里，才突然哇的一声哭了。她哭完就去手绘店画画，不眠不休画了一天一夜后，便在画架旁边沉沉睡去。在我无比担忧的目光中醒来之后，她对我说，我要一心一意对她，因为我已经成为这世上唯一爱她的男人。我当然满口答应，但我的哑巴新娘摇摇头，她在画纸上勾画了两个牵手的女人，然后将其中一个画掉了。

“你不能都要，得做出选择。”她这样对我说。很显然，她要求我对婚姻、爱情和性爱都提高到信仰的高度，不可三心二意。

我告诉她，我很难取舍，她身体里的姐妹俩我都喜欢。

“谁规定专一的爱情就不能同时爱上两个人？”我反问她，我如何能在她们两人之中做出一个选择，一个羞涩一个活泼，这不都是谭琳吗？一个魂灵两个肉体，一个肉身两个灵魂，不过是一张扑克牌的正反面罢了。

但谭琳不吃这一套，她咬着嘴唇不再说话。到了夜里，她也不允许我再玩那个翻转过来的游戏，我反复劝说，告诉她一个身体翻转一下，不过就如同一本小说的两种读法，并没有任何不妥。

但谭琳不肯。

我开始想念那个活泼的谭琳，她火辣、大胆，能十分容易就刺穿我的身体将我的欲望抛到顶点，每次都带给我颤抖的惊喜。那个被囚禁在天花板上的谭琳很显然也在反抗，她想要的，天花板上清冷的世界并不能带给她，她需要火辣地燃烧。

但我看不到她。谭琳把我的黑眼镜和破本子都藏起来了。仅仅有一次，我偷偷将那个黑眼镜戴上，便发现倒挂的谭琳早就将她的嘴唇贴在我的嘴唇上，只是我一直视而不见。我看到她的脚下垫着高高的椅子，支撑着她倒垂下来，和我接吻。

“用平行分身术，将我和她分开，求你。”火辣的谭琳说，她想回到地面上来，要平等的竞争，她不惜耗费一半的寿命。

我在她的眼睛里看到了火。

而另一双柔情似水的眼睛出现了，她含着泪，要我摘下眼镜，不然——

“我就从这窗户跳下去，跳到碧河里去，你连尸体都捞不到！”哑巴谭琳用手语十分清楚地这样说，“我想我们得有一个孩子，如果用平行分身术，那就永远也别想有孩子了。”

是的，结婚这么久，她的肚子一直都没有动静。

“你要孩子，对不对？我们都想要，对不对？”她用笔在画纸上这么写道。

我点点头。她伸出手，要我将眼镜递过去。我只能递过去，她一把将眼镜扔出窗外，刚好落入浩荡的碧河之中——“要不眼镜扔进碧河，要不是我跳进碧河！”

在这空空的大房子之中，她满眼泪水站在那里，像一个掉进水里的孩子在抓住最后的救命稻草。她举起她的画笔，折断了，并用折断的笔杆刺穿自己的左眼。同时哑巴谭琳开口说话：“我会补偿你，给你一个孩子，给你一双阴阳眼，我会永远爱你！”我扑过去，抢下她的笔，救下她的右眼。

“你不能什么都要，你得做出选择！”

没有一种处理欲望的方式是正确的。如果有第二次相遇，我还会做真正的傻子，去娶一个羞涩而有一双美丽眼睛的哑巴。大概有些事情仅仅是被完成是远远不够的，你必须用全部灿烂去包围它，再用一生的时间去圆满。

诗歌篇

韩江的抒情

什么花舍得第二次开放
爱着月光的人从此没有回来

●●●

大海在其南

什么花会第二次开放
苍茫之中，风力一直被低估

海面静谧，骑马者踏波而行
你可以召唤七枚硬币和一叶小舟

沙滩上铺陈着那么多的生命
浸泡在时光里，快的慢的，新的旧的

中年人，石头活得比我们久
把石头放生：回到海里去！

夏至将至，你注定被栽种在这里
大海在南边，遥远而不可窥探

月亮还没有第二次升起
寄给命运的书信，迟迟未被打开

杯盏隔着灯盏，有人在酒中死去
未醉之人在镂花木窗后面坐着

什么花舍得第二次开放
爱着月光的人，正从远方归来

2015年6月14日

碧河吟

你所需要的光编织在水里
那大雨初晴鸡犬相闻的安宁
应恰似一个好句子汇入大海
此刻云彩的祝福在碧河中生长
草树野蛮如梦境
无须遍历祖辈赤足走过的艰辛
古老村落熟悉时间流转的密码
熟悉兵匪战乱和后世崛起的史诗
鲲鹏翔于天际，故事早已成颂
合上书本便如游子回到故乡

2021年10月3日

与母亲和解

我一直都找不到
恰当的语气和你说话
我有过很多罪状：欺瞒、盗窃、指鹿为马
我也尝试过很多真诚：拜祭、返乡和写诗
但我一直找不到一个合适的机会
告诉你，我的理想
告诉你我想飞越宗族和血统
我甚至愿意用背叛来换取自由

你是我的母亲
一种叫作大地的默默承担
我不想永远扎根于孤傲的高山之上
我向往冰川尽头的枯骨和森林
只是我一直找不到

哪种语气可以与你和解——

让我飞吧，不要流泪！

2006年8月1日

家　门

无数次，我像一条泥鳅一样溜回家
我用左脚小心跨过门槛
总是看到母亲蹲在地上洗刷盘碗
暗淡的光线投在她或明或暗的脸上
早晨或者是黄昏，每一次都使用相同的情景
她似乎只会洗碗，不擅长将自己变成云彩
晴天或者梦里，时间完全耽误在这里——
但除了此刻，属于她的时间，能停落在哪儿呢

这个昏黄的印象多次重复，给记忆打孔
密密麻麻，我真怕画面就这样凭空消失
这张脸会突然模糊不见（干脆就不属于苍老）
即使我知道它终究会发生，我还是担心
这种担心像一支弦歌，一寸寸在心中弹响

没有任何花香，连泥土的气息也不会有

暗夜的脚步声这样单调，却如此真实

2008年4月1日

角落很野

那一年，春节的鞭炮响过以后
我拉着阿公的手去祭神，庙很小
木头做的神仙是个大家伙，眼神很野
外面黑色的苍穹也很野
但这一切都没有母亲那么野
母亲背靠着野蛮的性子撑起一个家
凌晨三点半她叫醒沉睡的父亲
再叫醒我，一家人炸油条，蒸馒头
六点她推着早点沿街叫卖
她的叫卖声很野

烛光轻轻地摇曳
把阿公的硬骨头逼在天地的角落里
还记得，我要读很大本的书，吃很小碗的饭

同学的拳头很野，老师的眼神也很野
后来，阿公突然就死了好多年
我辗转从一个城市到另一个城市
母亲在他乡的菜市场买到她喜欢的猪心时
兴奋地赞美了三天
岁月很野，把她都变胖了
现在，她不能打骂我，只能和我吵架
她在角落里抹眼泪，眼泪很野
我望着她，仿佛她可以被一阵风吹碎

牛年过去，虎年到来
妻子肚子里不知性别的孩子很野
孩子要我拖地煮饭，我都一一照做
生活很野，把我都逼在角落里
以至我抹一下自己的脸，面目更加模糊不清
母亲说，你喜欢写诗那就写诗吧！
我的句子很野，它们不规矩，一句句走远
我计算着多少个字能换一根油条
艰难中年，我需要走很远的路，去见远方的人

白发满头的母亲不野

她煮好饭菜，等我回家

2010年1月1日

爸　爸

我的爸爸陆陆续续地
从门口进来
先是走进了一些脚印，接着是脚
手和怀抱，还有影子、气息
跳动的基因
然后才是他自己，他的脸
我透过人们的传说看到他的软弱
从妈妈愤恨的语气，虚构了他的孤独

我的爸爸陆陆续续地
走进我的生活
他应该老了，即使我没有见过他，他老了
把风流和懒惰一并倾斜到我身上
我是从我的弱点看见他的

就像小时人们描述的那样，我和他
越来越像，头发花白，软弱哭泣
仿佛从一开始，他就在我体内生长

2008年9月21日

杀 鹅

至死也想不出受戮的理由
只记得香甜的青草弥漫着诱惑
结实的水波承载了轻盈
曲项向天歌，低头就看到甜蜜

而命运就是这样，永远都猜不透
你眼中所有的美丽
在另一种眼光中仅是一道菜
利刃、炉灶和柴火燃烧的噼啪声
飘落的羽毛和错乱的人影
这生命最后的风景
似乎都与自己再没有一丝关系

2012年1月30日

清明：那个掩埋苦难的人

那个头发银白的老人
曾经把我放在单车的后座
小心避开山路上每一点石块
安稳地把我送出童年

那个老头用骨头说话
能让爸爸妈妈同时低头认错
年轻的时候他是一条汉子
年老之后他还是汉子
时间改变他头发的颜色
却还给他威严
我清晰记得那个阳光漫溢的下午
他用两个指头打哭了我

他领养我妈并成为我阿公
他以他古怪的脾气见证
一个家族的盛衰
有一年清明他指着祖宗的灵牌
宣布不再扫墓
人们低头不语，我妈在流泪
他咳嗽着骑着单车离开
再过一个清明他就被时间掩埋

我妈说他的积蓄已经越来越少
但他还掏钱买了一罐马蹄爽
挂在高高的吊篮上
农村少有的饮料令我口水不断
某一天他砰地拉开罐子说
来，庆祝阿公的生日，干！

年老的时候他蜷缩在阳光里
身穿虎纹棉袄
飞鹰牌香烟熏黄了他的手指
他说他的朋友越来越少

他给我讲述子弹和老虎凳
讲述饥饿、女人、鸦片和盗贼
他转过头去不让我看到眼泪，他说
哪一天你有出息就允许你来给阿公扫墓

老人死在寒冷的冬夜
至死不吭一声
凌晨四点多我爬出被窝
骑着阿公心爱的单车穿过小桥
带给爸爸妈妈关于死亡的消息
屋子里的灯亮了起来
哭声出奇地响
代替了阿公长达两年的咳嗽
沿着小巷传得很远

用骨头掩埋苦难的人
终于被泥土掩埋
他的尸骨坐落在大山深处
清明，我已不认得进山的路

2005年4月5日

在谷雨怀念清明

我再难以认清来时那条路了

我只记得春天的雨下得很细

阿嫲走过去，一脸的红晕

阿公也走过去，步子跨得很大

只需再过些时日，我也要跟过去，我想

我的动作应该再轻一些

才不会不小心顶撞了香火和白蜡烛

把孙子的孙子吓哭

2006年4月20日

烛光清明

我点了一根蜡烛
只是你不知道
你不会再发脾气了
谁守护着你的竹林和渔网

我是在煤油灯下面读书和写字的
如今老屋已经像蜘蛛网一样挂在风中
我的才华正在消减，直至没有
你的咳嗽声还传来么

如果需要信仰
你就是画在墙上的图腾
阿公，我知道你现在正在天上看我
看我写完这首诗

我写得这么差

以致你一声不吭

2007年4月5日

仿佛清明

仿佛忙完了一天的农活
仿佛自己正坐在茅屋前面的树桩上
抽着水烟，听屋内老伴炒菜
饭香飘出窗外，门前猫和狗打闹
仿佛刚和铁块一样的儿子
吵完架，仿佛还有很远的路要走
仿佛今天不是清明节
仿佛我不是二十六岁，不是未婚
而我死去多年的阿公，并未在田垄上死去
仿佛他真的坐在门前的树桩上
仿佛他真有一个铁块一样的儿子
能将他已经断绝的血脉一直延续下去

2008年4月4日

我那清且明的祖先

他们一定读过我的诗
他们还在反复讲着老笑话
他们或许现在就肩并肩和我坐在一起
被死亡过滤之后，一切都显得圣洁
老幼尊卑都处于平等的位置
假设他们在，假设他们读着我的诗
看到我蒸馏水一样被过滤的生活
看到我敲击瓷器，面对虚无
这是圣洁凝视洁净，高洁凝视纯洁
理所当然凝视着无可奈何
无论衣着、器具、居室有何不同
我们不过在此岸重复彼岸的错误
隔着阴阳之界重复他们的笑话和遗憾
沙滩上的足迹被海水一次次抹平

当他们再一次目光深邃地望着我们
就如我们目光幽远地望着天空
那天空中若有若无的视线笼罩着我们
我苍白的脸，日渐臃肿的躯体
我的欲望，以及一次次对信念的背叛
都通通在这清明雨中被检阅出来
我凝聚起全身的力量也不足以握住命运
就如海岸握不住海水晃动的韵律
枝丫握不住月光，凝眸握不住背离
假如血脉是一条永不断流的河
身体只是易碎的玻璃瓶
灵魂的琼浆可以将触角遍布大地
此时，两只展翅的黑鸟
正同时停歇在天平的两边

2010年4月5日

异乡梦

在梦里重铸一个故乡
将漂浮的绿叶当成飞刀
将树林深处拼命叫着的蝉当成隐士
将没有哭声的小巷当成京城

或者反过来——
那飞刀般的流言就是绿叶
那隐士般的沉默就是叫喊
那京城般的威严就是哭声

前生的阳光照耀今世的冷土
祖先拥抱熊猫走向更冷的死
黑夜的袖口，变幻的浮云
被打成粉末的重金属侵蚀着记忆之胃

那些死去的人，活在未来
异乡人的信札空无一字却滴满泪痕
种满白菊的大地，推土机是巨大的橡皮擦
擦！擦！擦！铁蹄过程寸草不生

来吧！在梦里再铸造一个梦
那里不再有手握飞刀的疯子
不再有穿越迷茫的隐士
唯有一只被风吹着滚到马路对面的空瓶子

那些空洞的痛苦将不再被叙述
嘶哑的喉音不再代表任何声音
这是异乡，夜鬼在空巷找不到归途
走吧，异乡人，喝杯甜酒，笑对流萤

故乡的河流

是故乡河流中的一个浪花将我从梦中惊醒

这个下午，我怅然若失

祈祷来自天堂的喜悦，能够流遍我的全身

我愿意这样写着诗老去，写着诗死去

我口中的句子像星星一样落在大地上

太久了，一万年吧，我的诗歌已经落地生根

我的使命是撼动它们，那些句子，它们根深蒂固

我的使命是撼动它们，我要骨肉分离

我要它们重新获得飞翔，我要它们都漂移起来

我愿意它们漂浮在故乡的河流上

就是梦中那一个浪花，也有星星落在上面

我愿意如此，于是都如此，这就是所谓的命运

2007年5月14日

兔　年

年是新的，日子应该擦亮
梦见兔子的老虎正在掉头离去
时间的堆积并未能赋予荣耀
老虎老虎，它回望
独自奔向积极的虚无
大地艰辛，遍布玩笑的铁锤
以及涂抹了蜜糖的刀子

我每年都见过一群狮头鹅
它们彼此相似又不尽相同
相同的只是命运
离散与死亡同构，人们曾哀伤告别
然后在星光灿烂之中祈求安宁
烟花总会重新燃放，见证过困厄

有理由相信人生会更加结实
唉，生活总是这样，虚空又沉重

在归乡的路途，夜雾浮动
所有不安的记忆被雨刮器刷走
山峦的轮廓预示着光的存在
是的，无所不在的光芒沿着血管行进
这些贯通城市与农村的脉动
让行色匆匆的人们变得更加勇敢
只因这该死的希望，重启一切的希望
如一根巨大的红萝卜矗立在梦中
蓝色的兔子依旧在故乡安睡
醒来时，家里的桂树正好开花
篱笆上挂着天边的晚霞

2023年1月1日